〔北齊〕魏收撰

點校本
二十四史
修訂本

魏書

第二册
卷一三至卷二九

中華書局

2018 年 8 月北京第 1 版　　2018 年 8 月北京第 1 次印刷
ISBN 978-7-101-13362-2

魏書卷十三〔一〕

皇后列傳第一

漢因秦制〔二〕，帝之祖母曰太皇太后，母曰皇太后，妃曰皇后，餘則多稱夫人，隨世增損，非如周禮有夫人、嬪婦、御妻之定數焉。魏晉相因，時有昇降，前史言之具矣。魏氏王業之兆雖始於神元，至於昭成之前，世崇儉質，妃嬙嬪御，率多闕焉，惟以次第爲稱。而章、平、思、昭、穆、惠、煬、烈八帝，妃后無聞。太祖追尊祖妣，皆從帝謚爲皇后，始立中宮，餘妾或稱夫人，多少無限，然皆有品次。世祖稍增左右昭儀及貴人、椒房、中式數等，後庭漸已多矣。又魏故事，將立皇后必令手鑄金人，以成者爲吉，不成則不得立也。又世祖、高宗緣保母劬勞之恩，並極尊崇之義，雖事乖典禮，而觀過知仁。

高祖改定內官，左右昭儀位視大司馬，三夫人視三公，三嬪視三卿，六嬪視六卿，世婦視中大夫，御女視元士。後置女職，以典內事。內司視尚書令、僕。作司、大監、女侍中三官，視二品。監，女尚書，美人，女史、女賢人、書史、書女、小書女五官，視三品。中才人、供人、中使女生、才人、恭使宮人視四品。春衣、女酒、女饗、女食、奚官女奴視五品〔三〕。

神元皇后竇氏，没鹿回部大人賓之女也。賓臨終，誡其二子速侯、回題，令善事帝。及賓卒，速侯等欲因帝會喪爲變，語頗漏泄，帝聞之，知其終不奉順，乃先圖之。於是伏勇士於宮中，晨起以佩刀殺后，馳使告速侯等，言后暴崩。速侯等驚走來赴，因執而殺之。

文帝皇后封氏，生桓、穆二帝，早崩。桓帝立，乃葬焉〔四〕。高宗初，穿天淵池，獲一石銘，稱桓帝葬母封氏，遠近赴會二十餘萬人。有司以聞，命藏之太廟。

次妃蘭氏，生二子，長子曰藍，早卒；次子，思帝也。

桓帝皇后祁氏〔五〕，生三子，長曰普根，次惠帝，次煬帝。平文崩，后攝國事，時人謂之女國。后性猛忌，平文之崩，后所爲也。

平文皇后王氏，廣寧人也。年十三，因事入宮，得幸於平文，生昭成帝。平文崩，昭成在襁褓。時國有內難，將害諸皇子。后匿帝於袴中，懼人知，呪曰：「若天祚未終者，汝便無聲。」遂良久不啼，得免於難。昭成初欲定都於灅源川，築城郭，起宮室，議不決。后聞之，曰：「國自上世，遷徙爲業。今事難之後，基業未固。若城郭而居，一旦寇來，難卒遷動。」乃止。烈帝之崩，國祚殆危，興復大業，后之力也。十八年崩，葬雲中金陵。太祖即位，配饗太廟。

昭成皇后慕容氏，元真之女也。初，帝納元真妹爲妃，未幾而崩。元真復請繼好，遣大人長孫秩逆后，元真送于境上。后至，有寵，生獻明帝及秦明王。后性聰敏多知，沈厚善決斷，專理內事，每事多從。初，昭成遣衞辰兄悉勿祈還部落也，后戒之曰：「汝還，必深防衛辰，辰姦猾，終當滅汝。」悉勿祈死，其子果爲衛辰所殺，卒如后言。建國二十三年崩。太祖即位，配饗太廟。

獻明皇后賀氏，父野干，東部大人。后少以容儀選入東宮，生太祖。苻洛之内侮也，后與太祖及故臣吏避難北徙。俄而，高車奄來抄掠，后乘車與太祖避賊而南。中路失轄，后懼，仰天而告曰：「國家胤胄，豈正爾絶滅也〔六〕！惟神靈扶助。」遂馳，輪正不傾。行百餘里，至七介山南而得免難。

後劉顯使人將害太祖，帝姑爲顯弟亢逕妻，知之，密以告后，梁眷亦來告難。后乃令太祖去之。后夜飲顯使醉。向晨，故驚厩中羣馬，顯使起視馬。后泣而謂曰：「吾諸子始皆在此，今盡亡失。汝等誰殺之？」故顯使不急追〔七〕。太祖得至賀蘭部，羣情未甚歸附，后從弟外朝大人悦，舉部隨從，供奉盡禮。顯怒，將害后，后夜奔亢逕家，匿神車中三日，亢逕舉室請救，乃得免。會劉顯部亂，始得亡歸。

後后弟染干忌太祖之得人心，舉兵圍逼行宫，后出謂染干曰：「汝等今安所置我，而欲殺吾子也？」染干慚而去。

後后少子秦王觚使于燕，慕容垂止之。后以觚不返，憂念寢疾，皇始元年崩，時年四十六，祔葬于盛樂金陵。後追加尊謚，配饗焉。

道武皇后慕容氏，寶之季女也。中山平，入充掖庭，得幸。左丞相衞王儀等奏請立皇后，帝從羣臣議，令后鑄金人，成，乃立之，告於郊廟。封后母孟爲漂陽君〔八〕。後崩。

道武宣穆皇后劉氏，劉眷女也。登國初，納爲夫人，生華陰公主，後生太宗。后專理內事，寵待有加，以鑄金人不成，故不得登后位。魏故事，後宮產子將爲儲貳，其母皆賜死。太祖末年，后以舊法薨。太宗即位，追尊謚號，配饗太廟。自此後宮人爲帝母，皆正位配饗焉。

明元昭哀皇后姚氏，姚興女也，興封西平長公主。太宗以后禮納之，後爲夫人。后以鑄金人不成，未昇尊位，然帝寵幸之，出入居處，禮秩如后焉。是後猶欲正位，而后謙讓不當。泰常五年薨，帝追恨之，贈皇后璽綬，而後加謚焉。葬雲中金陵。

明元密皇后杜氏，魏郡鄴人，陽平王超之妹也。初以良家子選入太子宮，有寵，生世祖。及太宗即位，拜貴嬪。泰常五年薨，謚曰密貴嬪，葬雲中金陵。世祖即位，追尊號謚，配饗太廟。又立后廟于鄴，刺史四時薦祀。以魏郡太后所生之邑，復其調役。後甘露降于廟庭。高祖時〔九〕，相州刺史高閭表脩后廟，詔曰：「婦人外成，理無獨祀，陰必配陽以成天地，未聞有莘之國，立太姒之饗。此乃先皇所立，一時之至感，非經世之遠制，便可罷祀。」

先是，世祖保母竇氏，初以夫家坐事誅，與二女俱入宮。操行純備，進退以禮。太宗命爲世祖保母。性仁慈，勤撫導。世祖感其恩訓，奉養不異所生。及即位，尊爲保太后，後尊爲皇太后，封其弟漏頭爲遼東王。太后訓釐内外，甚有聲稱。性恬素寡欲，喜怒不形於色，好揚人之善，隱人之過。世祖征涼州，蠕蠕吳提入寇，太后命諸將擊走之。真君元年崩，時年六十三。詔天下大臨三日，太保盧魯元監護喪事，謚曰惠，葬﨑山，從后意也。初，后嘗登﨑山，顧謂左右曰：「吾母養帝躬，敬神而愛人，若死而不滅，必不爲賤鬼。然於先朝本無位次，不可違禮以從園陵。此山之上，可以終託。」故葬焉。別立后寢廟於崞山，建碑頌德。

太武皇后赫連氏，赫連屈丐女也。世祖平統萬，納后及二妹俱爲貴人，後立爲皇后。高宗初崩，祔葬金陵。

太武敬哀皇后賀氏，代人也。初爲夫人，生恭宗。神䴥元年薨，追贈貴嬪，葬雲中金陵。後追加號謚，配饗太廟。

景穆恭皇后郁久閭氏，河東王毗妹也。少以選入東宫，有寵。真君元年，生高宗。世祖末年薨。高宗即位，追尊號謚。葬雲中金陵，配饗太廟。

高宗乳母常氏，本遼西人。太延中，以事入宫，世祖選乳高宗。慈和履順，有劬勞保護之功。高宗即位，尊爲保太后，尋爲皇太后，謁於郊廟。和平元年崩，詔天下大臨三日，謚曰昭，葬於廣寧磨笄山，俗謂之鳴雞山，太后遺志也。依惠太后故事，別立寢廟，置守陵二百家，樹碑頌德。

文成文明皇后馮氏，長樂信都人也。父朗，秦、雍二州刺史、西城郡公〔一〇〕，母樂浪王氏。后生於長安，有神光之異。朗坐事誅，后遂入宮。世祖左昭儀，后之姑也，雅有母德，撫養教訓。年十四，高宗踐極，以選爲貴人，後立爲皇后。高宗崩，故事：國有大喪，三日之後，御服器物一以燒焚，百官及中宮皆號泣而臨之。后悲叫自投火中，左右救之，良久乃蘇。

顯祖即位〔一一〕，尊爲皇太后。丞相乙渾謀逆，顯祖年十二〔一二〕，居于諒闇，太后密定大策，誅渾，遂臨朝聽政。及高祖生，太后躬親撫養。是後罷令，不聽政事。太后行不正，内寵李弈，顯祖因事誅之，太后不得意。顯祖暴崩，時言太后爲之也。

承明元年，尊曰太皇太后，復臨朝聽政。太后性聰達，自入宮掖，粗學書計。及登尊極，省決萬機。高祖詔曰：「朕以虛寡，幼纂寶歷，仰恃慈明，緝寧四海，欲報之德，正覺是憑，諸鷙鳥傷生之類，宜放之山林。其以此地爲太皇太后經始靈塔。」於是罷鷹師曹，以其地爲報德佛寺。太后與高祖遊于方山，顧瞻川阜，有終焉之志，因謂羣臣曰：「舜葬蒼梧，二妃不從。豈必遠祔山陵，然後爲貴哉！吾百年之後，神其安此。」高祖乃詔有司營建壽陵於方山，又起永固石室，將終爲清廟焉。太和五年起作，八年而成，刊石立碑，頌太后功德。太后以高祖富於春秋，乃作勸戒歌三百餘章，又作皇誥十八篇，文多不載。太后立燕宣王廟於長安〔三〕，又立思燕佛圖於龍城，皆刊石立碑。太后又制，內屬五廟之孫，外戚六親緦麻，皆受復除。性儉素，不好華飾，躬御縵繒而已。宰人上膳，案裁徑尺，羞膳滋味減於故事十分之八。太后嘗以體不安，服菴藺子。宰人昏而進粥，有蝘蜓在焉，后舉匕得之。高祖侍側，大怒，將加極罰，太后笑而釋之。

自太后臨朝專政，高祖雅性孝謹，不欲參決，事無巨細，一稟於太后。太后多智略，猜忍，能行大事，生殺賞罰，決之俄頃，多有不關高祖者。是以威福兼作，震動內外。故杞道德、王遇、張祐、苻承祖等拔自微閹，歲中而至王公；王叡出入臥內，數年便爲宰輔，賞賚財帛以千萬億計，金書鐵券，許以不死之詔。李沖雖以器能受任，亦由見寵帷幄，密加錫賚，不可勝數。后性嚴明，假有寵待，亦無所縱。左右纖介之愆，動加捶楚，多至百餘，少亦數十。然性不宿憾，尋亦待之如初，或因此更加富貴。是以人人懷於利欲，至死而不思退。

太后曾與高祖幸靈泉池，燕羣臣及藩國使人、諸方渠帥，各令爲其方舞。高祖帥羣臣上壽，太后忻然作歌，帝亦和歌，遂命羣臣各言其志，於是和歌者九十人。

太后外禮民望元丕、游明根等，頒賜金帛輿馬，每至褒美叡等，皆引丕等參之，以示無私。又自以過失，懼人議己，小有疑忌，便見誅戮。迄后之崩，高祖不知所生。至如李訢、李惠之徒，猜嫌覆滅者十餘家，死者數百人，率多枉濫，天下冤之。

十四年，崩於太和殿，時年四十九。其日，有雄雉集于太華殿。高祖酌飲不入口五日，毁慕過禮。謚曰文明太皇太后。葬于永固陵，日中而反，虞於鑒玄殿。詔曰：「尊旨從儉，不申罔極之痛；稱情允禮，仰損儉訓之德。進退思惟，倍用崩感。又山陵之節，亦有成命：『内則方丈，外裁揜坎，脱於孝子之心有所不盡者，室中可二丈，墳不得過三十餘步。』今以山陵萬世所仰，復廣爲六十步。辜負遺旨，益以痛絶。其幽房大小，棺槨質約，不設盟器。至於素帳、縵茵、瓷瓦之物，亦皆不置。此則遵先志，從册令，俱奉遺事。而有從有違，未達者或以致怪。梓宫之裏，玄堂之内，聖靈所憑，是以一一奉遵，仰昭儉德。其餘外事，有所不從，以盡痛慕之情。其宣示遠近，著告羣司，上明儉誨之善，下彰違命之失。」及卒哭，孝文服衰，近臣從服，三司已下外臣衰服者，變服就練，七品已下盡除即吉。

設祔祭於太和殿，公卿已下始親公事。高祖毁瘠，絶酒肉，不内御者三年。

初，高祖孝於太后，乃於永固陵東北里餘，豫營壽宮，有終焉瞻望之志。及遷洛陽，乃自表瀍西以爲山園之所，而方山虚宮至今猶存，號曰「萬年堂」云。

文成元皇后李氏，梁國蒙縣人，頓丘王峻之妹也〔一四〕。后之生也，有異於常，父方叔恒言此女當大貴。及長，姿質美麗。世祖南征，永昌王仁出壽春，軍至后宅，因得后。及仁鎮長安，遇事誅，后與其家人送平城宮。高宗登白樓望見，美之，謂左右曰：「此婦人佳乎？」左右咸曰「然」。乃下臺，后得幸於齋庫中，遂有娠。常太后後問后，后云：「爲帝所幸，仍有娠。」時守庫者亦私書壁記之，别加驗問，皆相符同。及生顯祖，拜貴人。太安二年，太后令依故事，令后具條記在南兄弟及引所結宗兄洪之，悉以付託。臨訣，每一稱兄弟，輒拊胸慟泣，遂薨。後謚曰元皇后，葬金陵，配饗太廟。

獻文思皇后李氏，中山安喜人，南郡王惠之女也。姿德婉淑，年十八，以選入東宫。顯祖即位，爲夫人，生高祖。皇興三年薨，上下莫不悼惜。葬金陵。承明元年追崇號謚，配饗太廟。

孝文貞皇后林氏，平原人也〔一五〕。叔父金閭，起自閹官，有寵於常太后，官至尚書、平涼公。金閭兄勝爲平涼太守。金閭，顯祖初爲定州刺史。未幾爲乙渾所誅，兄弟皆死。勝無子，有二女，入掖庭。后容色美麗，得幸於高祖，生皇子恂。以恂將爲儲貳，太和七年后依舊制薨。高祖仁恕，不欲襲前事，而禀文明太后意，故不果行。謚曰貞皇后，葬金陵。及恂以罪賜死，有司奏追廢后爲庶人。

孝文廢皇后馮氏，太師熙之女也。太和十七年，高祖既終喪，太尉元丕等表以長秋未建，六宮無主，請正内位。高祖從之，立后爲皇后。高祖每遵典禮，后及夫、嬪以下接御皆以次進〔一六〕。車駕南伐，后留京師。高祖又南征，后率六宮遷洛陽。及后父熙、兄誕薨，高祖爲書慰以敍哀情。及車駕還洛，恩遇甚厚。高祖後重引后姊昭儀至洛，稍有寵，后禮愛漸衰。昭儀自以年長，且前入宮掖，素見待念，輕后而不率妾禮。后雖性不妬忌，時有愧恨之色。昭儀規爲内主，譖構百端。尋廢后爲庶人。后貞謹有德操，遂爲練行尼。後終於瑶光佛寺。

孝文幽皇后，亦馮熙女。母曰常氏，本微賤，得幸於熙，熙元妃公主薨後，遂主家事。生后與北平公夙。文明太皇太后欲家世貴寵，乃簡熙二女俱入掖庭，時年十四。其一早卒。后有姿媚，偏見愛幸。未幾疾病，文明太后乃遣還家爲尼，高祖猶留念焉。歲餘而太后崩。高祖服終，頗存訪之，又聞后素疹痊除，遣閹官雙三念璽書勞問，遂迎赴洛陽。及至，寵愛過初，專寢當夕，宫人稀復進見。拜爲左昭儀，後立爲皇后。

始以疾歸，頗有失德之聞，高祖頻歲南征，后遂與中官高菩薩私亂。及高祖在汝南不豫，后便公然醜恣，中常侍雙蒙等爲其心腹。中常侍劇鵬諫而不從，憤懼致死。是時，彭城公主，宋王劉昶子婦也，年少嫠居。北平公馮夙，后之同母弟也，后求婚於高祖，高祖許之。公主志不願，后欲强之。婚有日矣，公主密與侍婢及家僮十餘人，乘輕車，冒霖雨，赴懸瓠奉謁高祖，自陳本意，因言后與菩薩亂狀。高祖聞而駭愕，未之全信而祕匿之，惟彭城王侍疾左右，具知其事。

此後，后漸憂懼，與母常氏求託女巫，禱厭無所不至，願高祖疾不起，一旦得如文明太后輔少主稱命者，賞報不貲。又取三牲宫中妖祠，假言祈福，專爲左道。母常或自詣宫中，或遣侍婢與相報答。高祖自豫州北幸鄴，后慮還見治檢，彌懷危怖，驟令閹人託參起居，皆賜之衣裳，殷勤託寄，勿使漏洩。亦令雙蒙充行，省其信不〔一七〕。然惟小黄門蘇興壽密陳委曲，高祖問其本末，敕以勿洩。至洛，執問菩薩、雙蒙等六人，迭相證舉，具得情狀。

高祖以疾臥含温室，夜引后，并列菩薩等於户外。后臨入，令閹人搜衣中，稍有寸刃便斬。后頓首泣謝，乃賜坐東楹，去御筵二丈餘。高祖令菩薩等陳狀，又讓后曰：「汝母有妖術，可具言之。」后乞屏左右，有所密啓。高祖敕中侍悉出，唯令長秋卿白整在側，取衞直刀柱之，后猶不言。高祖乃以綿堅塞整耳，自小語呼整再三，無所應，乃令后言。事隱，人莫知之。高祖乃唤彭城、北海二王令入坐，言：「昔是汝嫂，今乃他人，但入勿避。」二王固辭，不獲命。及入，高祖云：「此老嫗乃欲白刃插我肋上！可窮問本末，勿有所難。」高祖深自引過，致愧二王。又云：「馮家女不能復相廢逐，且使在宫中空坐，有心乃能自死，汝等勿謂吾猶有情也。」高祖素至孝，猶以文明太后故，未便行廢。良久，二王出，乃賜后辭死訣〔一八〕。再拜稽首，涕泣歔欷。令入東房。及入宫後，帝命閹人有所問於后，后罵曰：「天子婦，親面對，豈令汝傳也！」高祖怒，敕后母常入，與后杖〔一九〕，常撻之百餘乃止。高祖尋南伐，后留京師，雖以罪失寵，而夫人嬪妾奉之如法，惟令世宗在東宫，無朝謁之事。

高祖疾甚，謂彭城王勰曰：「後宮久乖陰德，自絕於天。若不早爲之所，恐成漢末故事。吾死之後，可賜自盡別宮，葬以后禮，庶掩馮門之大過。」高祖崩，梓宮達魯陽，乃行遺詔。北海王詳奉宣遺旨，長秋卿白整等入授后藥，后走呼不肯引決，曰：「官豈有此也，是諸王輩殺我耳！」整等執持，强之，乃含椒而盡。殯以后禮。梓宮次洛南，咸陽王禧等知審死，相視曰：「若無遺詔，我兄弟亦當作計去之，豈可令失行婦人宰制天下，殺我輩也。」謚曰幽皇后，葬長陵塋內。

孝文昭皇后高氏，司徒公肇之妹也。父颺，母蓋氏，凡四男三女，皆生於東裔。高祖初，乃舉室西歸，達龍城鎮，鎮表后德色婉豔，任充宮掖。及至，文明太后親幸北部曹，見后姿貌，奇之，遂入掖庭，時年十三。

初，后幼曾夢在堂內立，而日光自窗中照之，灼灼而熱，后東西避之，光猶斜照不已。如是數夕，后自怪之，以白其父颺，颺以問遼東人閔宗。宗曰：「此奇徵也，貴不可言。」颺曰：「何以知之？」宗曰：「夫日者，君人之德，帝王之象也。光照女身，必有恩命及之。女避猶照者，主上來求，女不獲已也。昔有夢月入懷，猶生天子，況日照之徵。此女必將被帝命，誕育人君之象也。」遂生世宗。後生廣平王懷，次長樂公主。及馮昭儀寵盛，密有母養世宗之意，後自代如洛陽，暴薨於汲郡之共縣，或云昭儀遣人賊后也。世宗之爲皇太子，三日一朝幽后，后拊念慈愛有加。高祖出征，世宗入朝，必久留后宮，親視櫛沐，母道隆備。

其後有司奏請加昭儀號，謚曰文昭貴人，高祖從之。世宗踐阼，追尊配饗。后先葬城西長陵東南，陵制卑局。因就起山陵，號終寧陵，置邑户五百家。肅宗詔曰：「文昭皇太后，德協坤儀，美符文姒，作合高祖，實誕英聖，而夙世淪暉，孤塋弗祔。先帝孝感自衷，遷奉未遂，永言哀恨，義結幽明。廢吕尊薄，禮伸漢代。」又詔曰：「文昭皇太后尊配高祖，祔廟定號，促令遷奉，自終及始，太后當主，可更上尊號稱太皇太后，以同漢晉之典，正姑婦之禮。廟號如舊。」文昭遷靈櫬於長陵兆西北六十步。初開終寧陵數丈，於梓宫上獲大蛇長丈餘，黑色，頭有「王」字，蟄而不動。靈櫬既遷，置蛇舊處。

宣武順皇后于氏，太尉烈弟勁之女也。世宗始親政事，烈時爲領軍，總心膂之任，以嬪御未備，因左右諷諭，稱后有容德，世宗乃迎入爲貴人。時年十四，甚見寵愛，立爲皇后，謁于太廟。后靜默寬容，性不妬忌，生皇子昌，三歲夭殁。其後暴崩，宫禁事祕，莫能知悉，而世議歸咎于高夫人。葬永泰陵，謚曰順皇后。

宣武皇后高氏，文昭皇后弟偃之女也。世宗納爲貴人，生皇子，早夭，又生建德公主。後拜爲皇后，甚見禮重。性妬忌，宫人希得進御。及肅宗即位，上尊號曰皇太后。尋爲尼，居瑶光寺，非大節慶，不入宫中。建德公主始五六歲，靈太后恒置左右，撫愛之。神龜元年，太后出覲母武邑君。時天文有變，靈太后欲以后當禍，是夜暴崩，天下冤之。喪還瑶光佛寺，殯葬皆以尼禮。初，高祖幽后之寵也，欲專其愛，後宫接御，多見阻遏。高祖時言于近臣，稱婦人妬防，雖王者亦不能免，況士庶乎？世宗暮年，高后悍忌，夫人嬪御有至帝崩不蒙侍接者。由是在洛二世，二十餘年，皇子全育者，惟肅宗而已。

宣武靈皇后胡氏，安定臨涇人，司徒國珍女也。母皇甫氏，産后之日，赤光四照。京兆山北縣有趙胡者，善於卜相，國珍問之。胡云：「賢女有大貴之表，方爲天地母，生天地主。勿過三人知也。」后姑爲尼，頗能講道，世宗初，入講禁中。積數歲，諷左右稱后姿行，世宗聞之，乃召入掖庭爲承華世婦。而椒掖之中，以國舊制，相與祈祝，皆願生諸王、公主，不願生太子。唯后每謂夫人等言：「天子豈可獨無兒子，何緣畏一身之死而令皇家不育家嫡乎？」及肅宗在孕，同列猶以故事相恐，勸爲諸計。后固意確然，幽夜獨誓云：「但使所懷是男，次第當長子，子生身死，所不辭也。」既誕肅宗，進爲充華嬪。先是，世宗頻喪皇子，自以春秋長矣，深加慎護。爲擇乳保，皆取良家宜子者。養於别宫，皇后及充華嬪皆莫得而撫視焉。

及肅宗踐阼，尊后爲皇太妃，後尊爲皇太后。臨朝聽政，猶稱殿下，下令行事。後改令稱詔，羣臣上書曰陛下，自稱曰朕。太后以肅宗沖幼，未堪親祭，欲傍周禮夫人與君交獻之義，代行祭禮，訪尋故式。門下召禮官、博士議，以爲不可。而太后欲以幃幔自鄣，觀三公行事，重問侍中崔光。光便據漢和熹鄧后薦祭故事，太后大悦，遂攝行初祀〔一〇〕。

太后性聰悟，多才藝，姑既爲尼，幼相依託，略得佛經大義。親覽萬機，手筆斷決。幸西林園法流堂，命侍臣射，不能者罰之。又自射針孔，中之。大悦，賜左右布帛有差。先是，太后敕造申訟車，時御焉，出自雲龍大司馬門，從宫西北，入自千秋門，以納冤訟。又親策孝秀、州郡計吏於朝堂。

太后與肅宗幸華林園，宴羣臣于都亭曲水，令王公已下賦七言詩〔一一〕。太后詩曰：「化光造物含氣貞。」帝詩曰：「恭己無爲賴慈英。」王公已下賜帛有差。

太后父薨，百寮表請公除，太后不許。尋幸永寧寺，親建刹於九級之基，僧尼士女赴者數萬人。及改葬文昭高后，太后不欲令肅宗主事，乃自爲喪主，出至終寧陵，親奠遺事，還哭於太極殿，至於訖事，皆自主焉。

後幸嵩高山，夫人、九嬪、公主已下從者數百人，昇于頂中。廢諸淫祀，而胡天神不在其列。後幸左藏，王公、嬪、主已下從者百餘人，皆令任力負布絹，即以賜之，多者過二百匹，少者百餘匹。唯長樂公主手持絹二十匹而出，示不異衆而無勞也。世稱其廉。儀同、陳留公李崇，章武王融並以所負過多，顛仆於地，崇乃傷腰，融至損脚。時人爲之語曰：「陳留、章武，傷腰折股。貪人敗類，穢我明主。」尋幸闕口温水，登鷄頭山，自射象牙簪，一發中之，敕示文武。

時太后得志，逼幸清河王懌，淫亂肆情，爲天下所惡。領軍元叉、長秋卿劉騰等奉肅宗於顯陽殿，幽太后於北宫，於禁中殺懌。其後太后從子都統僧敬與備身左右張車渠等數十人，謀殺叉，復奉太后臨朝，事不克，僧敬坐徙邊，車渠等死，胡氏多免黜。後肅宗朝太后於西林園，讌文武侍臣，飲至日夕。叉乃起至太后前，自陳外云太后欲害己及騰。太后答云「無此語」。遂至于極昏。太后乃起執肅宗手下堂，言：「母子不聚久，今暮共一宿，諸大臣送我入。」太后與肅宗向東北小閤，左衛將軍奚康生謀欲殺叉，不果。

元。自劉騰死，乂又寬怠。太后與肅宗及高陽王雍爲計，解乂領軍。太后復臨朝，大赦改元。自是朝政疎緩，威恩不立，天下牧守，所在貪惏。鄭儼汙亂宮掖，勢傾海内；李神軌、徐紇並見親侍。一二年中，位總禁要，手握王爵，輕重在心，宣淫於朝，爲四方之所厭穢。文武解體，所在亂逆，土崩魚爛，由於此矣。僧敬又因聚集親族，遂涕泣諫曰：「陛下母儀海内，豈宜輕脱如此！」后大怒，自是不召僧敬。

太后自以行不修，懼宗室所嫌，於是内爲朋黨，防蔽耳目，肅宗所親幸者，太后多以事害焉。有蜜多道人，能胡語，肅宗置於左右。太后慮其傳致消息，三月三日於城南大巷中殺之。方懸賞募賊，又於禁中殺領左右、鴻臚少卿谷會、紹達〔一三〕，並帝所親也。母子之間，嫌隙屢起。鄭儼慮禍，乃與太后計，因潘充華生女，太后詐以爲男，便大赦改年。肅宗之崩，事出倉卒，時論咸言鄭儼、徐紇之計。於是朝野憤歎。太后乃奉潘嬪女言太子即位。經數日，見人心已安，始言潘嬪本實生女，今宜更擇嗣君。遂立臨洮王子釗爲主，年始三歲，天下愕然。

及武泰元年，尒朱榮稱兵渡河，太后盡召肅宗六宮皆令入道，太后亦自落髮。榮遣騎拘送太后及幼主於河陰。太后對榮多所陳説，榮拂衣而起。太后及幼主並沉於河。太后妹馮翊君收瘞於雙靈佛寺。出帝時，始葬以后禮而追加謚曰靈〔一三〕。

孝明皇后胡氏，靈太后從兄冀州刺史盛之女。靈太后欲榮重門族，故立爲皇后。肅宗頗有酒德，專嬖充華潘氏，后及嬪御並無過寵。太后爲肅宗選納，抑屈人流。時博陵崔孝芬、范陽盧道約、隴西李瓚等女，但爲世婦。諸人訴訟，咸見忿責。武泰初，后既入道，遂居於瑶光寺。

孝靜皇后高氏，齊獻武王之第二女也。天平四年，詔娉以爲皇后，王前後固辭，帝不許。興和初，詔侍中、司徒公孫騰，司空公、襄城王旭，兼尚書令、司州牧、西河王悰，兼太常卿及宗正卿元孝友等奉詔致禮，并備宫官侍衛，以后駕迎於晉陽之丞相第。五月，立爲皇后，大赦天下。齊受禪，降爲中山王妃。後降于尚書左僕射楊遵彦。

史臣曰：始祖生自天女，克昌後葉。靈后淫恣，卒亡天下。傾城之戒，其在兹乎？鈎弋年稚子幼，漢武所以行權，魏世遂爲常制。子貴母死，矯枉之義不亦過哉！高祖終革其失，良有以也。

校勘記

〔一〕魏書卷十三　目録此卷原注「闕」，卷末有宋人校語云：「魏收書皇后傳亡，後人補以北史，又取高氏小史及修文殿御覽附益之。」殿本入考證，止云：「魏收書亡，後人所補。」

〔二〕漢因秦制　初學記卷一〇引魏收後魏書：「古先哲王，莫不明后妃之制，順天地之德。故二妃嬪嬀，虞道克昌，任姒配周，周室用光。」按此三十三字，亦見三國志卷五魏書后妃傳序，惟「克昌」「配周」「用光」，三國志分别作「克隆」「配姬」「用熙」，或是徐堅避唐諱改字。此序下數句也與三國志后妃傳雷同，雖源自北史，北史亦本魏書。初學記所引數句，明言出自魏收後魏書，疑此序本採陳壽序以成文，並非誤植。

〔三〕「中才人」至「視五品」　此所敍内職自「中才人」以下，無可參證，以義點斷。「恭使宫人」，通志卷二〇作「恭信宫人」。「春衣」，北史卷一三后妃傳上作「青衣」。

〔四〕桓帝立乃葬焉　「桓帝」，原作「和帝」，北監本、殿本作「昭帝」，據北史卷一三后妃傳上、御覽卷一三九引後魏書改。按本書卷一序紀，和帝乃遠祖，顯誤。序紀稱昭帝二年「葬文帝及皇后封氏」。時昭帝禄官和文帝沙漠汗之子桓帝猗㐌、穆帝猗盧分國爲三部，各統其一，昭帝即位之二年即是桓帝即位之二年。桓帝乃封氏子，故傳稱他即位葬母。

〔五〕桓帝皇后祁氏　「祁氏」，北史卷一三后妃傳上、通志卷二〇、通鑑卷八九晉紀一一建興四年四月、卷九一晉紀一三太興四年十二月並作「惟氏」，御覽卷一三九引後魏書作「維氏」。田餘慶拓跋史探以爲乃源出烏丸同一姓氏之異譯。

〔六〕國家胤冑豈正爾絶滅也　「正」，原作「止」，據北史卷一三后妃傳上改。按「止爾」語澀，王雲路、方一新中古漢語語詞例釋歷引語例，釋「正爾」爲時間副詞，義爲「就要」、「馬上」。真大成校證補證語例，別釋義爲「眼下」、「即刻」。

〔七〕故顯使不急追　「使不」，原作「不使」，據南監本、北史卷一三后妃傳上乙正。按「顯使」指上文所云劉顯派來謀害拓跋珪之使。

〔八〕封后母孟爲漂陽君　「漂陽」，御覽卷一三九引後魏書、册府卷一四一作「溧陽」。

〔九〕高祖時　「高祖」，原作「高宗」。按事見本書卷一〇八之一禮志一太和十九年六月，檢卷五四高閭傳，高閭任相州刺史，正在孝文遷都前後。「宗」字訛，今據改。

〔一〇〕西城郡公　疑當作「西郡公」。本書卷八三上外戚傳上馮熙傳作「遼西郡公」，正光五年元悦妃馮季華墓誌稱祖朗「封西郡公」。按朗與其兄崇於北燕亡前降魏，崇封遼西王，事見本書卷九七海夷馮跋傳。崇既封遼西，朗似不得封遼西公。本書地形志不載「西城郡」或「西郡」。然隋書卷二九地理志上張掖郡山丹稱後魏「又有西郡」。

〔一一〕顯祖即位　「顯祖」，原作「顯宗」，據北監本、殿本改。

〔一二〕顯祖年十二　「十二」，原作「十三」，據北史卷一三后妃傳上改。按本書卷五高宗紀、卷六顯祖紀，獻文帝拓跋弘生於興光元年（四五四），至和平六年（四六五）即位，只十二歲。

〔三〕立燕宣王廟於長安　「燕宣王」，原作「文宣王」。錢大昕考異卷三八云：「按外戚傳，馮朗追贈燕宣王，立廟長安。『文宣』當爲『燕宣』之訛。」按馮太后爲父馮朗立燕宣王廟於長安，歷見本書卷五六鄭羲傳、卷五七崔挺傳、卷七〇傅永傳、卷七二陽尼傳附陽藻傳、李叔虎傳附李述傳，景明四年元誘妻馮氏墓誌、熙平元年馮會墓誌、正光五年元悦妃馮季華墓誌、武定五年馮令華墓誌均稱馮朗爲燕宣王，史傳、墓誌無一稱馮朗爲文宣王者。下文稱「又立思燕佛圖於龍城」，亦可證「燕」是。今據改。

〔四〕頓丘王峻之妹也　「頓丘」上原衍「母」字，據御覽卷一三九引後魏書刪。按頓丘王李峻乃后兄，見本書卷八三上峻本傳。

〔五〕平原人也　「平原」，北史卷一三后妃傳上、御覽卷一三九引後魏書並作「平涼」，疑是。按下云叔父金閭封「平涼公」，金閭兄勝爲「平涼太守」，當時封公多取本郡，又習慣以任本州、郡之刺史、太守爲榮。

〔六〕后及夫嬪以下接御皆以次進　「接御」，原作「接淑」，三朝本、南監本、殿本作「妾御」，汲本、局本作「接御」，旁注：「一作『接淑』，一作『妾御』。」今據汲本、局本、御覽卷一三九引後魏書改。按下宣武皇后高氏傳云：「後宮接御，多見阻遏。」

〔七〕省其信不　「省」，原作「皆」，汲本同，旁注「一作『省』」，他本並作「省」，御覽卷一三九引後魏書此句連下「然」字作「皆其信者也」。今據他本改。按「皆其信不」不可解。「省其信不」，是說幽后又派心腹雙蒙去省察所遣閹人是否可信。如御覽，則意謂所遣閹人和雙蒙皆是幽后信任之人，亦通。

〔一八〕乃賜后辭死訣　「死」，御覽卷一三九引後魏書無，張森楷以爲此字衍。按「死訣」意謂誓不再見，亦通。

〔一九〕與后杖　汲本、局本同，下注「一作『示與后狀』」，三朝本、南監本、北監本、殿本、北史卷一三后妃傳上並作「示與后狀」。按先示后母常氏以后不思悔改之狀，常因而撻之，於理更順。疑此處本作「示與后狀」，後人見下文「常撻之百餘乃止」，誤識「狀」作「杖」並刪「示」字。

〔二〇〕遂攝行初祀　「初」，御覽卷一四〇引後魏書作「祠」，疑是。按上文稱「太后以肅宗沖幼，未堪親祭」云云，則不僅攝行初祀。

〔二一〕令王公已下賦七言詩　「下」字原重，據南監本、北史卷一三后妃傳上、御覽卷一四〇引後魏書刪。按北監本、汲本、殿本、局本作「下各」，疑乃刪所重「下」字，又擅補「各」字以填其闕。

〔二二〕於禁中殺領左右鴻臚少卿谷會紹達　「谷會紹達」，疑有衍訛。按通鑑卷一五二梁紀八大通二年二月記此事，作「谷士恢」，其人附見本書卷三三谷渾傳，乃谷渾後人，名士恢，字紹達。別無名「谷會」者。

〔二三〕始葬以后禮而追加謚曰靈　「曰靈」二字原闕，據北史卷一三后妃傳上補。御覽卷一四〇引後魏書作「焉」。按本書各卷幾全以「靈太后」稱胡氏，本傳不宜獨無謚。

魏書卷十四〔一〕

神元平文諸帝子孫列傳第二

上谷公紇羅，神元皇帝之曾孫也。初，從太祖自獨孤如賀蘭部，招集舊户，得三百家，與弟建議，勸賀訥推太祖爲主。及太祖登王位，紇羅常翼衛左右。又從征伐，有大功。紇羅有援立謀，特見優賞。及即帝位，與弟建同日賜爵爲公。卒。子題，少以雄武知名，賜爵襄城公。從征中山，受詔徇下諸郡，撫慰新城，皆安化樂業。進爵爲王。擊慕容驎於義臺，中流矢薨。帝以太醫令陰光爲視療不盡術，伏法。子悉襲，降爵爲襄城公。卒，贈襄城王。

建德公嬰文，神元皇帝之後也。少明辯，有決斷，太宗器之。典出納詔命，常執機要。世祖踐阼，拜護東夷校尉，進爵建德公，鎮遼西。卒。

真定侯陸，神元皇帝之後也。世祖時，以武功頗蒙恩遇，拜散騎常侍，賜爵真定侯。卒。

陸曾孫軌，字法寄，稍遷洛陽令。時天下多事，軌惟以深刻遇下，死多酷濫，識者非之。孝靜時，鄴宮創制，以軌爲營構使。除徐州刺史。軌風望既陋，又無學術，雖歷名位，時人輕之。卒於州。

武陵侯因，章帝之後也。從太祖平中原，以功封曲逆侯。世祖時，改爵武陵。

長樂王壽樂，章帝之後也。位選部尚書，南安王，改封長樂王。高宗即位，壽樂有援立功，拜太宰、都督中外諸軍事〔二〕、録尚書事。矜功，與尚書令長孫渴侯爭權，並伏法。

望都公頹，昭帝之後也。隨太祖平中原，賜爵望都侯。世祖以頹美儀容，進止可觀，使迎左昭儀於蠕蠕，進爵爲公。卒。

曲陽侯素延，桓帝之後也。以小統從太祖征討諸部，初定并州，爲刺史。太祖之驚於栢肆也，并州守將封竇真爲逆，素延斬之。時太祖意欲撫悅新附，悔參合之誅，而素延殺戮過多，坐免官。中山平，拜幽州刺史。豪奢放逸，左遷上谷太守。後賜爵曲陽侯。時太祖留心黄老，欲以純風化俗，雖乘輿服御，皆去彫飾，咸尚質儉，而素延奢侈過度，太祖深銜之。積其過，因徵，坐賜死。

順陽公郁，桓帝之後也。少忠正亢直。初以羽林中郎内侍，勤幹有稱。高宗時，位殿中尚書。從高宗東巡臨海，以勞賜爵順陽公。高宗崩，乙渾專權，隔絶内外，百官震恐，計無所出。郁率殿中衛士數百人從順德門入，欲誅渾。渾懼，逆出問郁曰：「君入何意？」郁曰：「不見天子，羣臣憂懼，求見主上。」渾窘怖，謂郁曰：「今大行在殯，天子諒闇，故未接百官，諸君何疑？」遂奉顯祖臨朝。後渾心規爲亂，朝臣側目，郁復謀殺渾，爲渾所誅。顯祖録郁忠正，追贈順陽王，謚曰簡。

宜都王目辰，桓帝之後也。初以羽林郎從太祖南伐至江〔三〕。高宗即位，以勞累遷侍中、尚書左僕射，封南平公。乙渾之謀亂也，目辰與兄郁議欲殺渾，事泄被誅，目辰逃隱得免。顯祖傳位，有定策勳。高祖即位，遷司徒，封宜都王，除雍州刺史，鎮長安。目辰性亢直耿介，不爲朋黨，朝臣咸憚之。然好財利，在州，政以賄成。有罪伏法，爵除。

穆帝長子六脩，少而兇悖。穆帝五年，遣六脩爲前鋒，與輔相衞雄、范班及姬澹等救劉琨。帝躬統大兵爲後繼。劉粲懼，焚燒輜重，突圍遁走。縱騎追之，殺傷甚衆。帝因大獵於壽陽山，陳閱皮肉，山爲變赤。及晉懷帝爲劉聰所執，穆帝遣六脩與桓帝子普根率精騎助劉琨。初穆帝少子比延有寵，欲以爲後。六脩出居新平城，而黜其母。六脩有驊騮駿馬，日行五百里，穆帝欲取以給比延。後六脩來朝，穆帝又命拜比延，六脩不從。穆帝乃坐比延於己所乘步輦，使人導從出遊。六脩望見，以爲穆帝，謁伏路左，及至，乃是比延，慚怒而去。召之，不還〔四〕。穆帝怒，率衆伐之。帝軍不利，六脩殺比延。帝改服微行民間，有賤婦人識帝，遂暴崩。普根先守于外，聞難，率衆來赴。攻六脩，滅之。

吉陽男比干，太祖族弟也。以司衞監討白澗丁零有功，賜爵吉陽男。後爲南道都將，戰没。

江夏公吕，太祖族弟也。從世祖平涼州有功，封江夏公，位外都大官，委以朝政，大見尊重。卒，贈江夏王，陪葬金陵。

高涼王孤，平文皇帝之第四子也。多才藝，有志略。烈帝之前元年，國有内難，昭成如襄國。後烈帝臨崩，顧命，迎昭成立之，社稷可安。及崩，羣臣咸以新有大故，内外未安，昭成在南，來未可果，比至之間，恐生變詐，宜立長君以鎮衆望。次弟屈，剛猛多變，不如孤之寬和柔順，於是大人梁蓋等殺屈，共推孤。孤曰：「吾兄居長，自應繼位，我安可越次而處大業。」乃自詣鄴奉迎，請身留爲質。石虎義而從之。昭成即位，乃分國半部以與之。薨。

子斤，失職懷怒，構寔君爲逆，死於長安。太祖時，以孤勳高，追封高涼王，謚曰神武。

斤子樂真〔五〕，頻有戰功，後襲祖封。太宗初，改封平陽王。薨。

子禮，襲本爵高涼王。薨，謚懿王。

子那，襲爵。拜中都大官。驍猛善攻戰。正平初〔六〕，坐事伏法。顯祖即位，追那功，命子紇紹封。薨。

子大曹，性愿直。高祖時，諸王非太祖子孫者，例降爵爲公。以大曹先世讓國功重，高祖欒真勳著前朝〔七〕，改封太原郡公。卒，無子，國除。世宗又以大曹從兄子洪威紹。恭謙好學，爲潁川太守，有政績。孝靜初，在潁川聚衆應關西，齊獻武王遣將討平之。

禮弟陵，世祖賜爵襄邑男。進爵爲子。卒。

子瓌，位柔玄鎮司馬。

瓌子鷙，字孔雀。容貌魁壯，腰帶十圍。爲羽林隊仗副。高祖末，以征討有功，賜爵晉陽男。累遷領軍、畿部都督。

武泰元年，尒朱榮至河陰，殺戮朝士，鷙與榮共登高冢俯而觀之，自此後與榮合。元顥之逼也，鷙從駕北迎。既到河内，欲入城，鷙奏曰：「河内晝則閉門，夜引駕入，此之意趣，難以測量。本圖有在，願便發邁。」帝從之，前至長子，以尒朱榮赴援，除鷙車騎將軍，封華山王。莊帝既殺尒朱榮，榮從子兆爲亂，帝欲率諸軍親討，鷙與兆陰通，乃勸帝曰：「黄河萬仞，寧可卒渡。」帝遂自安。及兆入殿，鷙又約止衞兵。帝見逼，京邑破，皆由鷙之謀。孝靜初，入爲大司馬，加侍中。

鷙有武藝，木訥少言，性方厚，每息直省闥，雖暑月不解衣冠。曾於侍中高岳之席，咸陽王坦恃力使酒，陵侮一坐，衆皆下之，不敢應答。坦謂鷙曰：「孔雀老武官，何因得王？」鷙即答曰：「斬反人元禧首，是以得之。」衆皆失色，鷙怡然如故。興和三年薨，贈假黄鉞、尚書令、司徒公。

子大器，襲爵。後與元瑾謀害齊文襄王，見害。

孤孫度，太祖初賜爵松滋侯，位比部尚書。卒。

子乙斤，襲爵襄陽侯。顯祖崇舊齒，拜外都大官，甚見優重。卒。

子平，字楚國，襲世爵松滋侯。以軍功賜艾陵男。卒。

子萇，高祖時，襲爵松滋侯，例降侯，賜艾陵伯。萇性剛毅，雖有吉慶事，未嘗開口而笑。高祖遷都，萇以代尹留鎮。除懷朔鎮都大將，因別賜萇酒，雖拜飲，而顏色不泰。高祖曰：「聞公一生不笑，今方隔山〔八〕，當爲朕笑。」竟不能得。高祖曰：「五行之氣，偏有所不入。六合之間，亦何事不有。」左右見者，無不扼腕大笑。世宗時，爲北中郎將，帶河内太守。萇以河橋船絚路狹，不便行旅，又秋水汎漲，年常破壞，乃爲船路，遂廣募空車從京出者〔九〕，率令輸石一雙，累以爲岸。橋闊，來往便利，近橋諸郡，無復勞擾，公私賴之。歷位度支尚書、侍中、雍州刺史。卒，謚曰成。萇中年以後，官位微達，乃自尊倨，閨門無禮，昆季不穆，性又貪虐，論者鄙之。

萇子子華，字伏榮，襲爵。孝莊初，除齊州刺史。先是，州境數經反逆，邢杲之亂，人不自保。而子華撫集豪右，委之管籥，衆皆感悦，境内帖然。而性甚褊急，當其急也，口不擇言，手自捶擊。長史鄭子湛，子華親友也，見侮罵，遂即去之。子華雖自悔厲，終不能改。在官不爲矯潔之行，凡有餽贈者，辭多受少，故人不厭其取。鞫獄訊囚，務加仁恕。齊人樹碑頌德。

後除濟州刺史。尒朱兆之入洛也，齊州城人趙洛周逐刺史丹陽王蕭贊，表濟南太守房士達攝行州事。洛周子元顯先隨子華在濟州，邀路改表，請子華復爲齊州刺史。子華母房氏，曾就親人飲食，夜還大吐，人以爲中毒，甚憂懼，子華遂掬吐盡噉之，其母乃安。尋以母憂還都。

孝靜初，除南兗州刺史。弟子思通使關西，朝廷使右衞將軍郭瓊收之。子思謂瓊僕曰：「速可見殺，何爲久執國士！」子華謂子思曰：「由汝粗疏，令我如此。」以頭叩牀，涕泣不自勝。子思以手捋鬚，顧謂子華曰：「君惡體氣。」尋與子思俱死於門下外省。

子思，字衆念，性剛暴，恒以忠烈自許。元天穆當朝權，以親從薦爲御史中尉。先是，兼尚書僕射元順奏，以尚書百揆之本，至於公事，不應送御史〔一○〕。至子思，奏曰：

案御史令云：「中尉督司百寮；治書侍御史糾察禁内。」又云：「中尉出行，車輻前驅，除道一里，王公百辟避路。」時經四帝，前後中尉二十許人，奉以周旋，未曾暫廢。府寺臺省，並從此令。唯肅宗之世，爲臨洮舉哀，故兼尚書左僕射臣順不肯與名，又不送簿。故中尉臣酈道元舉而奏之，而順復啓云：「尚書百揆之本，令僕納言之貴，不宜下隸中尉，送名御史。」尋亦蒙敕，聽如其奏。從此迄今，使無準一。

臣初上臺，具見其事，意欲申請決議，但以權兼，未宜便爾。日復一日，遂歷炎涼。去月朔旦，臺移尚書索應朝名帳，而省稽留不送。尋復移催并主吏，忽爲尚書郎中裴獻伯後注云：「案舊事，御史中尉逢臺郎於複道，中尉下車執板，郎中車上舉手禮之。以此而言，明非敵體。」臣既見此，深爲怪愕。旋省二三，未解所以。正謂都省別被新式，改易高祖舊命，即遣移問，事何所依。又獲尚書郎中王元旭報，出蔡氏漢官，似非穿鑿。始知裴、王亦規壞典謨，兩人心欲自矯。臣案漢書宣秉傳云，詔徵秉爲御史中丞，與司隸校尉、尚書令俱會殿庭，並專席而坐，京師號之爲三獨坐。又尋魏書崔琰傳、晉文陽□傳暇傳〔一〕，皆云既爲中丞，百寮震悚。以此而言，則中丞不揖省郎蓋已久矣，憲臺不屬都堂，亦非今日。又尋職令云：「朝會失時，即加彈糾。」則百官簿帳，應送上臺，灼然明矣。又皇太子以下違犯憲制，皆得糾察，則令僕朝名宜付御史，又亦彰矣。不付名至，否臧何驗？臣順專執，未爲平通，先朝曲遂，豈是正法？

謹案尚書郎中臣裴獻伯、王元旭等，望班士流，早參清宦，輕弄短札，斐然若斯，苟執異端，忽焉至此，此而不綱，將隳朝令。請以見事免獻伯等所居官，付法科處。尚書納言之本，令僕百揆之要，同彼浮虛，助之乖失，宜明首從，節級其罪。

詔曰：「國異政，不可據之古事。付司檢高祖舊格，推處得失以聞。」尋從子思奏。仍爲元天穆所忿，遂停。元顥之敗，封安定縣子。孝靜時，位侍中而死。

萇弟珍，字金省，襲爵艾陵男〔一二〕。世宗時，曲事高肇，遂爲帝寵昵。彭城王勰之死，珍率壯士害之。後卒於尚書左僕射。

平弟長生，位游騎擊將軍〔一三〕。卒。孝莊時，以子天穆貴盛，贈司空。

天穆，性和厚，美形貌，善射，有能名。年二十，起家員外郎。六鎮之亂，尚書令李崇、廣陽王深北討，天穆奉使慰勞諸軍。路出秀容，尒朱榮見其法令齊整，有將領氣，深相結託，約爲兄弟。未幾，榮請天穆爲行臺，朝廷不許，改授别將，令赴秀容。是時，北鎮紛亂，所在蜂起，六鎮蕩然，無復蕃捍，惟榮當職路衝，招聚散亡。天穆爲榮腹心，除并州刺史。及榮赴洛，天穆參其始謀，乃令天穆留後，爲之繼援。莊帝踐阼，天穆以榮之眷昵，特除太尉，封上黨王，徵赴京師。榮之討葛榮，詔天穆爲前軍都督，率京師之衆以赴之。榮擒葛榮，天穆增封，通前三萬户。尋監國史，録尚書事，開府，世襲并州刺史。

初，杜洛周、鮮于脩禮爲寇，瀛冀諸州人多避亂南向。幽州前平北府主簿河間邢杲〔一四〕，擁率部曲，屯據鄚城，以拒洛周、葛榮，垂將三載。及廣陽王深等敗後，杲南度居青州北海界。靈太后詔流人所在皆置命屬郡縣，選豪右爲守令以撫鎮之。時青州刺史元世儁表置新安郡，以杲爲太守，未報。會臺申汰簡所授郡縣〔一五〕，以杲從子子瑶資蔭居前，乃授河間太守。杲深耻恨，於是遂反。所在流人先爲土人凌忽，聞杲起逆，率來從之，旬朔之間，衆踰十萬。劫掠村塢，毒害民人，齊人號之爲「䝤榆賊」。先是，河南人常笑河北人好食榆葉，故因以號之。杲東掠光州，盡海而還。又破都督李叔仁軍。詔天穆與齊獻武王討大破之。杲乃請降，傳送京師，斬之。增天穆邑萬户。

時元顥乘虚陷滎陽，天穆聞莊帝北巡，自畢公壘北渡，會車駕於河内。尒朱榮以天時炎熱，欲還師，天穆苦執不可，榮乃從之。莊帝還宫，加太宰，羽葆、鼓吹，增邑，通前七萬户。

天穆以疎屬，本無德望，憑藉尒朱，爵位隆極，當時熏灼，朝野傾悚，王公已下每旦盈門，受納財貨，珍寶充積。而寬柔容物，不甚見疾於時。莊帝以其榮黨，外示寵敬，詔天穆乘車馬出入大司馬門。天穆與榮相倚，情寄特甚。榮常以兄禮事之，而尒朱世隆等雖榮子姪，位遇已重，畏憚天穆，俯仰承迎。天穆曾言世隆之失，榮即加杖，其相親任如此。莊帝内畏惡之，與榮同時見殺。前廢帝初，贈丞相、柱國大將軍、雍州刺史，假黄鉞，謚曰武昭。

子儼，襲，美才貌。位都官尚書。及齊受禪，聞敕召，假病，遂怖而卒。

西河公敦，平文帝之曾孫也。太祖初，從征，被堅執鋭，名冠諸將。後從征中山，所向無前。太宗時，拜中都大官。世祖時，進爵西河公，寵遇彌篤。卒，子撥襲。

司徒石，平文帝之玄孫也。忠勇有膽略，尤善騎射。從世祖南討，至瓜步。位尚書令，雍州刺史。歷比部侍郎、華州刺史，累遷征南大將軍。卒，贈司徒公。

武衛將軍謂，烈帝之第四子也。寬雅有將略，常從太祖征討有功，除武衛將軍。後謝老歸家，顯祖善禮遇之，賜几杖服物，致膳於第〔一六〕。卒，賜祕器。

子烏真，膂力絶人。隨太祖征伐，屢有戰功，官至鉅鹿太守。

子興都，聰敏剛毅。高宗時，爲河間太守，賜爵樂城子。爲政嚴猛，百姓憚之。顯祖初，以子丕貴重，進爵樂城侯。謝老歸家，顯祖益禮之，賜几杖服物，致膳於第。其妻婁氏，爲東陽王太妃。卒，追贈定州刺史、河間公，謚曰宣。

子提，襲父侯爵。

提弟丕，世祖擢拜羽林中郎。從駕臨江，賜爵興平子。顯祖即位，累遷侍中。丞相乙渾謀反，丕以奏聞。詔丕帥元賀、牛益得收渾，誅之，遷尚書令，改封東陽公。高祖時，封東陽王，拜侍中、司徒公。時有諸疑事三百餘條，敕丕制決，率皆平允。丕子超生，車駕親幸其第，特加賞賜。以執心不二，詔賜丕入八議，傳示子孫，犯至百，聽責數恕之；放其同籍丁口雜使役調，永受復除〔一七〕；若有姦邪人方便譖毀者，即加斬戮。尋遷太尉、録尚書事。時淮南王他、淮陽王尉元、河東王苟頹並以舊老見禮，每有大事，引入禁中，乘步挽，杖于朝，進退相隨。丕、他、元三人，皆容貌壯偉，腰帶十圍，大耳秀眉，鬚鬢斑白，百寮觀瞻，莫不祗聳。唯苟頹小爲短劣，姿望亦不逮之。高祖、文明太后重年敬舊，存問周渥，賜以珍寶。丕聲氣高朗，博記國事，饗讌之際，恒居坐端，必抗音大言，敍列既往成敗。帝、后敬納焉。然諂事要人，驕侮輕賤，每見王叡、苻承祖，常傾身下之。

時文明太后爲王叡造宅，故亦爲丕造甲第。第成，帝、后親幸之，率百官文武饗落焉〔一八〕。使尚書令王叡宣詔，賜丕金印一紐。太后親造勸戒歌辭以賜羣官，丕上疏讚謝。太后令曰：「臣哉隣哉，隣哉臣哉。君則亡逸於上，臣則履冰於下。若能如此，太平豈難致乎？」及丕妻段氏卒，謚曰恭妃。又特賜丕金券。

高祖、文明太后引見公卿於皇信堂，太后曰：「今京師旱儉，欲聽飢貧之人出關逐食。

如欲給過所，恐稽延時日，不救災窘，若任其外出，復慮姦良難辨。卿等可議其所宜。」丕議：「諸曹下大夫以上，人各將二吏，別掌給過所，州郡亦然，不過三日，給之便訖，有何難也？」高祖從之，四日而訖。丕請立東宮，詔曰：「年尚幼小，有何急之？」丕曰：「臣年在西夕，思觀盛禮，於臣實急。」不許。後例降王爵，封平陽郡公。求致仕，詔不許。

及車駕南伐，丕與廣陵王羽留守京師，並加使持節。詔丕、羽曰：「留守非賢莫可。太尉年尊德重，位總阿衡；羽朕之懿弟，温柔明斷。故使二人留守京邑，授以二節，賞罰在手。其祗允成憲，以稱朕心。」丕對曰：「謹以死奉詔。」羽對曰：「太尉宜專節度，臣但可副貳而已。」高祖曰：「老者之智，少者之決，何得辭也。」及高祖還代，丕請作歌，詔許之。歌訖，高祖曰：「公傾朕還車，故親歌述志。今經構既有次第，故暫還舊京，願後時亦同茲適。」

及高祖欲遷都，臨太極殿，引見留守之官大議。乃詔丕等，如有所懷，各陳其志。燕州刺史穆羆進曰：「移都事大，如臣愚見，謂爲未可。」高祖曰：「卿便言不可之理。」羆曰：「北有獫狁之寇，南有荆揚未賓，西有吐谷渾之阻，東有高句麗之難。四方未平，九區未定。以此推之，謂爲不可。征伐之舉，要須戎馬，如其無馬，事不可克。」高祖曰：「卿言無馬，此理粗可。馬常出北方，厩在此置，卿何慮無馬？今代在恒山之北，爲九州之外，以是之故，遷于中原。」羆曰：「臣聞黄帝都涿鹿。以此言之，古昔聖王不必悉居中原。」高祖曰：「黄帝以天下未定，居于涿鹿，既定之後，亦遷于河南。」尚書于果曰〔一九〕：「臣誠不識古事，如聞百姓之言，先皇建都於此，無何欲移，以爲不可。中原其如是所由擬〔二〇〕。數有篡奪。自建邑平城以來，與天地並固，日月齊明。臣雖管見膚淺，性不昭達，終不以恒代之地，而擬伊洛之美。但以安土重遷，物之常性，一旦南移，懼不樂也。」丕曰：「陛下去歲親御六軍討蕭氏，至洛，遣任城王澄宣旨，敕臣等議都洛。初奉恩旨，心情惶越。凡欲遷移，當訊之卜筮，審定吉否，然後可。」高祖謂丕曰：「往在鄴中，司徒公誕、咸陽王禧、尚書李沖等皆欲請龜占移洛吉凶之事。朕時謂誕等曰，昔周邵卜宅伊洛，乃識至兆。今無若斯之人，卜亦無益。然卜者所以決疑，此既不疑，何須卜也。昔軒轅卜兆龜焦，卜者請訪諸賢哲，軒轅乃問天老，天老謂爲善。遂從其言，終致昌吉。然則至人之量未然，審於龜矣。朕既以四海爲家，或南或北，遲速無常。南移之民，朕自多積倉儲，不令窘乏。」丕曰：「臣仰奉慈詔，不勝喜舞。」高祖詔羣官曰：「卿等或以朕無爲移徙也。昔平文皇帝棄背率土，昭成營居盛樂；太祖道武皇帝神武應天，遷居平城。朕雖虚寡，幸屬勝殘之運，故移宅中原，肇成皇宇。卿等當奉先君令德，光迹洪規。」前懷州刺史青龍、前秦州刺史呂受恩等仍守愚固，帝皆撫而答之，辭屈而退。

帝又將北巡，丕遷太傅、録尚書事。頻表固讓，詔斷表啓，就家拜授。及車駕發代，丕留守，詔曰：「中原始構，須朕營視，在代之事，一委太傅。」賜上所乘車馬，往來府省。丕雅愛本風，不達新式，至於變俗遷洛，改官制服，禁絶舊言，皆所不願。高祖知其如此，亦不逼之，但誘示大理，令其不生同異。至於衣冕已行，朱服列位，而丕猶常服列在坐隅。晚乃稍加弁帶，而不能修飾容儀。高祖以丕年衰體重，亦不强責。及罷降非太祖子孫及異姓王者，雖較於公爵，而利享封邑，亦不快〔一一〕。

高祖南征，丕表乞少留，思更圖後舉。會司徒馮誕薨，詔六軍反旆。丕又以熙薨于代都，表求鑾駕親臨。詔曰：「今洛邑肇構，跂望成勞，開闢暨今，豈有以天子之重，遠赴舅國之喪？朕縱欲爲孝，其如大孝何？縱欲爲義，其如大義何？天下至重，君臣道懸，豈宜苟相誘引，陷君不德。令、僕已下可付法官貶之。」又詔以丕爲都督，領并州刺史。後詔以平陽畿甸，改封新興公。

初，李沖又德望所屬，既當時貴要，有杖情〔一二〕，遂與子超娶沖兄女，即伯尚妹也。丕前妻子隆同産數人，皆與别居。後得宫人，所生同宅共産。父子情因此偏。

丕父子大意不樂遷洛。高祖之發平城，太子恂留於舊京，及將還洛，隆與超等密謀留恂，因舉兵斷關，規據陘北。時丕以老居并州，雖不預其始計，而隆、超咸以告丕。丕外慮不成，口雖致難，心頗然之。及高祖幸平城，推穆泰等首謀，隆兄弟並是黨。丕亦隨駕至平城，每於測問，令丕坐觀。隆、超與元業等兄弟並以謀逆伏誅。有司奏處孥戮，詔以丕應連坐，但以先許不死之詔，躬非染逆之身，聽免死，仍爲太原百姓，其後妻二子聽隨。隆、超母弟及餘庶兄弟，皆徙敦煌。丕時年垂八十，猶自平城力載，隨駕至洛陽。高祖每遣左右慰勉之，乃還晉陽。

高祖崩，丕自并州來赴，世宗引見之。以丕舊老，禮有加焉。尋敕留洛陽。後宴于華林都亭，特令二子扶侍坐起。丕仕歷六世，垂七十年，位極公輔，而還爲民庶，然猶心戀京邑，不能自絕人事。尋詔以丕爲三老。景明四年薨，年八十二。詔贈左光禄大夫、冀州刺史，謚曰平。

長子隆，先以反誅。隆弟乙升、超，亦同誅。超弟儁、邕，並有軍功。儁封新安縣男，邕封涇縣男。

淮陵侯大頭，烈帝之曾孫也。善騎射，擢爲内三郎。從世祖有戰功，賜爵。高宗初，封淮陵。性謹密，帝甚重之。位寧北將軍，遷右將軍。卒，贈高平公，謚曰烈。

河間公齊，烈帝之玄孫也。少雄傑魁岸，世祖愛其勇壯，引侍左右。從征赫連昌，世祖馬蹶，賊衆逼帝，齊以身蔽捍，決死擊賊，賊乃退，世祖得上馬。是日微齊，世祖幾至危殆。世祖以微服入其城，齊固諫，不許，乃與數人從世祖入。城内既覺，諸門悉閉。世祖及齊等因入其宫中，得婦人裙，繫之槊上，世祖乘而上，因此得拔，齊有力焉。賜爵浮陽侯。從征和龍，以功拜尚書，進爵爲公。後與新興王俊討禿髮保周，坐事免官爵。

劉義隆將裴方明陷仇池，世祖復授齊前將軍，與建興公古弼討之，遂剋仇池，威振羌氏。復賜爵河間公，與武都王楊保宗對鎮駱谷。時保宗弟文德説保宗閉險自固，有期矣，秦州主簿邊因知之，密告齊。齊晨詣保宗，呼曰：「古弼至，欲宣詔。」保宗出，齊叱左右扶保宗上馬，馳驛送臺。諸氐遂推文德爲主，求援於劉義隆。義隆遣將房亮之、苻昭、啖龍等率衆助文德。齊擊斬殺龍，擒亮之。氐遂平。以功拜内都大官。卒，謚曰敬。

長子陵，襲爵。陵性抗直，天安初，爲乙渾所害。

陵弟蘭，以忠謹見寵。高祖初，賜爵建陽子。卒於武川鎮將。

子志，字猛略。少清辯强幹，歷覽書傳，頗有文才。爲洛陽令，不避强禦，與御史中尉李彪爭路，俱入見，面陳得失。彪言，御史中尉避承華車蓋，駐論道劍鼓，安有洛陽縣令與臣抗衡。志言神鄉縣主，普天之下誰不編户，豈有俯同衆官，趨避中尉〔二三〕？高祖曰：「洛陽我之豐沛，自應分路揚鑣。自今以後，可分路而行。」及出，與彪折尺量道，各取其半。高祖謂邢巒曰：「此兒竟可，所謂王孫公子，不鏤自雕。」巒曰：「露枝霜條〔二四〕，故多勁節，非鸞則鳳，其在本枝也。」員外郎馮俊，昭儀之弟，恃勢恣撾所部里正。志令主吏收繫，處刑除官。由此忤旨，左遷太尉主簿。俄爲從事中郎。

車駕南征，高祖微服觀戰所，有箭欲犯帝，志以身障之，高祖便得免。矢中志目，因此一目喪明。以志行恒州事。世宗時，除荆州刺史，還朝，御史中尉王顯奏志在州日，抑買良人爲婢，兼剩請供〔二五〕。會赦免。肅宗初，兼廷尉卿。後除揚州刺史，賜爵建忠伯。志在州威名雖減李崇，亦爲荆楚所憚。尋爲雍州刺史。

晚年耽好聲伎，在揚州日，侍側將百人，器服珍麗，冠於一時。及在雍州，逾尚華侈，聚斂無極，聲名遂損。

及莫折念生反，詔志爲西征都督討之。念生遣其弟天生屯隴口〔二六〕，與志相持。爲賊所乘，遂棄大衆奔還岐州。賊遂攻城。刺史裴芬之疑城人與賊潛通，將盡出之，志不聽。城人果開門引賊，鏁志及芬之送念生，見害。前廢帝初，贈尚書僕射、太保。

扶風公處真，烈帝之後也。少以壯烈聞。位殿中尚書，賜爵扶風公，委以大政，甚見尊禮。吐京胡曹僕渾等叛，招引朔方胡爲援。處真與高涼王那等討滅之。性貪婪，在軍烈暴，坐事伏法。

文安公泥，國之疎族也。性忠直壯烈，有智畫。太祖厚遇之，賜爵文安公，拜安東將軍。卒。

子屈，襲爵。太宗時居門下，出納詔命。性明敏，善奏事，每合上旨，賜爵元城侯，加功勞將軍，與南平公長孫嵩、白馬侯崔玄伯等並決獄訟。太宗東巡，命屈行右丞相，山陽侯奚斤行左丞相，命掌軍國，甚有聲譽。後吐京胡與離石胡出以兵等叛〔二七〕，置立將校〔二八〕，外引赫連屈丐。屈督會稽公劉潔、永安侯魏勤捍之，勤没於陳，潔墜馬，胡執送屈丐，唯屈衆猶存。太宗以屈没失二將，欲斬之。時并州刺史元六頭荒淫怠事，乃赦屈令攝州事。屈縱酒，頗廢政事，太宗積其前後失，檻車徵還，斬於市。

子磨渾，少爲太宗所知。元紹之逆也，太宗潛隱於外，磨渾與叔孫俊詐云太宗所在。紹使帳下二人隨磨渾往，規爲逆。磨渾既得出，便縛帳下詣太宗斬之。太宗得磨渾，大喜，因爲羽翼。以勳賜爵長沙公，拜尚書，出爲定州刺史。卒。

校勘記

〔一〕魏書卷十四　目録此卷原注「闕」，卷末有宋人校語云：「魏收書神元平文諸帝子孫列傳亡，後人補以北史，又取高氏小史附益之。後卷魏收舊史亡者皆放此。」殿本考證云：「魏收書亡，後人所補。」

〔二〕都督中外諸軍事　「都督」上原衍「大」字，「事」字原闕，據本書卷五高宗紀、北史卷二魏本紀二魏高宗文成帝興安元年十月删補。

〔三〕初以羽林郎從太祖南伐至江　「太祖」，疑爲「世祖」之誤。按北魏諸帝，唯世祖拓跋燾於太平真君十一年率軍南至江，下文稱「高宗即位」云云，亦可證。

〔四〕不還　三朝本、北監本、殿本作「不逮」。

〔五〕斤子樂真　「樂真」，原作「真樂」。按下文大曹傳稱「高祖樂真」，又本書卷二太祖紀、北史卷一魏本紀一太祖道武帝天興二年，本書卷三太宗紀、北史卷一魏本紀一太宗明元帝永興元年並見「高涼王樂真」。知「真樂」乃「樂真」之誤倒，今乙正。

〔六〕正平初　「正平」，原作「和平」，他本及北史卷一五魏諸宗室高涼王孤傳附元那傳並作「正平」。按本書卷四下世祖紀下，正平元年六月，「高涼王那有罪賜死」。今據改。

〔七〕高祖樂真勳著前朝　「高祖」，原作「曾祖」，據他本及北史卷一五魏諸宗室高涼王孤傳附元那傳改。按據上文，樂真子禮、孫那、曾孫紇，大曹爲紇子，則樂真乃紇之曾祖，大曹之高祖。

〔八〕今方隔山　「山」下册府卷二七一有「河」字，按文義當有。

〔九〕遂廣募空車從京出者　「募」字原闕，下有小字注「疑」，北監本、殿本作「闕」，據册府卷六七八補，並删所注「疑」字。

〔一〇〕至於公事不應送御史　「送」下通志卷八四上有「名」字，疑是。按下文稱元順「不肯與名」，又云：「不宜下隸中尉，送名御史。」當時所爭在於所謂「公事」即臣僚集會之事，是否開具名册送御史臺，並非尚書省之「公事」都應送御史臺。

〔一一〕魏書崔琰傳晉文陽□傅嘏傳　「□」，原作一字空格。錢大昕考異卷三八云：「按三國志崔琰、傅嘏二傳，並不云爲御史中丞。『晉文陽』或疑『晉陽秋』之訛。然嘏魏人，非晉人也。」按北史卷一五魏諸宗室高涼王孤傳附元子思傳「陽」字下無空格，「晉文陽」或是「晉陽秋」之訛。此魏書疑爲王沈魏書，非陳壽書。傅嘏雖魏人，和司馬氏關係很深，晉陽秋亦有可能敍及其事。

〔一二〕萇弟珍字金省襲爵艾陵男　「金省」，延昌三年元珍墓誌作「金雀」，疑「省」爲「雀」之形訛。又誌稱珍「胙土晉陽男」，不云襲艾陵男。據上文，珍父平襲爵松滋侯，又以軍功賜艾陵男。平死，長子萇襲松滋侯（熙平二年元萇墓誌作「松滋公」），其艾陵男爵當由珍襲封，故此傳云云。據萇傳稱太和降爵，賜艾陵伯，當即在此時改封珍爲晉陽男，故誌稱「胙土」，不云「襲爵」。傳、誌互見，未必傳誤。此類封爵、歷官、名字、謚號，墓誌與史傳不同處甚多，後凡不能斷定史誤者，不一一出校。

〔三〕游騎擊將軍　「騎」字疑衍。按北史卷一五魏諸宗室高涼王孤傳附元長生傳無「騎」字，隋書卷二六百官志上、梁書卷二武帝紀中並謂梁天監六年改游擊爲游騎，北魏未見，且述「位」所至亦不當二將軍並列。

〔四〕幽州前平北府主簿　「平北」，原作「北平」，據本書卷一〇孝莊紀建義元年六月、通鑑卷一五二梁紀八大通二年六月乙正。按北平郡，魏屬平州，不屬幽州。魏制，五品以上將軍開府置屬，有主簿，「平北」乃其時幽州刺史某人所帶之軍號。

〔五〕會臺中汰簡所授郡縣　「汰簡所授」，原作「休簡授」，「休」下注「疑」字。按「休簡授」不可通，今據通志卷八四上改，並删所注「疑」字。

〔六〕後謝老歸家顯祖善禮遇之賜几杖服物致膳於第　按此數句二十字，北史卷一五魏諸宗室武衛將軍謂傳無，頗可疑。據本書卷一序紀，烈帝翳槐爲平文帝長子，在位前後八年崩，其次弟昭成帝什翼犍繼立，此「武衛將軍謂」既是烈帝之子，出生不得晚於昭成即位之年。而自昭成即位至其孫拓跋珪定中原稱魏，整六十年，謂從太祖征討而獲軍號，尚不甚逾理。而歷道武、明元、太武、文成四朝八十餘年，全無記録，忽記「後謝老歸家，顯祖善禮遇之」云云，則屬可疑。下文又記謂孫興都，「謝老歸家，顯祖益禮之，賜几杖服物，致膳於第」，文字與謂傳幾乎全同，疑此數句自興都傳羼入。

〔一七〕永受復除　原作「求受復除」。按此乃孝文帝給予元丕之特權，並非元丕請求，「求」字不可通。本書卷四四苟頹傳、卷九三恩倖王叡傳並見「永受復除」語，今據改。

〔一八〕率百官文武饗落焉　「饗落」，北史卷一五魏諸宗室東陽王丕傳作「饗宴」，册府卷二七七作「饗燕」。

〔一九〕于果　原作「于杲」，據通鑑卷一三九齊紀五建武元年三月改。按于果附本書卷三一于栗磾傳、北史卷二三于栗磾傳。

〔二〇〕中原其如是所由擬　按此句不可解，疑有訛脱。

〔二一〕雖較於公爵而利享封邑亦不快　「快」下原旁注「疑」字，三朝本、南監本、北監本、殿本、北史卷一五魏諸宗室東陽王丕傳「較」作「駮」，無旁注。按大意是説雖降封爲公，而享受封邑之利，元丕却仍然不快。但作「較」或「駮」都不易解，疑有訛脱。今删旁注「疑」字。

〔二二〕李沖又德望所屬既當時貴要有杖情　「情」下原旁注「疑」字。「又」，北史卷一五魏諸宗室東陽王丕傳百衲本作「文」，北監本、殿本無。按無「又」，或「又」作「文」，似俱難通。據文義，疑此句本當作「李沖德望所屬，既當時貴要，又有杖情」，疑「又」字位置倒錯，遂致難通。今删旁注「疑」字。

〔二三〕豈有俯同衆官趨避中尉　「趨」字原闕，據北史卷一五魏諸宗室河間公齊傳附元志傳、册府卷二七一、通典卷二四職官六御史中丞補。

〔二四〕露枝霜條　「枝」，三朝本、南監本、北監本、殿本、北史卷一五魏諸宗室河間公齊傳附元志傳及册府卷三七一、卷三七七、卷六〇五並作「竹」。

〔二五〕兼剩請供　他本及北史卷一五魏諸宗室河間公齊傳附元志傳並作「兼乘請供朝」。

〔二六〕念生遣其弟天生屯隴口　「隴口」，原作「龍口」。通鑑卷一五〇梁紀六普通五年八月稱元志與天生「戰於隴口」，胡注：「隴口，隴坻之口也。」按本書卷九肅宗紀正光五年八月、卷五九蕭寶夤傳、卷七三崔延伯傳並記莫折天生於隴東大敗元志。作「隴口」是，今據改。

〔二七〕離石胡出以兵　「出以兵」，本書卷二八劉潔傳作「出以眷」。

〔二八〕置立將校　「立」，原作「主」，據北監本、殿本、北史卷一五魏諸宗室文安公泥傳改。

魏書卷十五〔一〕

昭成子孫列傳第三

寔君者，昭成皇帝之庶長子也。性愚戇，安忍不仁。昭成季年，苻堅遣其行唐公苻洛等來寇南境，昭成遣劉庫仁逆戰於石子嶺。昭成時不豫〔二〕，不能親勒衆軍，乃率諸部避難陰山，度漠北。高車四面寇抄，復度漠南。苻洛軍退，乃還雲中。

初，昭成以弟孤讓國，乃以半部授孤。孤卒，子斤失職懷怨，欲伺隙爲亂。是時，獻明皇帝及秦明王翰皆先終，太祖年六歲，昭成不豫，慕容后子閼婆等雖長，而國統未定。斤因是説寔君曰：「帝將立慕容所生，而懼汝爲變，欲先殺汝，是以頃日以來，諸子戎服，夜持兵仗，遶汝廬舍，伺便將發，吾愍而相告。」時苻洛等軍猶在君子津，夜常警備，諸皇子挾仗傍徨廬舍之間。寔君視察，以斤言爲信，乃率其屬盡害諸皇子，昭成亦暴崩。其夜，諸皇子婦及宫人奔告苻洛軍，堅將李柔、張蚝勒兵内逼，部衆離散。苻堅聞之，召燕鳳問其故，以狀對。堅曰：「天下之惡一也。」乃執寔君及斤，轘之於長安西市。

寔君孫勿期，位定州刺史，賜爵林慮侯。卒。

子六狀，真定侯。

秦明王翰，昭成皇帝第三子。少有高氣，年十五便請率騎征討，帝壯之，使領二千騎。及長統兵，號令嚴信，周旋征討，多有剋捷。建國十年卒〔三〕。太祖即位，追贈秦王，謚曰明。

子儀，長七尺五寸，容貌甚偉，美鬚髯，有筭略，少能舞劍，騎射絶人。太祖幸賀蘭部，侍從出入。登國初，賜爵九原公。從破諸部，有謀戰功。

及太祖將圖慕容垂，遣儀觀釁。垂問儀太祖不自來之意，儀曰：「先人以來，世據北土，子孫相承，不失其舊。乃祖受晉正朔，爵稱代王，東與燕世爲兄弟。儀之奉命，理謂非失。」垂壯其對，因戲曰：「吾威加四海，卿主不自見吾，云何非失？」儀曰：「燕若不脩文德，欲以兵威自强，此乃本朝將帥之事，非儀所知也。」及還，報曰：「垂死乃可圖，今則未可。」太祖作色問之。儀曰：「垂年已暮，其子寶弱而無威，謀不能決。慕容德自負才氣，非弱主之臣。釁將內起，是可計之。」太祖以爲然。後改封平原公。

太祖征衞辰，儀出别道，獲衞辰尸，傳首行宫。太祖大喜，徙封東平公。命督屯田於河北，自五原至棝陽塞外，分農稼，大得人心。慕容寶之寇五原，儀攝據朔方〔四〕，要其還路。及并州平，儀功多，遷尚書令。從圍中山。慕容德之敗也，太祖以普驎妻周氏賜儀，并其僮僕財物。尋遷都督中外諸軍事、左丞相，進封衞王。中山平，復遣儀討鄴，平之。太祖將還代都，置中山行臺，詔儀守尚書令以鎮之，遠近懷附。尋徵儀以丞相入輔。又從征高車。儀别從西北破其别部。又從討姚平，有功，賜以絹布綿牛馬羊等。儀膂力過人，弓力將十石；陳留公虔，稍大稱異。時人云：「衞王弓，桓王矟。」

世祖之初育也，太祖喜，夜召儀入。太祖曰：「卿聞夜喚，乃不怪懼乎？」儀曰：「臣推誠以事陛下，陛下明察，臣輒自安。忽奉夜詔，怪有之，懼實無也。」太祖告以世祖生，儀起拜而歌舞，遂對飲申旦。召羣臣入，賜儀御馬、御帶、縑錦等。

先是，上谷侯岌、張袞，代郡許謙等有名于時，學博今古，初來入國，聞儀待士，先就儀。儀並禮之，共談當世之務，指畫山河，分別城邑，成敗要害，造次備舉。謙等歎服，相謂曰：「平原公有大才不世之略，吾等當附其尾。」

太祖以儀器望，待之尤重，數幸其第，如家人禮。儀矜功恃寵，遂與宜都公穆崇謀爲亂，伏武士伺太祖，欲爲逆。崇子遂留在伏士中，太祖召之，將有所使。遂留聞召，恐發，踰牆告狀，太祖祕而恕之。天賜六年，天文多變，占者云「當有逆臣伏尸流血」。太祖惡之，頗殺公卿，欲以厭當天災。儀內不自安，單騎遁走。太祖使人追執之，遂賜死，葬以庶人禮。儀十五子。

子纂，五歲，太祖命養於宮中。少明敏，動止有禮，太祖愛之，恩與諸皇子同。世祖踐阼，除定州刺史，封中山公，進爵爲王，賜步挽几以優異之〔五〕。纂好酒愛佞，政以賄成，世祖殺其親嬖人。後悔過修謹，拜內大將軍。居官清約簡慎，更稱廉平。纂於宗屬最長，宗室有事，咸就諮焉。薨，謚曰簡。

纂弟良，性忠篤。太宗追録儀功，封南陽王以紹儀後。

良弟幹，機晤沉勇，善弓馬，少有父風。太宗即位，拜內將軍、都將，入備禁中。太宗出遊於白登之東北，幹以騎從。有雙鴟飛鳴於上，太宗命左右射之，莫能中。鴟旋飛稍高，幹自請射之，以一箭下雙鴟。太宗嘉之，賜御馬弓矢金帶一，以旌其能，軍中於是號曰「射鴟都將」。從世祖南巡，進爵新蔡公。高宗即位，拜都官尚書。卒，謚曰昭。

子禎，通解諸方之語，便騎射。世祖時，爲司衞監。從征蠕蠕，忽遇賊別部，多少不敵，禎乃就山解鞍放馬，以示有伏，賊果疑而避之。

高祖初，賜爵沛郡公。後拜南豫州刺史。大胡山蠻時時鈔掠，前後守牧多羈縻而已。禎乃設晝，召新蔡襄城蠻魁三十餘人，禎盛武裝，於州西爲置酒，使之觀射。先選左右能射者二十餘人，禎自發數箭皆中，然後命左右以次而射，並中。先出一囚犯死罪者，使服軍衣，亦參射限，命射不中，禎即責而斬之。蠻魁等伏伎畏威，相視股慄。又預教左右取死囚十人，皆著蠻衣，云是鈔賊。禎乃臨坐，僞舉目瞻天，微有風動，禎謂蠻曰：「風氣少暴，似有鈔賊入境，不過十人，當在西南五十里許。」即命騎追掩，果縛送十人。禎告諸蠻曰：「爾鄉里作賊如此，合死以不？」蠻等皆叩頭曰：「合萬死。」禎即斬之。乃遣蠻還，并加慰諭。諸蠻大服，自是境無暴掠，淮南之人相率投附者三千餘家，置之城東汝水之側，名曰歸義坊。

初，豫州城豪胡丘生數與外交通。及禎爲刺史，丘生嘗有犯，懷恨圖爲不軌，詐以婚進城人告云〔六〕：「刺史欲遷城中大家，送之向代。」共謀翻城。城人石道起以事密告禎，速掩丘生并諸預謀者。禎曰：「吾不負人，人何以叛，但丘生誑誤。若即收掩，衆必大懼。吾靜以待之，不久自當悔服。」語未訖，而城中三百人自縛詣州門，陳丘生譎誑之罪。丘生單騎逃走。禎恕而不問。

後徵爲都牧尚書。薨，贈侍中、儀同三司，謚簡公。有八子。

第五子瑞。初，瑞母尹氏，有娠致傷。後晝寢，夢一老翁具衣冠告之曰：「吾賜汝一子，汝勿憂之。」寤而私喜。又問筮者，筮者曰：「大吉。」未幾而生瑞，禎以爲協夢，故名瑞，字天賜。位太中大夫。卒，贈太常卿。

儀弟烈，剛武有智略。元紹之逆，百寮莫敢有聲，惟烈行出外，詐附紹募執太宗。紹信之，自延秋門出，遂迎立太宗。以功進爵陰平王。薨，謚曰熹。子裘襲。

烈弟觚，勇略有膽氣，少與兄儀從太祖，侍衛左右。使於慕容垂，垂末年，政在羣下，遂止觚以求賂。太祖絕之。觚率左右數十騎，殺其衛將走歸。爲慕容寶所執，歸中山，垂待之逾厚。觚因留心學業，誦讀經書數十萬言，垂之國人咸稱重之。太祖之討中山，慕容普驎既自立，遂害觚以固衆心，太祖聞之哀慟。及平中山，發普驎柩，斬其尸，收議害觚者高霸、程同等〔七〕，皆夷五族，以大刃剉殺之。乃改葬觚，追謚秦愍王，封子夔爲豫章王以紹觚。

常山王遵，昭成子壽鳩之子也。少而壯勇，不拘小節。太祖初，有佐命勳，賜爵略陽公。慕容寶之敗也，別率騎七百邀其歸路〔八〕，由是有參合之捷。及平中山，拜尚書左僕射，加侍中，領勃海之合口〔九〕。及博陵、勃海羣盜起，遵討平之。遷州牧，封常山王。遵好酒，天賜四年，坐醉亂失禮於太原公主，賜死，葬以庶人禮。

子素，太宗從母所生，特見親寵。少引內侍，頻歷顯官，賜爵尚安公，拜外都大官。世祖初，復襲爵。休屠郁原等叛，素討之，斬渠率，徙千餘家於涿鹿之陽，立平原郡以處之〔一〇〕。及平統萬，以素有威懷之略，拜假節、征西大將軍以鎮之。後拜內都大官。高宗即位，務崇寬征，罷諸雜調。有司奏國用不足，固請復之，惟素曰：「臣聞『百姓不足，君孰與足。』」帝善而從之。詔羣臣議定皇子名，素及司徒陸麗議曰：「古帝王之制名，其體有五：有信，有義，有象，有假，有類。伏惟陛下當盛明之運，應昌發之期，誕生皇子，宜以德命。」高宗從之。素宗屬之懿，又年老，帝每引入，訪以治國政事。固辭疾歸第。雅性方正，居官五十載，終始如一，時論賢之。薨，謚曰康，陪葬金陵，配饗廟庭。

長子可悉陵，年十七，從世祖獵，遇一猛虎，陵遂空手搏之以獻。世祖曰：「汝才力絕人，當爲國立事，勿如此也。」即拜内行阿干。又從平涼州。沮渠茂虔令一驍將與陵相擊〔一一〕，兩槊皆折。陵抽箭射之，墜馬，陵恐其救至，未及拔劍，以刀子戾其頸，使身首異處。世祖壯之，即日拜都幢將，封暨陽子。卒于中軍都將。

弟陪斤，襲爵，坐事國除。

陪斤子昭，小字阿倪，尚書張彝引兼殿中郎。高祖將爲齊郡王簡舉哀〔一二〕，而昭乃作宮懸。高祖大怒，詔曰：「阿倪愚騃，誰引爲郎！」於是黜彝白衣守尚書，昭遂停廢。世宗時，昭從弟暉親寵用事，稍遷左丞。世宗崩，于忠執政，昭爲黃門郎，又曲事之。忠專權擅威，枉陷忠賢，多昭所指導也。靈太后臨朝，爲尚書、河南尹。聾而佷戾，理務峭急，所在患之。尋出爲雍州刺史，在州貪虐，大爲人害。後入爲尚書，諂事劉騰，進號征西將軍。卒，贈尚書左僕射。納貨元叉，所以贈禮優越。

昭子玄，字彦道，以節儉知名。莊帝時，爲洛陽令。及前廢帝即位，玄上表乞葬莊帝，時議善之。後除尚書左丞。出帝即位，以孫騰爲左僕射，騰即齊獻武王心膂。仗入省〔一三〕，玄依法舉劾，當時咸爲玄懼，出帝重其强正，封臨淄縣子。後從帝入關。

昭弟紹，字醜倫。少聰慧。遷尚書右丞。紹斷決不避强禦。世宗詔令檢趙脩獄，以脩佞幸，因此遂加杖罰，令其致死。帝責紹不重聞。紹曰：「脩姦佞甚於董賢，臣若不因釁除之，恐陛下復被哀帝之名。」以其言正，遂不罪焉。及出，廣平王懷拜紹，賀曰：「阿翁乃皇家之正直，雖朱雲、汲黯何以仰過。」紹曰：「但恨戮之稍晚，以爲愧耳。」卒於涼州刺史。

陪斤弟忠，字仙德。少沈厚，以忠謹聞。高祖時，累遷右僕射，賜爵城陽公，加侍中、鎮西將軍，有翼贊之勤，百寮咸敬之。太和四年，病篤辭退，養疾於高柳。輿駕親送都門之外，賜雜綵二百匹，羣寮侍臣執別者，莫不涕泣。及卒，皆悼惜之。謚曰宣，命有司爲立碑銘。有十七子。

子盛，字始興，襲爵，位謁者僕射。卒。

盛弟壽興〔一四〕，少聰慧好學。世宗初，爲徐州刺史，在官貪虐，失於人心。其從兄侍中暉，深害其能，因譖之於帝，詔尚書崔亮馳駟檢覆。亮發日，受暉旨，遂鞭撻三寡婦，令其自誣，稱壽興壓己爲婢。壽興終恐不免，乃令其外弟中兵參軍薛脩義將車十乘，運小麥經其禁之旁。壽興因踰牆出。脩義以大木函盛壽興，其上加麥，載之而出。遂至河東，匿脩義家。逢赦，乃出見世宗，自陳爲暉所譖，世宗亦更無所責。

初，壽興爲中庶子時，王顯在東宮，賤，因公事壽興杖之三十。及顯有寵，爲御史中尉，奏壽興在家每有怨言，誹謗朝廷。因帝極飲無所覺悟，遂奏其事，命帝注可，直付壽興賜死。帝書半不成字，當時見者亦知非本心，但懼暉等威，不敢申拔。及行刑日，顯自往看之。壽興命筆自作墓誌銘曰：「洛陽男子，姓元名景，有道無時，其年不永。」餘文多不載。顧謂其子曰：「我棺中可著百張紙，筆兩枚，吾欲訟顯於地下。若高祖之靈有知，百日内必取顯，如遂無知，亦何足戀。」及世宗崩，顯尋被殺。壽興之死，時論亦以爲前任中尉彈高闕讒諷所致。靈太后臨朝，三公郎中崔鴻上疏理壽興，詔追雪，贈豫州刺史，謚曰莊。壽興弟益生，少亡。

忠弟德，封河間公。卒於鎮南將軍，贈曹州刺史〔一五〕。

德子悝，潁川太守。卒於光州刺史，謚曰恭。

子凝，字子仲。出帝初，授兗州刺史。于時城人王奉伯等相扇謀逆。棄城出走，懸門發斷凝要闕而出。詔齊州刺史尉景、本州刺史蔡儁各部在州士往討之〔一六〕，凝返，復任。封濮陽縣伯。孝靜時，轉尚書令，攝選部。凝雖居重任，隨時而已。薨於瀛州刺史，贈司徒公，謚曰靖懿。

忠子暉〔一七〕，字景襲。少沉敏，頗涉文史。世宗即位，拜尚書主客郎。巡省風俗，還，奏事稱旨，爲給事黃門侍郎。

初，高祖遷洛，而在位舊貴皆難於移徙，時欲和合衆情，遂許冬則居南，夏便居北。世宗頗惑左右之言，外人遂有還北之問，至乃牓賣田宅，不安其居。暉乃請間言事。世宗曰：「先皇遷都之日，本期冬南夏北，朕欲聿遵成詔，故有外人之論。」暉曰：「先皇移都，爲百姓戀土，故發冬夏二居之詔，權寧物意耳。乃是當時之言，實非先皇深意。且北來遷人〔一八〕，安居歲久，公私計立，無復還情。陛下終高祖定鼎之業，勿信邪臣不然之說。」世宗從之。

再遷侍中，領右衞將軍，雖無補益，深被親寵。凡在禁中要密之事，暉別奉旨藏之於櫃，唯暉入乃開，其餘侍中、黃門莫有知者。侍中盧昶亦蒙恩眄，故時人號曰「餓虎將軍，飢鷹侍中」。

遷吏部尚書，納貨用官，皆有定價，大郡二千匹，次郡一千匹，下郡五百匹，其餘受職各有差〔一九〕，天下號曰「市曹」。出爲冀州刺史，下州之日，連車載物，發信都，至湯陰間，首尾相繼，道路不斷。其車少脂角，即於道上所逢之牛，生截取角以充其用。暉檢括丁户，聽其歸首，出調絹五萬匹。然聚斂無極，百姓患之。

肅宗初，徵拜尚書左僕射，詔攝吏部選事。上疏曰：「臣聞治人之本，寔委牧守之官。

得其才則政平物理，失其人則訟興怨結。自非察訪善惡，明加貶賞，將何以黜彼貪怠，陟此清勤也。竊以大使巡省，必廣迎送之費；御史馳糾，頗回威濫之刑。且暫爾往還，理不委悉，縱有簡舉，良未平當。愚謂宜令三司、八座、侍中、黄門，各布耳目，外訪州鎮牧將治人，守令能不。若德教有方，清白獨著，宜以名聞，即加褒陟。若治績無効，貪暴遠聞，亦便示牒，登加貶退。如此則不出庭户，坐知四方，端委垂拱，明賞審罰矣。」又表以「御史之職，鷹鸇是任，必逞爪牙，有所噬搏。若選後生年少、血氣方剛者，恐其輕肆勁直，傷物處廣。愚謂宜簡宿官經事、忠良平慎者爲之」。詔付外，依此施行。

後詔暉與任城王澄、京兆王愉、東平王匡共決門下大事。暉又上書論政要：「其一曰：御史之職，務使得賢，必得其人，不拘階秩，久於其事，責其成功。其二曰：安人寧邊，觀時而動，頃來邊將，亡遠大之略，貪萬一之功，楚梁之好未聞，而蠶婦之怨屢結，斯乃庸人所爲，鋭於姦利之所致也。平吴之計，自有良圖，不在於一城一戍也。又河北數州，國之基本，饑荒多年，户口流散。方今境上兵復徵發，即如此日，何易舉動。愚謂數年以來，唯宜靜邊以息召役[一〇]，安人勸農，惠此中夏。請嚴勅邊將，自今有賊戍求内附者，不聽輙遣援接，皆須表聞，違者雖有功，請以違詔書論。三曰：國之資儲，唯藉河北。饑饉積年，户口逃散，生長姦詐，因生隱藏，出縮老小，妄注死失。收人租調，割入於己。人困於下，官損於上。自非更立權制，善加檢括，損耗之來，方在未已。請求其議，明宣條格。」帝納之。

暉頗愛文學，招集儒士崔鴻等撰録百家要事，以類相從，名爲科録，凡二百七十卷，上起伏羲，迄於晉、宋，凡十四代〔二〕。暉疾篤，表上之。神龜元年卒〔三〕，賜東園祕器，贈使持節、都督中外諸軍事、司空公，謚曰文憲。將葬，給羽葆、班劍、鼓吹二十人，羽林百二十人。

陳留王虔，昭成子紇根之子也。少以壯勇知名。登國初，賜爵陳留公。與衞王儀破黜弗部。從攻衞辰。慕容寶來寇，虔絶其左翼。寶敗，垂恚憤來桒乾。虔勇而輕敵，於陳戰没。

虔姿貌魁傑，武力絶倫〔三〕。每以常稍細短，大作之猶患其輕，復綴鈴於刃下。其弓力倍加常人。以其殊異於世，代京武庫常存而志之。虔常臨陣，以稍刺人，遂貫而高舉。又嘗以一手頓稍於地，馳馬僞退，敵人爭取，引不能出，虔引弓射之，一箭殺二三人，摇稍之徒亡魂而散，徐乃令人取稍而去。每從征討，常先登陷陳，勇冠當時，敵無衆寡，莫敢抗其前者。及薨，舉國悲歎，爲之流涕。太祖追惜，傷慟者數焉。追謚陳留桓王，配饗廟庭，封其子悅爲朱提王。

悅外和内佷。太祖常以桓王死王事，特加親寵。爲左將軍，襲封。後爲宗師。悅恃寵驕矜，每謂所親王洛生之徒言曰：「一旦宮車晏駕，吾止避衛公，除此誰在吾前？」衛王儀，美鬚，爲内外所重，悅故云。初，姚興之贖狄伯支，悅送之，路由雁門，悅因背誘姦豪，以取其意。後遇事譴，逃亡，投雁門，規收豪傑，欲爲不軌，爲土人執送，太祖恕而不罪。太宗即位，引悅入侍，仍懷姦計，説帝云：「京師雜人，不可保信，宜誅其非類者。又雁門人多詐，并可誅之。」欲以雪其私忿。太宗不從。悅内自疑懼，懷刀入侍，謀爲大逆。叔孫俊疑之，竊視其懷，有刀，執而賜死。

弟崇，世祖詔令襲桓王爵。崇性沈厚。初，衛王死後，太祖欲敦宗親之義，詔引諸王子弟入宴。常山王素等三十餘人咸謂與衛王相坐，疑懼，皆出逃遁，將奔蠕蠕，唯崇獨至。太祖見之甚悅，厚加禮賜，遂寵敬之，素等於是亦安。久之，拜并州刺史，有政績。從征蠕蠕，别督諸軍出大澤，越涿邪山，威懾漠北。薨，謚曰景王。

子建，襲，降爵爲公。位鎮北將軍、懷荒鎮大將。卒。

建子琛，位恒朔二州刺史。

琛子翌，尚書左僕射。

虔兄顗，性嚴重少言，太祖常敬之。雅有謀策，從平中山，以功賜爵蒲城侯、平盧太守，特見寵厚，給鼓吹羽儀，禮同岳牧。莅政以威信著稱。居官七年，乃以元易干代顗爲郡。時易干子萬言得寵於太祖，易干恃其子，輕忽於顗，不告其狀，輕騎卒至，排顗墜牀而據顗坐。顗不知代己，謂以罪見捕，既而知之，恥其侮慢，謂易干曰：「我更滿被代，常也；汝無禮見辱，豈可容哉！」遂搏而殺之，以狀具聞。太祖壯之。萬言累以訴請，乃詔顗輸贖。顗乃自請罪，太祖赦之，復免其贖。病卒。

子崘，世祖時襲父爵，以功除統萬鎮將。後從永昌王仁南征，别出汝陰。濟淮，劉義隆將劉康祖屯於慰武亭以邀軍路，師人患之。崘曰：「今大風既勁，若令推草車方軌並進，乘風縱煙火，以精兵自後乘之，破之必矣。」從之。斬康祖，傳首行宫。高宗即位，除秦州刺史，進爵隴西公。卒，謚定公。子琛襲爵。

毗陵王順，昭成子地干之子也。性踈佷。登國初，賜爵南安公。及太祖討中山，留順守京師。栢肆之敗，軍人有亡歸者，言大軍奔散，不知太祖所在。順聞之，欲自立，納莫題諫，乃止。時賀力眷等聚衆作亂於陰館〔二四〕，順討之不剋，乃從留宮自白登南入繁畤故城，阻灅水爲固，以寧人心。太祖善之，進封爲王，位司隸校尉。太祖好黄老，數召諸王及朝臣親爲説之，在坐莫不祗肅，順獨坐寐欠伸，不顧而唾。太祖怒，廢之。以王薨於家。

遼西公意烈，昭成子力真之子也。先没於慕容垂，太祖征中山，棄妻子迎於井陘。及平中原，有戰獲勳，賜爵遼西公，除廣平太守。時和跋爲鄴行臺，意烈性雄耿，自以帝屬，恥居跋下，遂陰結徒黨，將襲鄴，發覺賜死。

子拔干，博知古今。父雖有罪，太祖以拔干宗親，委之心腹。有計略，屢效忠勤。太宗踐阼，除渤海太守，吏人樂之。賜爵武遂子。轉平原鎮將，得將士心。卒，謚曰靈公。

子受洛，襲，進爵武邑公。卒。

子叱奴，武川鎮將。

叱奴子洪超，頗有學涉。大乘賊亂之後，詔洪超持節兼黄門侍郎綏慰冀部。還，上言：「冀土寬廣，界去州六七百里，負海險遠，宜分置一州，鎮遏海曲。」朝議從之，後遂立滄州。卒於北軍將〔二五〕、光禄大夫。

意烈弟勃，善射御，以勳賜爵彭城公。卒，陪葬金陵。長子粟，襲。世祖時，督諸軍屯漠南。蠕蠕闕表聞。粟亮直，善馭衆，撫恤將士，必與之同勞逸。征和龍，以功進封爲王。薨，陪葬金陵。

粟弟渾，少善弓馬，世祖嘉之。會有諸方使命，渾射獸三頭，發皆中之，舉坐咸以爲善。及爲宰官尚書，頗以驕縱爲失，坐事免。徙長社，爲人所害。

子庫汗，爲羽林中郎將。從北巡，有兔起乘輿前，命庫汗射之，應絃而斃。世祖悦，賜一金兔以旌其能。高宗起恭宗廟，賜爵陽豐侯。顯祖即位，復造高宗廟，拜殿中給事，進爵爲公。庫汗明於斷決，每奉使察行州鎮，折獄以情，所歷皆稱之。秦州父老詣闕乞庫汗爲刺史者前後千餘人，朝廷許之。未及遣，遇病卒。子古辰襲。

昭成子窟咄。昭成崩後，苻洛以其年長，逼徙長安，苻堅禮之，教以書學。因亂隨慕容永東遷，永以爲新興太守。

劉顯之敗，遣弟亢泥等迎窟咄，遂逼南界，於是諸部騷動。太祖左右于桓等謀應之，同謀人單烏干以告。太祖慮駭人心，沉吟未發。後三日，桓以謀白其舅穆崇，崇又告之。太祖乃誅桓等五人，餘莫題等七姓，悉原不問。太祖慮內難，乃北踰陰山，幸賀蘭部，遣安同及長孫賀徵兵於慕容垂。賀亡奔窟咄，安同間行遂達中山。慕容垂遣子賀驎步騎六千以隨之。安同與垂使人蘭紇俱還，達牛川，窟咄兄子意烈捍之。安同乃隱藏於商賈囊中，至暮乃入空井，得免，仍奔賀驎。軍既不至，而稍前逼。賀染干陰懷異端，乃爲窟咄來侵北部。人皆驚駭，莫有固志。於是北部大人叔孫普洛節及諸烏丸亡奔衞辰。賀驎聞之，遽遣安同、朱譚等來。既知賀驎軍近，衆乃小定。太祖自弩山幸牛川。窟咄進屯高柳。太祖復使安同詣賀驎，因剋會期。安同還，太祖踰參合，出代北與賀驎會於高柳。窟咄困迫，望旗奔走，遂爲衞辰殺之，帝悉收其衆。賀驎別帝，歸於中山。

校勘記

〔一〕魏書卷十五　目録此卷原注「闕」，卷末有宋人校語云：「魏收書昭成子孫列傳亡。」殿本考證云：「魏收書亡，後人所補。」按此卷亦是以北史卷一五魏諸宗室傳相同諸傳補，間有溢出字句。

〔二〕昭成時不豫　「不豫」，原作「不勝」，汲本、局本「勝」下旁注「一作『豫』」，據北監本、殿本、本書卷一序紀、御覽卷一〇一引後魏書改。按下文亦稱「昭成不豫」。

〔三〕建國十年卒　「十年」，北史卷一五魏諸宗室秦王翰傳作「十五年」。按本書卷一三皇后傳稱昭成皇后慕容氏「生獻明帝及秦明王」。據卷一序紀，建國七年夏六月慕容氏與什翼犍婚，翰有兄寔，則建國十年，翰是否已出生尚不可知，即建國十五年死也至多是六七歲小兒，與傳所云「年十五便請率騎征討」、「及長統兵」及有子儀、烈、觚等，均不符。據本書卷一三皇后傳稱獻明皇后賀氏「少子秦王觚」，即此傳之翰子觚，當是獻明太子拓跋寔死後，賀氏按北族習俗嫁與寔弟翰所生。拓跋寔死在建國三十四年，見序紀，則翰死必在其後，此傳稱「建國十年卒」，北史稱「十五年卒」皆誤。「十」字上下疑有脱字。

〔四〕儀攝據朔方　「攝」，他本及北史卷一五魏諸宗室秦王翰傳附衞王儀傳並作「躡」。

〔五〕賜步挽几以優異之　「几」，册府卷二七七作「車」。疑此傳「几」下脱「杖」字，册府以不可通，改「几」爲「車」。

〔六〕詐以婚進城人　「進」，册府卷六八〇作「集」，疑是。按城人本居城中，不須「進」。

〔七〕收議害觚者高霸程同等　「高」上他本及北史卷一五魏諸宗室秦王翰傳附衞王儀傳並有「傳」字。

〔八〕別率騎七百邀其歸路　「七百」，本書卷二太祖紀登國十年七月、册府卷二九〇、通鑑卷一〇八晉紀三〇太元二十年八月並作「七萬」。

〔九〕領勃海之合口　「領」，册府卷七七作「鎮」，疑是。按本書卷二太祖紀天興元年正月稱「略陽公元遵鎮勃海之合口」。

〔一〇〕立平原郡以處之　「平原」，原作「平源」，據他本及北史卷一五魏諸宗室常山王遵傳附元素傳、通志卷八四上改。按郡當因平郁原而設。

〔一一〕沮渠茂虔　「茂虔」，錢大昕考異卷三八云：「『茂虔』，紀傳皆作『牧犍』。」按「茂虔」自是「牧犍」，北史卷一五魏諸宗室常山王遵傳附元可悉陵傳作「茂虔」，本卷補自北史，故與他紀、傳異。「茂虔」亦見宋書卷五文帝紀、梁書卷五四高昌傳。

〔一二〕齊郡王簡　「簡」，原作「蘭」。按本書卷二〇及北史卷一九有齊郡王簡傳。其人本書卷七高祖紀屢見，都作「簡」，卒於太和二十三年，孝文帝爲之「力疾發哀」。此傳以北史補，故亦承北史之訛，今據改。

〔一三〕仗入省　通志卷八四上作「脅仗入省」，北史卷六齊本紀上稱「孫騰帶仗入省，擅殺御史」。「仗入省」語義晦澀，疑「仗」上有脱字。

〔一四〕盛弟壽興　北史卷一五魏諸宗室常山王遵傳附元壽興傳同，通志卷八四上稱「盛弟秉，字壽興」。此傳及北史作「壽興」處，通志都作「秉」。下文記壽興臨死自作墓誌云「洛陽男子，姓元名景」，「景」通志也作「秉」。大業十一年元智墓誌稱「祖昺，使持節散騎常侍、都督徐州諸軍事、平東將軍、徐州刺史、宗正卿」。漢魏南北朝墓誌彙編卷三引述諸家之説，據官銜、世系證「昺」即「壽興」。又傳稱壽興於徐州刺史任上爲崔亮所彈，本書卷六六崔亮傳稱所劾徐州刺史即「元昞」。壽興名「昞」（同昺）無可疑，北史避唐諱略去名而稱字，自作墓誌則因有韻不可省，改作「景」。或有他書作同音字「秉」，通志據以回改，然壽興本名當以崔亮傳作「昞」爲是。

〔一五〕贈曹州刺史 「曹州」，疑爲「冀州」之訛。按北魏不見曹州，永平四年元侔墓誌稱「祖平南將軍冀州刺史河澗簡公諱於德」，「於德」此傳單稱「德」，其「冀州刺史」當即贈官。

〔一六〕本州刺史蔡儁各部在州士往討之 「本州」，承前文當爲「兗州」。按本書卷一一出帝紀太昌元年七月、北齊書卷一九蔡儁傳，儁時任濟州刺史，疑「本州」當作「濟州」。下「州」字，原作「尉」，不可解，據他本及北史卷一五魏諸宗室常山王遵傳附元嶷傳、通志卷八四上改。

〔一七〕忠子暉 北史卷一五魏諸宗室常山王遵傳附元暉傳作「悝弟暉」，則是忠弟德之子。按本卷元壽興傳稱「從兄侍中暉」。壽興是忠子，若暉亦忠子，不得稱從兄。又附傳照例各從其父兄，暉傳不列於忠傳後，而列於德傳後，亦是暉乃德子之證。宋趙明誠金石録卷二一元暉碑跋，已云魏書和北史不同，「以碑考之，北史是也」。神龜三年元暉墓誌稱「父冀州刺史、河間簡公」。墓誌集釋卷三歷引諸誌，證明元暉墓誌之河間簡公即本傳之元德。則北史作「悝弟暉」，是。

〔一八〕且北來遷人　「北來」，三朝本、南監本、北史卷一五魏諸宗室常山王遵傳附元暉傳、册府卷二一七三、通志卷八四上並作「比來」。

〔一九〕其餘受職各有差　「受職」，北史卷一五魏諸宗室常山王遵傳附元暉傳、通志卷八四上作「官職」，册府卷六三八作「授職」。

〔二〇〕以息召役　「召」，原作「占」，據三朝本、南監本、北監本、殿本、北史卷一五魏諸宗室常山王遵傳附元暉傳改。按「占役」之制，唐前無聞，「召役」即召發役丁。本書卷五高宗紀和平四年三月：「自今擅有召役，逼雇不程，皆論同枉法。」

〔二一〕迄於晉宋凡十四代　「宋」字疑衍，或爲「末」之訛。北史卷一五魏諸宗室常山王遵傳附元暉傳、通志卷八四上作「迄於晉凡十四代」，「晉」下並無「宋」字。據本書卷六四張彝傳，彝著歷帝圖，「起元庖犧，終於晉末，凡十六代」。元暉科録同始於伏羲，及於晉後之宋，方十四代，不詳二者世代如何計法，然本傳「迄於晉、宋」之「宋」字，頗有可疑。按孝文帝當政，定元魏承西晉之後，爲華夏正統，見本書卷一〇八之一禮志一。故本書稱東晉爲僭晉，南朝爲島夷。本書卷六七崔光傳附崔鴻傳稱鴻著十六國春秋，「鴻二世仕江左，故不録僭晉、劉、蕭之書。又恐識者責之，未敢出行於外」。科録雖非正史，元暉豈能公然置劉宋於三皇五帝之後，認可其法統，表上於朝廷。張彝著歷帝圖與元暉編科録時間相接，政治氛圍相同，從彝書「終於晉末」，知暉書當亦「迄於晉」或「迄於晉末」。「晉」，特指西晉。

〔二二〕神龜元年卒　按神龜三年元暉墓誌云「神龜二年九月庚午」卒，與此傳異。然據本書卷九肅宗紀所存神龜二年九月日干推算，參照朔閏表，當月並無「庚午」，誌亦可疑。

〔二三〕姿貌魁傑武力絶倫　御覽卷三八六引後魏書作「姿氣魁傑膂力絶人」。按御覽敍陳留王虔事，與此傳略同，而字句多異，疑即魏收書原文，茲不備列。

〔二四〕時賀力眷等聚衆作亂於陰館　「賀力眷」，本書卷二太祖紀皇始二年二月、卷二八庾業延傳並作「附力眷」。

〔二五〕卒於北軍將　「北軍將」，無此官名，疑「北」上脱一字，且「軍將」爲「將軍」之誤倒。

魏書卷十六

道武七王列傳第四

清河王　陽平王　河南王　河間王　長樂王　廣平王

京兆王

道武皇帝十男。宣穆劉皇后生明元皇帝，賀夫人生清河王紹，大王夫人生陽平王熙，王夫人生河南王曜。河間王脩、長樂王處文二王母氏闕。段夫人生廣平王連、京兆王黎。皇子渾及聰母氏並闕，皆早薨，無後。

清河王紹，天興六年封。兇佷險悖，不遵教訓。好輕遊里巷，劫剥行人，斫射犬豕，以爲戲樂。太祖嘗怒之，倒懸井中，垂死乃出。太宗常以義方責之，遂與不協，恒懼其爲變。而紹母夫人賀氏有譴，太祖幽之於宮，將殺之。會日暮，未決。賀氏密告紹曰：「汝將何以救吾？」紹乃夜與帳下及宦者數人，踰宮犯禁。左右侍御呼曰：「賊至！」太祖驚起，求弓刃不獲，遂暴崩。明日，宮門至日中不開，紹稱詔召百寮於西宮端門前北面而立，紹從門扇間謂羣臣曰：「我有父，亦有兄〔一〕，公卿欲從誰也？」王公已下皆驚愕失色，莫有對者。良久，南平公長孫嵩曰：「從王。」羣臣乃知宮車晏駕，而不審登遐之狀，唯陰平公元烈哭泣而去。於是朝野兇兇，人懷異志。肥如侯賀護舉烽於安陽城北〔二〕，故賀蘭部人皆往赴之，其餘舊部亦率子弟招集族人，往往相聚。紹聞人情不安，乃出布帛班賜王公以下，上者數百匹，下者十匹。

先是，太宗在外，聞變乃還，潛于山中，使人夜告北新侯安同，衆皆響應。太宗至城西，衛士執送紹。於是賜紹母子死，誅帳下閹官、宮人爲内應者十數人，其先犯乘輿者，羣臣於城南都街生臠割而食之。紹時年十六。紹母即獻明皇后妹也，美而麗。初太祖如賀蘭部，見而悦之，告獻明后，請納焉，后曰：「不可，此過美不善，且已有夫。」太祖密令人殺其夫而納之，生紹，終致大逆焉。

陽平王熙，天興六年封。聰達有雅操，爲宗屬所欽重。太宗治兵於東部，詔熙督十二軍校閲，甚得軍儀，太宗嘉之，賞賜隆厚。後討西部越勤，有功。泰常六年薨，時年二十三。太宗哀慟不已，賜温明祕器，禮物備焉。熙有七子。

長子他，襲爵。身長八尺，美姿貌，性謹厚，武藝過人。從世祖討山胡白龍於西河，屠其城，别破餘黨，斬首數千級。改封臨淮王，拜鎮東將軍。尋改封淮南王，除使持節、都督豫洛河南諸軍事、鎮南大將軍、開府儀同三司，鎮虎牢。威名甚著。後與武昌王提率并州諸軍討吐京叛胡曹僕渾於河西，平之。拜使持節、前鋒大將軍、都督諸軍事，北討蠕蠕，破之，運軍儲於比干城。劉義隆遣將寇邊，他從征於懸瓠，破之。拜使持節、都督雍秦二州諸軍事、鎮西大將軍、開府儀同三司、雍州刺史，鎮長安。綏撫秦土，得民夷之心。時義隆寇南鄙，以他威信素著，復爲虎牢鎮都大將。高宗時，轉使持節、都督涼州諸軍事、鎮西大將軍，儀同如故。高祖初，入爲中都大官，拜侍中，轉征西大將軍，遷司徒。賜安車几杖，入朝不趨。太和十二年薨，年七十三。時高祖有事宗廟，始薦，聞薨，爲之廢祭。輿駕親臨，哀慟，詔有司監護喪事，禮賵有加。追贈平東大將軍、定州牧，司徒如故。謚曰靖王。他三子。

世子吐萬，早卒，贈冠軍、并州刺史、晉陽順侯。

子顯，襲祖爵〔三〕。薨，謚曰僖王。

子世遵，襲。世宗時，拜前軍將軍、行幽州事、兼西中郎將，又行青州事。尋遷驍騎將軍。出爲征虜將軍、幽州刺史。世遵性清和，推誠化導，百姓樂之。肅宗時，以本將軍爲荆州刺史。尋加前將軍。初在漢陽，復有聲迹，後頗行貨賄，散費邊儲，由是聲望有損。沔南蠻首及襄陽民望入密信引世遵，請以襄陽内附。世遵表求赴應，朝議從之，詔加世遵持節、都督荆州及沔南諸軍事、平南將軍，加散騎常侍，餘如故。遣洛州刺史伊瓮生，冠軍將軍、魯陽太守崔模爲別將，率步騎二萬受世遵節度。軍至漢水，模等皆疑不渡。世遵怒，臨之以兵，模乃濟。而内應者謀泄，爲蕭衍雍州刺史所殺，築門以自固。模焚襄陽邑郭，燒殺數萬口。會是夜大風雨雪，模等班師，士卒凍死十二三。世遵及瓮生、模並坐免官。後除散騎常侍、平北將軍、定州刺史，百姓安之。孝昌元年，薨於州。贈散騎常侍、征西將軍、雍州刺史，謚曰康王。

子敬先，襲。歷諫議大夫、散騎常侍，領主衣都統。元顥入洛，莊帝北巡。敬先與叔父均等於河梁起義，爲顥所害。追贈侍中、車騎大將軍、太尉公、定州刺史。

子宣洪，襲。歷諫議大夫、光禄少卿。武定中，與元瑾謀反，誅，國除。

世遵弟均，字世平。累遷通直常侍、征虜將軍。以河梁立義之功，封安康縣開國伯，食邑五百户，除散騎常侍、平東將軍。卒，贈使持節、征東將軍、青州刺史。出帝時，復贈驃騎大將軍、儀同三司、冀州刺史。均六子。

長子忻之，性麤武，幼有氣力。釋褐定州平北府中兵參軍，稍遷尚書右中兵郎。以河渚起義之勳，賜爵東阿侯。初，孝莊之圖尒朱榮、元天穆也，忻之密啓，臨事之日，乞得侍立，手斬二人。及榮之死，百寮入賀，忻之獨蒙勞問。莊帝崩於晉陽，忻之内懼。及齊獻武王起義河北，忻之奔赴。後廢帝時，除散騎常侍、大丞相右長史。出帝初，襲先封安康縣開國伯，除撫軍將軍、北徐州刺史。便道之州，屬樊子鵠據瑕丘反，遂於中途遇害。以死王事，追贈使持節、都督定殷二州諸軍事、驃騎大將軍、司空公、定州刺史，謚曰文貞。

忻之弟慶鸞，武定末，司徒諮議參軍。

慶鸞弟慶哲，終於司農少卿，贈中軍將軍、濟州刺史。

均弟禹，容貌魁偉。起家司空參軍，轉符璽郎、太常丞、鎮遠將軍、東海太守帶峒峿戍主〔四〕。禹頗好内學，每云晉地有福，孝昌末遂詣尒朱榮。建義元年，與榮同入洛。除中軍將軍、金紫光禄大夫，封鄄城縣開國伯，邑五百户，爲并州東面大都督，鎮樂平。榮死之後，爲土民王惡氈起義殺之。後贈征西將軍、雍州刺史。

子長淵，襲。武定中，南青州長史。齊受禪，爵例降。

禹弟菩薩，給事中。卒，贈濟南太守。

吐萬弟鍾葵，早卒。

長子法壽，侍御中散，累遷中散大夫。出除龍驤將軍、安州刺史。法壽先令所親微服入境，觀察風俗，下車便大行賞罰，於是境内肅然。更滿還朝，吏人詣闕訴乞，肅宗嘉之，詔復州任。後徵爲太中大夫，加左將軍。遷平東將軍、光禄大夫。建義初，於河陰遇害，贈車騎將軍、相州刺史。

子慶始，大司農丞。與父同時見害。贈前將軍、廣州刺史。

慶始弟慶遵，武定末，瀛州騎府司馬。

慶遵弟慶智，美容貌，有几案才。著作佐郎、司徒中兵參軍。卒於太尉主簿。

法壽弟法僧，自太尉行參軍稍轉通直郎，寧遠將軍，司徒、司馬掾，龍驤將軍，益州刺史。素無治幹，加以貪虐，殺戮自任，威怒無恒。王賈諸姓，州内人士，法僧皆召爲卒伍，無所假縱。於是合境皆反，招引外寇。蕭衍遣將張齊率衆攻逼，城門晝閉，行旅不通。法僧上表曰：「臣忝守遐方，變生慮表，賊衆侜張，所在彊盛。統内城戍悉已陷没，近州之民亦皆擾叛。唯獨州治僅存而已，亡滅之期，非旦則夕。臣自思忖，必是死人，但恐不得謝罪闕庭，既忝宗枝，累辱不淺。若死爲鬼，永曠天顔，九泉之下，實深重恨。今募使間行，偷路奔告，若臺軍速至，猶希全保。哭送使者，不知所言。」肅宗詔曰：「比敕傅豎眼倍道兼行，而猶未達，可更遣尚書郎堪幹者一人馳馹催遣，庶令拔彼倒懸，救茲危急。」豎眼頻破張齊，於是獲全。徵拜光禄大夫，出爲平東將軍、兗州刺史，轉安東將軍、徐州刺史。孝昌元年，法僧殺行臺高諒〔五〕，反於彭城，自稱尊號，號年天啓。大軍致討，法僧擁掠城内及文武，南奔蕭衍。

鍾葵弟篤，字阿成。太子右率、北中郎將、撫冥鎮將、光禄卿。出除平北將軍、幽州刺史。卒，謚曰貞。

長子浩，字洪達。太尉長史。

他弟渾，繼叔父廣平王連。

渾弟比陵，太延五年爲司空，賜爵牂牁公。除安遠將軍、懷荒鎮大將。卒。子天琚，襲。高祖時征虜將軍、青州刺史。從駕南征，拜後將軍，尋降公爲侯，除西中郎將。世祖時〔六〕，征虜將軍、夏州刺史。卒，贈本將軍、濟州刺史。子延伯襲。卒。

河南王曜，天興六年封。五歲，嘗射雀於太祖前，中之，太祖驚歎焉。及長，武藝絶人，與陽平王熙等並督諸軍講武，衆咸服其勇。泰常七年薨，時年二十二。有七子。

長子提，驍烈有父風。世祖時，襲爵，改封潁川王。迎昭儀于塞北，時年十六，有夙成之量，殊域敬焉。後改封武昌。拜使持節、鎮東大將軍、平原鎮都大將。在任十年，大著威名。後與淮南王他討平吐京叛胡，遷使持節、車騎大將軍、統萬鎮都大將，賜馬百匹，羊千口，甚見寵待。太安元年薨，年四十七，謚曰成王。

長子平原，襲爵。忠果有智略。顯祖時，蠕蠕犯塞，從駕擊之，平原戰功居多。拜假節、都督齊兗二州諸軍事、鎮南將軍、齊州刺史，善於懷撫，邊民歸附者千有餘家。高祖時，妖賊司馬小君自稱晉後，聚黨三千餘人，屯聚平陵，號年聖君。攻破郡縣，殺害長吏。平原身自討擊，殺七人，擒小君，送京師斬之。又有妖人劉舉，自稱天子，扇惑百姓。復討斬之。時歲穀不登，齊民饑饉，平原以私米三千餘斛爲粥，以全民命。北州戍卒一千餘人，還者皆給路糧。百姓咸稱詠之。州民韓凝之等千餘人，詣闕頌之，高祖覽而嘉歎。

及還京師，每歲率諸軍屯於漠南，以備蠕蠕。遷都督雍秦梁益四州諸軍事、征南大將軍、開府、雍州刺史，鎮長安。太和十一年薨，贈以本官，加羽葆、鼓吹，謚曰簡王。有五子，長子和爲沙門，捨其子顯，以爵讓其次弟鑒。鑒固辭，詔許鑒身終之後，令顯襲爵，鑒乃受之。

鑒，字紹達。少有父風，頗覽書傳。沉重少言，寬和好士。拜通直散騎常侍，尋加冠軍將軍，守河南尹。車駕南伐，以鑒爲平南將軍，還，除左衛將軍，出爲征虜將軍、齊州刺史。時革變之始，百度惟新，鑒上書上遵高祖之旨〔七〕，下采齊之舊風，軌制粲然，皆合規矩。高祖覽其所上，嗟美者久之，顧謂侍臣曰：「諸州刺史皆能如此，變風易俗，更有何難。」下詔褒美，班之天下，一如鑒所上。齊人愛詠，咸曰耳目更新。高祖崩後，和罷沙門歸俗，棄其妻子，納一寡婦曹氏爲妻。曹氏年齒已長，攜男女五人隨鑒至歷城，干亂政事。和與曹及五子七處受納，鑒皆順其意，言無不從。於是獄以賄成，取受狼籍，齊人苦之，鑒治名大損。

世宗初，以本將軍轉徐州刺史。屬徐兗大水，民多饑饉，鑒表加賑恤，民賴以濟。先是，京兆王愉爲徐州，王既年少，長史盧淵寬以馭下，郡縣多不奉法。鑒表曰：「梁郡太守程靈虬，唯酒是耽，貪財爲事，虐政殘民，寇盜並起，黷音悖響，盈於道路，部境呼嗟，僉焉怨酷。梁郡密邇僞畿，醜聲易布，非直有點清風，臣恐取嗤荒遠。請免所居官，以明刑憲。」詔免靈虬郡，徵還京師，於是徐境肅然。

蕭衍角城戍主柴慶宗以城内附，鑒遣淮陽太守吴秦生率兵千餘赴之。衍淮陰援軍已來斷路，秦生屢戰破之，乘勝而進，遂剋角城。世宗詔鑒曰：「知摧角城，威謀展稱，良以欣然。此城襟帶淮澨，川路衝要，自昔經筭，未能剋之，蟻固積紀，每成邊害。將軍淵規潛運，妙略克宣，闢境剋城，功著不日，據要扼喉，津徑勢阻，可謂勳高三捷，朕甚嘉焉。守御諸宜，善以量度，矜慰之使，尋當別遣。」年四十二薨，贈衛大將軍、齊州刺史，王如故，謚曰悼王。

長子伯宗〔八〕，員外郎。次仲淵，蘭陵太守。並早卒。仲淵弟季偉，武定中，太尉中兵參軍。

和，字善意。鑒薨之後，與鑒子伯宗競求承襲。尚書令肇奏：「和太和中出爲沙門，讓爵於鑒。鑒後以和子顯年在弱冠，宜承基緒，求遜王爵以歸正胤。先朝詔終鑒身，聽如其請。鑒既薨逝，和求襲封。謹尋詔旨，聽傳子顯，不許其身。和先讓後求，有乖道素，請令伯宗承襲。」世宗詔曰：「和初以讓鑒，而鑒還讓其子，交讓之道，於是乎著。其子早終，可聽和襲。」尋拜諫議大夫、兼太子率更令，轉通直散騎常侍、兼東中郎將。肅宗時，出爲輔國將軍、涼州刺史，坐事免。久之，除東郡太守。正光四年薨，贈安東將軍、相州刺史。

子謙，字思義，襲爵。後拜前軍將軍、征蠻都督。莊帝初，於河陰遇害。贈散騎常侍、征東大將軍、儀同三司、相州刺史。子棽襲。齊受禪，爵例降。

鑒弟榮，字瓮生。高祖時直寢，從駕征新野。終於羽林監。

榮弟亮，字辟邪。威遠將軍、羽林監。卒，贈河間太守。

亮弟馗，字道明。太尉府行參軍、司徒掾、鎮遠將軍、太僕少卿。出除安西將軍、東秦州刺史。建義初，卒於州〔九〕，贈征東將軍、青州刺史。

河間王脩，天賜四年封。泰常元年薨，無子。

世祖繼絶世，詔河南王曜之子羯兒襲脩爵，改封略陽。後與永昌王健督諸軍討禿髮保周於番和，徙張掖民數百家於武威，遂與諸將私自没入。坐貪暴，降爵爲公。後統河西諸軍襲蠕蠕，至於漠南。仍復王爵，加征西大將軍。正平初，有罪賜死，爵除。

長樂王處文，天賜四年封。聰辯夙成。年十四，泰常元年薨，太宗悼傷之，自小斂至葬，常親臨哀慟。陪葬金陵。無子，爵除。

廣平王連，天賜四年封。始光四年薨，無子。

世祖繼絕世，以陽平王熙之第二子渾爲南平王，以繼連後，加平西將軍。渾好弓馬，射鳥，輒歷飛而殺之〔一〇〕，時皆歎異焉。世祖嘗命左右分射，勝者中的，籌滿，詔渾解之，三發皆中，世祖大悦。器其藝能，常引侍左右，賜馬百匹，僮僕數十人。後拜假節、都督平州諸軍事、領護東夷校尉、鎮東大將軍、儀同三司、平州刺史，鎮和龍。在州綏導有方，民夷悦之。徙涼州鎮將、都督西戎諸軍事、領護西域校尉，賜御馬二疋。臨鎮清慎，恩著涼土。更滿還京，父老皆涕泣追送，若違所親。太和十一年，從駕巡方山，道薨。

子飛龍，襲，後賜名霄。身長九尺，腰帶十圍，容貌魁偉。雅有風則，貞白卓然，好直言正諫，朝臣憚之。高祖特垂欽重，除宗正卿、右光禄大夫，詔曰：「自今奏事，諸臣相稱可云姓名，惟南平王一人可直言其封。」遷左光禄大夫。太和十七年薨，賜朝服一具、衣一襲、東園第一祕器、絹千匹。高祖緦衰臨霄喪，哀慟左右，醼不舉樂。贈衞將軍、定州刺史，賜帛五百匹。謚曰安王。

子纂，襲。纂亦有譽於時，除恢武將軍，進平西將軍，領西中郎將，出爲安北將軍、平州刺史。景明元年，薨於平城。

子伯和，襲。永平三年薨，贈散騎侍郎，謚曰哀王〔一〕。

闕統卒，贈涼州刺史。

子思略，武定末瀛州治中。

思略弟叔略，武定中太尉主簿。

京兆王黎，天賜四年封，神䴥元年薨。

子根，襲，改封江陽王，加平北將軍。薨，無子，顯祖以南平王霄第二子繼爲根後。

繼，字世仁。襲封江陽王，加平北將軍。高祖時，除使持節、安北將軍、撫冥鎮都大將，轉都督柔玄、撫冥、懷荒三鎮諸軍事、鎮北將軍、柔玄鎮大將。入爲左衞將軍，兼侍中，又兼中領軍，留守洛京。尋除持節、平北將軍，鎮攝舊都。

高車酋帥樹者擁部民反叛，詔繼都督北討諸軍事，自懷朔已東悉稟繼節度。繼表：「高車頑黨，不識威憲，輕相合集，背役逃歸。計其兇戾，事合窮極，若悉追戮，恐遂擾亂。請遣使鎮别推檢，斬督首一人，自餘加以慰喻，若悔悟從役者，即令赴軍。」詔從之。於是叛徒往往歸順。高祖善之，顧謂侍臣曰：「江陽良足大任也。」車駕北巡，至鄴而高車悉降，恒朔清定。繼以高車擾叛，頻表請罪，高祖優詔喻之。

世宗時，除征虜將軍、青州刺史，轉平北將軍、恒州刺史，入爲度支尚書。繼在青州之日，民飢餒，爲家僮取民女爲婦妾，又以良人爲婢，爲御史所彈，坐免官爵。後大將軍高肇伐蜀，世宗以繼爲平東將軍，鎮遏徐揚。世宗崩，班師。

及靈太后臨朝，繼子叉先納太后妹，復繼尚書、本封，尋除侍中、領軍將軍。又除特進、驃騎將軍，侍中、領軍如故。繼頻表固讓，許之。又詔還依前授。太師、高陽王雍，太傅、清河王懌，太保、廣平王懷及門下八座，奏追論繼太和中慰喻高車、安輯四鎮之勳，增邑一千五百户。繼又上表陳讓，詔聽減户五百。靈太后以子叉姻戚，數與肅宗幸繼宅，置酒高會，班賜有加。尋加侍中、驃騎大將軍、儀同三司，特進、領軍如故。徙封京兆王。繼疾患積年，枕養于家，每至靈太后與肅宗遊幸於外，時令扶入，居守禁内。及節慶宴饗，皆力疾參焉。遷司空公，侍中如故。寬和容裕，號爲長者。

神龜末，子叉得志，轉司徒公，仍加侍中。繼以蕃王，宿宦舊貴，高祖時歷内外顯任，意遇已隆。靈太后臨朝，入居心膂，兼處門下，歷轉台司，叉又居權重，榮赫一世。繼頻表遜位，乞以司徒授崔光。詔遣侍中、安豐王延明，給事黄門侍郎盧同敦勸。繼又啓固讓，轉太保，侍中如故，加後部鼓吹，頻表陳辭，不許。詔曰：「至節嘉辰，禮有朝慶，親尊戚老，理宜優異。王位高年宿，可依齊郡王簡故事，朝訖引坐，免其拜伏。」轉太傅，侍中如故。頻讓不許，又遣使敦勸，乃受之。時叉執殺生之柄，威福自己，門生故吏遍於省闥，拜受之日，送者傾朝，當世以爲榮，有識者爲之致懼。太官給酒膳，供賓客。又詔令乘步挽至殿庭，兩人扶侍，禮秩與丞相高陽王相埒。後除使持節、侍中、太師、大將軍、録尚書事、大都督，節度西道諸軍。及出師之日，車駕臨餞，傾朝祖送，賞賜萬計。轉太尉公，侍中、太師、録尚書、都督並如故。尋詔班師。繼啓求還復江陽，詔從之。

繼晚更貪婪，聚斂無已。牧守令長新除赴官，無不受納貨賄，以相託付。妻子各別請屬，至乃郡縣微吏，亦不得平心選舉。憑叉威勢，法官不敢糾擿，天下患之。叉黜，繼廢於家。初，尒朱榮之爲直寢也，數以名馬奉叉，叉接以恩意，榮甚德之。建義初，復以繼爲太師、司州牧。永安二年薨〔一二〕，贈假黄鉞、都督雍華涇邠秦岐河梁益九州諸軍事、大將軍、録尚書、大丞相、雍州刺史，王如故。謚曰武烈。

叉，繼長子，字伯儁〔一三〕，小字夜叉。世宗時，拜員外郎。靈太后臨朝，以叉妹夫，除通直散騎侍郎。叉妻封新平郡君，後遷馮翊郡君，拜女侍中。叉以此意勢日盛，尋遷散騎常侍，光禄少卿，領嘗食典御，轉光禄卿。叉女夭，靈太后詔曰：「叉長女，年垂弱笄，奄致夭喪，悼念兼懷，可贈鄉主。」尋遷侍中，餘官如故，加領軍將軍。既在門下，兼總禁兵，深爲靈太后所信委。

太傅、清河王懌，以親賢輔政，參決機事，以叉恃寵驕盈，志欲無限，懌裁之以法。叉輕其爲人，每欲斥黜之〔一四〕。叉遂令通直郎宋維告司染都尉韓文殊欲謀逆立懌，懌坐禁止。後窮治無實，懌雖得免，猶以兵衛守於宮西別館。久之，叉恐懌終爲己害，乃與侍中劉騰密謀。靈太后時在嘉福，未御前殿，騰詐取主食中黄門胡玄度、胡定列誣懌，云許度等金帛，令以毒藥置御食中以害帝，自望爲帝，許度兄弟以富貴。騰以具奏，肅宗聞而信之，乃御顯陽殿。騰閉永巷門，靈太后不得出。懌入，遇叉於含章殿後，欲入徽章東閤，叉厲聲不聽。懌曰：「汝欲反邪？」叉曰：「元叉不反，正欲縛反人。」叉命宗士及直齋等三十人執懌衣袂，將入含章東省，使數十人防守之。騰稱詔召集公卿，議以大逆論，咸畏憚叉，無敢異者。唯僕射游肇執意不同。語在其傳。叉、騰持公卿議入奏，俄而事可，夜中殺懌。於是假爲靈太后辭遜之詔。叉遂與太師高陽王雍等輔政，常直禁中，肅宗呼爲姨父。

自後專綜機要，巨細決之，威振於内外，百寮重跡。相州刺史、中山王熙抗表起義，以討叉爲名，不果，見誅。叉尋遷衛將軍，餘如故。後靈太后與肅宗讌於西林園，日暮還宫，右衛將軍奚康生復欲圖叉，不克而誅。語在其傳。是後，肅宗徙御徽音殿，叉亦入居殿右。既在密近，曲盡佞媚，以承上旨，遂蒙寵信。出入禁中，恒令勇士持刀劍以自先後，公私行止，彌加威防。叉於千秋門外廠下施木闌檻，有時出入，止息其中，腹心防守，以備竊發，人物求見者，遥對之而已。乃封其子亮平原郡開國公，食邑一千户。及拜，肅宗御南門臨觀，并賜御馬，帛千匹。

初，叉之專政，矯情自飾，勞謙待士，時事得失，頗以關懷，而才術空淺，終無遠致。得志之後，便驕愎，耽酒好色，與奪任情。乃於禁中自作別庫，掌握之寶，充牣其中。又曾卧婦人於食輿，以帊覆之，令人轝入禁内，出亦如之，直衛雖知，莫敢言者。輕薄趣勢之徒以酒色事之，姑姊婦女，朋淫無別。政事怠惰，綱紀不舉，州鎮守宰，多非其人。於是天下遂亂矣。

從劉騰死後，防衛微緩，叉頗亦自寬，時宿於外，每日出遊，留連他邑。靈太后微察知之。叉積習生常，無復虞慮。其所親諫叉，叉又不納。正光五年秋，靈太后對肅宗謂羣臣曰：「隔絶我母子，不聽我往來兒間，復何用我爲？放我出家，我當永絶人間，修道於嵩高閑居寺。先帝聖鑒，鑒於未然，本營此寺者正爲我今日。」欲自下髮。肅宗與羣臣大懼，叩頭泣涕，殷勤苦請。靈太后聲色甚厲，意殊不回。肅宗乃宿於嘉福殿，積數日，遂與太后密謀圖叉。肅宗内雖圖之，外形彌密，靈太后瞋忿之言，欲得往來顯陽之意，皆以告叉。又對叉流涕，敍太后欲出家，憂怖之心。如此密言，日有數四。叉殊不爲疑，乃勸肅宗從太后意。於是太后數御顯陽，二宮無復禁礙。

叉舉其親元法僧爲徐州刺史，法僧據州反叛，靈太后數以爲言，叉深愧悔。丞相、高陽王雍雖位重於叉，而甚畏憚，欲進言於肅宗，而事無因。會太后與肅宗南遊洛水，雍邀請，車駕遂幸雍第。日晏，肅宗及太后至雍内室，從者莫得而入，遂定圖叉之計。後雍從肅宗朝太后，乃進言曰：「臣不慮天下諸賊，唯慮元叉。何者？叉總握禁旅，兵皆屬之；父率百萬之衆，虎視京西；弟爲都督，總三齊之衆。元叉無心則已，若其有心，聖朝將何以抗？叉雖曰不反，誰見其心？而不可不懼。」太后曰：「然。元郎若忠於朝廷而無反心，何故不去此領軍，以餘官輔政？」叉聞之，甚懼，免冠求解。乃以叉爲驃騎大將軍、儀同三司、尚書令、侍中、領左右。叉雖去兵權，然總任内外，殊不慮有黜廢之理也。後叉出宿，遂解其侍中。旦欲入宮，門者不納。尋除名爲民。

初，咸陽王禧以逆見誅，其子樹奔蕭衍，衍封爲鄴王。及法僧反叛後，樹遺公卿百寮書曰：

魏室不造，姦豎擅朝，社稷阽危，綴旒非譬。元叉險慝狼戾，人倫不齒，屬籍疎遠，素無問望，特以太后姻婭，早蒙寵擢。曾不懷音，公行反噬，肆茲悖逆，人神同憤。自頃境土所傳，皆云：叉狼心蠆毒，藉權位而日滋；含忍諂詐，與日月而彌甚。無君之心，非復一日；篡逼之事，旦暮必行。

抑又聞之，夫名以出信，信以制義，山川隱疾，且猶不以名，成師兆亂，巨君不臣，求之史籍，有自來矣。元叉本名夜叉，弟羅實名羅刹，夜叉、羅刹，此鬼食人，非遇黑風，事同飄墮。嗚呼魏境！離此二災。惡木盜泉，不息不飲；勝名梟稱，不入不爲。況昆季此名，表能噬物，日露久矣，始信斯言。況乃母后幽辱，繼主蒙塵，釋位揮戈，言謀王室，不在今日，何謂人臣！諸賢或奕世載德，或將相繼踵，或受任累朝，或職居機要，或姻戚匪他，或忠義是秉，俛眉逆手，見制凶威，臣節未申，徒有勤悴。

又聞自叉專政，億兆離德，重以歲時災厲，年年水旱，牛馬殪踣，桑柘焦枯，飢饉相仍，菜色滿道，妖災告譴，人皆歎息。瀍澗西北，羌戎陸梁；泗汴左右，戍漕流離。加以剖斮忠賢，殲殄宗室，哀彼本邦，一朝横潰。今既率師，將除君側。區區之懷，庶令冠屨得所，大憝同必誅之戮，魏祀無忽諸之非。

叉爲遠近所惡如此。

其後靈太后顧謂侍臣曰：「劉騰、元叉昔邀朕索鐵券，望得不死，朕賴不與。」中書舍人韓子熙曰：「事關殺活，豈計與否。陛下昔雖不與，何解今日不殺？」靈太后憮然。未幾，有人告叉及其弟爪謀反，欲令其黨攻近京諸縣，破市燒邑郭以驚動内外，先遣其從弟洪業率六鎮降户反於定州，又令人勾魯陽諸蠻侵擾伊闕，叉兄弟爲内應。起事有日，得其手書。靈太后以妹壻之故，未忍便決。黄門侍郎李琰之曰：「元叉之罪，具騰遐邇，豈容復停，以惑視聽。」黄門徐紇趨前欲諫，逡巡未敢。羣臣固執不已，肅宗又以爲言，太后乃從之。於是叉及弟爪並賜死於家。太后猶以妹故，復追贈叉侍中、驃騎大將軍、儀同三司、尚書令、冀州刺史。

叉子亮，襲祖爵。齊受禪，例降。

叉庶長子稚〔一五〕，祕書郎中。叉死之後，遂亡奔蕭衍。

叉弟羅，字仲綱，以儉素著稱。起家司空參軍事，轉司徒主簿，領嘗食典御、散騎侍郎、散騎常侍。雖父兄貴盛，而虚己謙退，恂恂接物。遷平東將軍、青州刺史。叉當朝專政，羅望傾四海，于時才名之士王元景、邢子才、李奬等咸爲其賓客，從遊青土。時蕭衍遣將寇邊，以羅行撫軍將軍，都督青光南青三州諸軍事。罷州，入爲宗正卿。孝莊初，除尚書右僕射、東道大使。出帝時，遷尚書令，尋除使持節、驃騎大將軍、開府儀同三司、梁州刺史。羅既懦怯，孝靜初，蕭衍遣將圍逼，羅以州降。叉死之後，羅逼叉妻，時人穢之。或云其救命之計也。

羅弟爽，字景喆。少而機警，尤爲父所寵愛。解褐祕書郎，稍遷給事黄門侍郎、金紫光禄大夫。永熙二年卒，贈使持節、都督涇岐秦三州諸軍事、衞將軍、尚書左僕射、秦州刺史，謚曰懿。

爽子德隆，武定末，太子中庶子。

爽弟蠻，武定末，光禄卿。

爪字景邕，給事中。與兄叉同以罪誅。

繼弟羅侯，遷洛之際，以墳陵在北，遂家於燕州之昌平郡。内豐資産，唯以意得爲適，不入京師。有賓客往來者，必厚相禮遺，豪據北方，甚有聲稱。叉權重，以羅侯不樂入仕，就拜昌平太守。正光末，逆賊大俄佛保陷郡，見害。

子景遵，直寢，太常丞。

史臣曰：梟鏡爲物，天實生之，知母忘父，蓋亦禽獸，元紹其人，此之不若乎！陽平以下，降年夭促，英才武略，未顯於時。靜、簡二王，爲時稱首。鑒既有聲，渾亦見器。霄荷遇高祖，繼受任太和，苟無其才，名位豈徒及也。乂階緣寵私，智小謀大，任重才弱，遂亂天下，殺身全祀，不亦幸哉！

校勘記

〔一〕我有父亦有兄　「父」，通鑑卷一一五晉紀三七義熙五年十月作「叔父」。

〔二〕肥如侯賀護　「賀護」，本書卷八三上外戚傳上賀訥傳、北史卷八〇外戚賀訥傳有附傳，作「賀泥」。

〔三〕子顯襲祖爵　御覽卷一五一引後魏書：「陽平王顯，詔曰：『顯所生親李，誕育懿胤，儀形藩國，母緣子貴，義著春秋。可授陽平王太妃，以申典例。』」按顯傳了無事迹，「詔曰」云云，疑爲此處脱文。

〔四〕峒峿　殿本考證據漢書卷二八上地理志上所記東海郡司吾縣，以爲「峒」乃「峒」之訛，疑是。按水經注卷二六沭水見「司吾山」、「司吾縣故城」。

〔五〕法僧殺行臺高諒　「高諒」，原作「高謨」，據殿本、北史卷一六陽平王熙傳附元法僧傳改。按本書卷九肅宗紀孝昌元年正月：「徐州刺史元法僧據城反，害行臺高諒。」卷五七高祐傳附高諒傳云正光中爲徐州行臺，「元法僧反叛，逼諒同之，諒不許，爲法僧所害」。

〔六〕世祖時　張森楷云：「上已稱『高祖時』，則此不得云『世祖』，『祖』蓋『宗』字之訛。」

〔七〕鑒上書上遵高祖之旨　「上書」二字原闕，據他本及北史卷一六河南王曜傳附元鑒傳、冊府卷六七二補。按下文稱「高祖覽其所上」，「班之天下，一如鑒所上」，則「上遵高祖之旨」乃言其所上書之主旨。

〔八〕長子伯宗　「伯宗」，北史卷一六河南王曜傳附元鑒傳作「伯崇」。

〔九〕建義初卒於州　永安二年元遵墓誌云「薨於河陰鑾駕之右」，疑是。

〔一〇〕射鳥輒歷飛而殺之　此句下御覽卷七四五引後魏書、冊府卷二六六有「日射兔得五十頭」一句，疑此處脱去。

〔一一〕謚曰哀王　此句下有一頁空白。三朝本亦一頁空白，旁注「闕一版舊誤」；南監本空八行，汲本空約十行，並旁注「闕一板舊誤」；北監本、殿本無空頁及空行，注「闕一版」；局本空十行，注「闕」。按卷首目録廣平王連下附南平王渾、渾子霄、霄曾孫仲冏。所闕當即仲冏傳，可能還有元霄他子及後裔之簡略記載。

據武泰元年元暐墓誌，仲冏名暐，當是以字行。册府中存有仲冏事略兩條。卷二八〇：「纂弟之子武貞王仲冏，孝文時，出爲輔國將軍、光州刺史，遭母憂還。孝昌末，除秦州刺史。」卷二八四：「伯和無子，以弟文華子仲冏（原訛作「固」）襲王封，後爲蕭寶夤所害，謚曰武真（據誌當是「武貞」之訛）。子承宗襲，早卒，以纂弟安平子仲略繼。」這兩條當是此傳闕文。然引文不全，又各有錯失。第一條稱仲冏是「纂弟之子」，第二條又稱仲冏是伯和弟文華子，則又是纂孫，自相矛盾。今按天平二年元玕墓誌稱「兄光州刺史、南平王」，即仲冏。玕是纂弟倪之子，則仲冏亦是倪子，正是「纂弟之子」，與元暐墓誌稱仲冏爲道武皇帝六世孫世系相合。知第一條不誤。第二條「以弟文華子仲冏」句，「弟」上脱「纂」字。目録「霄曾孫」也當作「霄孫」，今予改正。又據元暐墓誌，仲冏孝昌三年被殺，年三十八，上推生於太和十四年，太和二十三年孝文帝死時，仲冏十歲。則第一條「孝文時」出爲輔國將軍、光州刺史云云，亦顯然錯誤。闕頁内容除仲冏爲附傳外，元霄其他子孫，見於册府這兩條之文華、安平，見於墓誌者有元倪、元玕父子，闕頁或存其事略。

〔三〕永安二年薨　「二年」，疑爲「元年」之訛。按本書卷一〇孝莊紀永安元年十月壬子記「太師、江陽王繼薨」。檢永安二年元繼墓誌，繼死在永安元年，二年乃葬年。

〔三〕叉繼長子字伯儁　「叉」，孝昌二年元乂墓誌作「乂」。墓誌集釋引松翁近稿云：「史作『叉』者，非也。」按「乂」與字「伯儁」義偕，其人小名「夜叉」，雅名當作「乂」，洛陽伽藍記卷一記其名即作「乂」。北史各本均作「叉」，通鑑例作「叉」，册府「叉」「乂」互見。或其人雅名反不如本名「叉」通行，或史特著「叉」名以貶其人。其人本書諸本以「叉」爲主，偶亦見作「乂」「義」或「議」者，今統一作「叉」。

〔一四〕叉輕其爲人每欲斥黜之　殿本考證云：「『叉』疑當作『叉』。推尋文義，蓋言懌輕叉，非叉輕懌也。」按北史卷一六京兆王黎傳附元叉傳簡括此段文字爲「太傅清河王懌以親賢輔政，每欲斥黜之」，亦是懌欲斥黜叉。

〔一五〕叉庶長子稚　「稚」，北史卷一六京兆王黎傳附元叉傳作「舒」。按本書卷六九崔休傳稱休「女妻領軍元叉長庶子秘書郎稚舒」，孝昌二年元乂墓誌亦稱「子穎，字稚舒」。疑此處本作「稚舒」，北史以避諱徑删「稚」字。

魏書卷十七〔一〕

明元六王列傳第五

樂平王　安定王　樂安王　永昌王　建寧王　新興王

明元皇帝七男。杜密皇后生世祖太武皇帝。大慕容夫人生樂平戾王丕。安定殤王彌闕母氏。慕容夫人生樂安宣王範。尹夫人生永昌莊王健。建寧王崇、新興王俊二王，並闕母氏。

樂平王丕，少有才幹，爲世所稱。太宗以丕長，愛其器度，特優異之。泰常七年封，拜車騎大將軍。後督河西、高平諸軍討南秦王楊難當，軍至略陽，禁令齊肅，所過無私，百姓爭致牛酒。難當懼，還仇池。而諸將議曰，若不誅豪帥，軍還之後，必聚而爲寇；又以大衆遠出，不有所掠，則無以充軍實，賞將士。將從之。時中書侍郎高允參丕軍事，諫曰：「今若誅之，是傷其向化之心，恐大軍一還，爲亂必速。」丕以爲然，於是綏懷初附，秋毫無犯。初，馮弘之奔高麗，世祖詔遣送之。高麗不遣，世祖怒，將討之。丕上疏，以爲和龍新定，宜優復之，使廣修農殖，以饒軍實，然後進圖，可一舉而滅。帝納之，乃止。後坐劉潔事，以憂薨。事在潔傳。謚曰戾王。

子拔，襲爵。後坐事賜死，國除。

丕之薨及日者董道秀之死也，高允遂著筮論曰：「昔明元末起白臺，其高二十餘丈，樂平王嘗夢登其上，四望無所見。王以問日者董道秀，筮之曰：『大吉。』王默而有喜色。後事發，王遂憂死，而道秀棄市。道秀若推六爻以對王曰：『易稱「亢龍有悔」，窮高曰亢，高而無民，不爲善也。』夫如是，則上寧於王，下保於己，福禄方至，豈有禍哉？今舍於本而從其末，咎釁之至不亦宜乎！」

安定王彌，泰常七年封。太宗討滑臺，留守京師。薨，謚殤王。無子，國除。

樂安王範，泰常七年封。雅性沉厚，寬和仁恕。世祖以長安形勝之地，非範莫可任者，乃拜範都督五州諸軍事、衛大將軍、開府儀同三司、長安鎮都大將，高選才能，以爲僚佐。範謙恭惠下，推心撫納，百姓稱之。時秦土新罹寇賊，流亡者相繼，範請崇易簡之治，帝納之。於是遂寬傜，與人休息。後劉潔之謀，範聞而不告。事發，因疾暴薨。

長子良。世祖未有子，嘗曰：「兄弟之子猶子也。」親撫養之。長而壯勇多知，常參軍國大計。高宗時，襲王。拜長安鎮都大將、雍州刺史，爲内都大官。薨，謚曰簡王。

永昌王健，泰常七年封〔二〕。健姿貌魁壯，善弓馬，達兵法，所在征戰，常有大功。才藝比陳留桓王，而智略過之。從世祖破赫連昌，遂西略至木根山。討和龍，健别攻拔建德。後平叛胡白龍餘黨于西河。世祖襲蠕蠕，越涿邪山。車駕還，詔健殿後，蠕蠕萬騎追之，健與數十騎擊之，矢不虚發，所中皆應弦而斃，遂退。威震漠北。尋從平涼州，健功居多。又討破禿髮保周，自殺，傳首京師；復降沮渠無諱。無疾薨，謚曰莊王。

國除。

子仁，襲。仁亦驍勇，有父風，世祖奇之。後與濮陽王閭若文謀爲不軌，發覺，賜死，國除。

建寧王崇，泰常七年封，拜輔國將軍〔三〕。從討北虜有功。高宗時，封崇子麗濟南王。後與京兆王杜元寶謀逆，父子並賜死。

新興王俊，泰常七年封，拜鎮東大將軍〔四〕。少善騎射，多才藝。坐法，削爵爲公。俊好酒色，多越法度。又以母先遇罪死，而己被貶削，恒懷怨望，頗有悖心。後事發，賜死，國除。

校勘記

〔一〕魏書卷十七　目録此卷原注「闕」，卷末有宋人校語云：「魏收書明元六王列傳亡。」殿本考證云：「魏收書亡，後人所補。」按此卷以北史卷一六明元六王傳補，間有溢出字句。

〔二〕泰常七年　「泰常」，原作「太常」。按年號字不通假，據汲本、殿本、局本改。

〔三〕輔國將軍　「將軍」上疑脱「大」字。按本書卷三太宗紀泰常七年四月，明元帝諸子同日封王，並授軍號，所拜將軍並有「大」，崇所拜爲輔國大將軍。

〔四〕鎮東大將軍　本書卷三太宗紀泰常七年四月、北史卷一魏本紀一作「鎮軍大將軍」。

魏書卷十八〔一〕

太武五王列傳第六

晉王　東平王　臨淮王　廣陽王　南安王

太武皇帝十一男。賀皇后生景穆皇帝。越椒房生晉王伏羅。舒椒房生東平王翰。弗椒房生臨淮王譚。伏椒房生楚王建〔二〕。閭左昭儀生南安王余〔三〕。其小兒、猫兒、真、虎頭、龍頭並闕母氏〔四〕，皆早薨，無傳。

晉王伏羅，真君三年封，加車騎大將軍。後督高平、涼州諸軍討吐谷渾慕利延。軍至樂都，謂諸將曰：「若從正道，恐軍聲先振，必當遠遁。若潛軍出其非意，此鄧艾擒蜀之計也。」諸將咸難之，伏羅曰：「夫將軍，制勝萬里，擇利，專之可也。」遂間道行。至大母橋，慕利延衆驚奔白蘭，慕利延兄子拾寅走河曲〔五〕，斬首五千餘級，降其一萬餘落。八年薨。無子，國除。

東平王翰，真君三年封秦王，拜侍中、中軍大將軍，參典都曹事〔六〕。忠貞雅正，百僚憚之。太傅高允以翰年少〔七〕，作諸侯箴以遺之，翰覽之大悅。後鎮枹罕，以信惠撫衆，羌戎敬服。改封東平王。世祖崩，諸大臣等議欲立翰，而中常侍宗愛與翰不協，矯太后令立南安王余，遂殺翰。

子道符，襲爵，中軍大將軍。顯祖踐阼，拜長安鎮都大將。皇興元年，謀反，司馬段太陽討斬之，傳首京師。

臨淮王譚〔八〕，真君三年封燕王，拜侍中，參都曹事。後改封臨淮王。世祖南討，授中軍大將軍。先是，劉義隆以鄒山險固，有榮胡家〔九〕，乃積糧爲守禦之備。譚率衆攻之，獲米三十萬以供軍儲。義隆恃淮之阻，素不設備。譚造筏數十，濳軍而濟，賊衆驚潰，遂斬其將胡崇，賊首萬餘級〔一〇〕。薨，謚宣王。

子提，襲。爲梁州刺史，以貪縱削除，加罰，徙配北鎮。久之，提子員外郎穎免冠請解所居官，代父邊戍，高祖不許。後詔提從駕南伐，至洛陽，參定遷都之議。尋卒。以預參遷都功，追封長鄉縣侯。世宗時，贈雍州刺史，謚曰懿。

提子昌，字法顯。好文學，居父母喪，哀號孺慕，悲感行人。世宗時，復封臨淮王，未拜而薨。贈齊州刺史，謚曰康王，追封濟南。

子彧，字文若，紹封。彧少有才學，時譽甚美。侍中崔光見彧，退而謂人曰：「黑頭三公，當此人也。」

少與從兄安豐王延明、中山王熙並以宗室博古文學齊名，時人莫能定其優劣。尚書郎范陽盧道將謂吏部清河崔休曰〔一一〕：「三人才學雖無優劣，然安豐少於造次，中山皂白太多，未若濟南風流沉雅。」時人爲之語曰：「三王楚琳琅〔一二〕，未若濟南備圓方。」彧姿制閑裕，吐發流靡，琅邪王誦，有名人也，見之未嘗不心醉忘疲。拜前軍將軍、中書侍郎。奏郊廟歌辭，時稱其美。除給事黃門侍郎。彧本名亮，字仕明，時侍中穆紹與彧同署，避紹父諱，啓求改名。詔曰：「仕明風神運吐，常自以比荀文若，可名彧，以取定體相倫之美。」彧求復本封，詔許，復封臨淮，寄食相州魏郡。又長兼御史中尉，彧以爲倫敘得之，不謝。領軍于忠忿，言之朝廷曰：「臨淮雖復風流可觀，而無骨鯁之操，中尉之任，恐非所堪。」遂去威儀，單車而還，朝流爲之歎息。累遷侍中、衞將軍、左光禄大夫、兼尚書左僕射，攝選。

是時，蕭衍遣將圍逼温湯，進彧以本官爲東道行臺〔一三〕。會尒朱榮入洛，殺害元氏。彧撫膺慟哭，遂奔蕭衍。衍遣其舍人陳建孫迎接，并觀彧爲人。建孫還報，稱彧風神閑儁。衍亦先聞名，深相器待，見彧於樂遊園，因設宴樂。彧聞樂聲，歔欷，涕淚交下，悲感傍人，衍爲之不樂。自前後奔叛，皆希旨稱魏爲僞，唯彧上表啓，常云魏臨淮王。衍體彧雅性，不以爲責。及知莊帝踐阼，彧以母老請還，辭旨懇切。衍惜其人才，又難違其意，遣其僕射徐勉私勸彧曰：「昔王陵在漢，姜維相蜀，在所成名，何必本土。」彧曰：「死猶願北，況於生也。」衍乃以禮遣。彧性至孝，事父母盡禮，自經違離，不進酒肉，容貌憔悴，見者傷之。累除位尚書令、大司馬、兼録尚書。

莊帝追崇武宣王爲文穆皇帝，廟號肅祖，母李妃爲文穆皇后，將遷神主於太廟，以高祖爲伯考。彧表諫曰：「漢祖創業，香街有太上之廟；光武中興，南頓立春陵之寢。元帝之於光武，疏爲絶服，猶尚身奉子道，入繼大宗〔一四〕。高祖之於聖躬，親實猶子。陛下既纂洪緒，豈宜加伯考之名？且漢宣之繼孝昭，斯乃上後叔祖，豈忘宗承考妣，蓋以大義斯奪。及金德將興，宣王受寄，自茲而降，世秉威權。景王意存毀冕，文王心規裂冠，雖祭則魏主，而權歸晉室，昆之與季，實傾曹氏。且子元，宣王冢胤，文王成其大業。故晉武繼文祖宣，景王有伯考之稱。以今類古，恐或非儔。又臣子一例，義彰舊典，禘祫失序，著譏前經。高祖德溢寰中，道超無外。肅祖雖勳格宇宙，猶曾奉贄稱臣。穆皇后稟德坤元，復將配享乾位，此乃君臣並筵，嫂叔同室，歷觀墳籍，未有其事。」

時莊帝意鋭，朝臣無敢言者，唯彧與吏部尚書李神儁並有表聞。詔報曰：「文穆皇帝勳格四表，道邁百王，是用考循舊軌，恭上尊號。王表云漢太上於香街，南頓於春陵。漢高不因瓜瓞之緒，光武又無世及之德，皆身受符命，不由父祖，別廟異寢，於理何差？文穆皇帝天睠人宅，歷數有歸，朕忝承下武，遂主神器，既帝業有統，漢氏非倫。若以昔況今，不當移寢，則魏太祖、晉景帝雖王跡已顯，皆以人臣而終，豈得與餘帝別廟，有闕餘序〔一五〕。漢郡國立廟者，欲尊高祖之德，使饗遍天下，非關太廟神主，獨在外祠薦。漢宣之父，亦非勳德所出，雖不追尊，不亦可乎？伯考之名，自是尊卑之稱，何必準古而言非類也。復云君臣同列，嫂叔共室，當以文穆皇帝昔遂臣道，以此爲疑。禮：『天子元子猶士。』禘祫豈不得同室乎？且晉文、景共爲一代，議者云，世限七，主無定數。昭穆既同，明有共室之理。禮既有祔，嫂叔何嫌。禮，士祖禰一廟，豈無婦舅共室也？若專以共室爲疑，容可更議遷毀。」莊帝既逼諸妹之請，此辭意黄門侍郎常景、中書侍郎邢子才所贊成也[一六]。

又追尊兄彭城王爲孝宣皇帝，彧又面諫曰：「陛下中興，意欲憲章前古，作而不法，後世何觀？歷尋書籍，未有其事。願割友于之情，使名器無爽。」帝不從。及神主入廟，復敕百官悉陪從，一依乘輿之式。彧上表，以爲爰自中古，迄於下葉，崇尚君親，褒明功懿，乃有皇號，終無帝名。今若去帝，直留皇名，求之古義，少有依準。又不納。

尒朱榮死，除彧司徒公。尒朱世隆率部北叛，詔彧防河陰。及尒朱兆率衆奄至，彧出東掖門，爲賊所獲。見兆，辭色不屈，爲羣胡所歐薨。出帝贈太師、太尉公、雍州刺史。

彧美風韻，善進止，衣冠之下，雅有容則。博覽羣書，不爲章句。所著文藻雖多亡失，猶有傳於世者。然居官不能清白，所進舉止於親婭，爲識者所譏。無子。

弟孝友，少有時譽，襲爵淮陽王，累遷滄州刺史。爲政温和，好行小惠，不能清白，而無所侵犯，百姓亦以此便之。孝静帝宴齊文襄王於華林園，孝友因醉自譽，又云陛下許賜臣能。帝笑曰：「朕恒聞王自道清。」文襄曰：「臨淮王雅旨舍罪。」於是君臣俱笑而不罪。

孝友明於政理，嘗奏表曰：

令制：百家爲黨族，二十家爲閭，五家爲比隣。百家之内，有帥二十五[一七]，徵發皆免，苦樂不均。羊少狼多，復有蠶食。此之爲弊久矣。京邑諸坊，或七八百家，唯一里正、二史，庶事無闕，而況外州乎？請依舊置，三正之名不改，而百家爲四閭，閭二比。計族省十二丁，得十二匹貲絹。略計見管之户，應二萬餘族，一歲出貲絹二十四萬匹。十五丁出一番兵，計得一萬六千兵。此富國安人之道也。

古諸侯娶九女，士有一妻二妾。晉令：諸王置妾八人，郡公、侯妾六人。官品令：第一、第二品有四妾，第三、第四有三妾，第五、第六有二妾，第七、第八有一妾。所以陰教聿修，繼嗣有廣。廣繼嗣，孝也；修陰教，禮也。而聖朝忽棄此數，由來漸久。將相多尚公主，王侯亦娶后族，故無妾媵，習以爲常。婦人多幸，生逢今世，舉朝略是無妾，天下殆皆一妻。設令人彊志廣娶，則家道離索，身事迍邅，内外親知，共相嗤怪。凡今之人，通無準節。父母嫁女，則教之以妒；姑姊逢迎，必相勸以忌。持制夫爲婦德，以能妬爲女工。自云受人欺[一八]，畏他笑我。王公猶自一心，已下何敢二意。

夫妬忌之心生，則妻妾之禮廢；妻妾之禮廢，則姦淫之兆興。斯臣之所以毒恨者也。請以王公第一品娶八，通妻以備九女；稱事二品備七；三品、四品備五；五品、六品則一妻二妾。限以一周，悉令充數，若不充數及待妾非禮〔一九〕，使妻妒加捶撻，免所居官。其妻無子而不娶妾，斯則自絶〔二〇〕，無以血食祖父，請科不孝之罪，離遣其妻。

臣之赤心，義唯家國，欲使吉凶無不合禮，貴賤各有其宜，省人帥以出兵丁，立倉儲以豐穀食，設賞格以擒姦盜，行典令以示朝章，庶使足食足兵，人信之矣。又冒申妻妾之數，正欲使王侯、將相、功臣子弟，苗胤滿朝，傳祚無窮，此臣之志也。

詔付有司，議奏不同。

孝友又言：「今人生爲皁隸，葬擬王侯，存沒異途，無復節制，崇壯丘壠，盛飾祭儀，隣里相榮，稱爲至孝。又夫婦之始，王化所先，共食合瓢，足以成禮。而今之富者彌奢，同牢之設，甚於祭槃。累魚成山，山有林木，林木之上，鸞鳳斯存。徒有煩勞，終成委棄，仰惟天意，其或不然。請自茲以後，若婚葬過禮者〔二一〕，以違旨論，官司不加糺劾，即與同罪。」

孝友在尹積年〔二二〕，以法自守，甚著聲稱。然性無骨鯁，善事權勢，爲正直者所譏。齊受禪，爵例降。

昌弟孚，字秀和。少有令譽，侍中游肇、并州刺史高聰、司徒崔光等見孚，咸曰：「此子當準的人物，恨吾徒衰暮，不及見耳。」累遷兼尚書右丞。靈太后臨朝，宦者干政，孚乃總括古今名妃賢后，凡爲四卷，奏之。遷左丞。

蠕蠕王阿那瓌既得返國，其人大飢，相率入塞，阿那瓌上表請臺賑給。詔孚爲北道行臺，詣彼賑恤。孚陳便宜，表曰：

皮服之人，未嘗粒食。宜從俗因利，拯其所無。昔漢建武中，單于款塞，時轉河東米糒二萬五千斛、牛羊三萬六千頭以給之。斯即前代和戎、撫新、柔遠之長策也。乞以牸牛產羊餬其口命。且畜牧繁息，是其所便，毛血之利，惠兼衣食。

又尚書奏云，如其仍住七州，隨寬置之。臣謂人情戀本，寧肯徙內。若依臣請，給賑雜畜，愛本重鄉，必還舊土。如其不然，禁留益損。假令逼徙，事非久計。何者？人面獸心，去留難測，既易水草，痾恙將多，憂愁致困，死亡必甚。兼其餘類尚在沙磧，脫出狂勃，翻歸舊巢，必殘掠邑里，遺毒百姓。亂而方塞，未若杜其未萌。

又貿遷起於上古，交易行於中世，漢與胡通，亦立關市。今北人阻飢，命懸溝壑，公給之外，必求市易，彼若願求，宜見聽許。

又云：

營大者不計小名，圖遠者弗拘近利。雖戎狄衰盛，歷代不同，叛服之情，略可論討。周之北伐，僅獲中規；漢氏外攘，裁收下策。昔在代京，恒爲重備，將帥勞止，甲士疲力。前世苦之，計未能致。今天祚大魏，亂亡在彼。朝廷垂天覆之恩，廓大造之德。鳩其散亡，禮送令返。宜因此時，善思遠策。

竊以理雖萬變，可以一觀；來事雖懸，易以往卜。昔漢宣之世，呼韓款塞，漢遣董忠、韓昌領邊郡士馬，送出朔方，因留衛助。又光武時，亦令中郎將段彬置安集掾史，隨單于所在，參察動靜。斯皆守吉之元龜，安邊之勝策。計今朝廷成功，不減曩時；蠕蠕國弊，亦同疇日。宜準昔成謨，略依舊事。借其所閑地，聽使田牧；粗置官屬，示相慰撫；嚴戒邊兵，以見保衛。馭以寬仁，縻以久策。使親不至矯詐，疎不容叛反。今北鎮諸將舊常云一人代外邏〔三〕，因令防察。所謂天子有道，守在四夷者也。

又云：

先人有奪人之心，待降如受彊敵。武非專外，亦以防内。若從處分割配，諸州鎮遼遠，非轉輸可到，悔叛之情，變起難測。又居人畜業，布在原野，戎夷性貪，見則思盜。防彼肅此，少兵不堪，渾流之際，易相干犯。驅之還本，未必樂去，配州内徙，復不肯從。既其如此，爲費必大。

朝廷不許。

孚持白虎幡勞阿那瓌於柔玄、懷荒二鎮間。阿那瓌衆號三十萬，陰有異意，遂拘留孚，載以轀車，日給酪一升，肉一段。每集其衆，坐孚東廂，稱爲行臺，甚加禮敬。阿那瓌遂南過至舊京，後遣孚等還，因上表謝罪。有司以孚事下廷尉，丞高謙之云孚辱命，處孚流罪。

後拜冀州刺史，孚勸課農桑，境内稱爲慈父，隣州號曰神君。先是，州人張孟都、張洪建、馬潘、崔獨憐、張叔緒、崔醜、張天宜、崔思哲等八家，皆屯保林野，不臣王命，州郡號曰八王。孚至，皆請入城，願致死効力。後爲葛榮所陷，爲榮所執。兄祐爲防城都督，兄子子禮爲録事參軍，榮欲先害子禮，孚請先死以贖子禮，叩頭流血，榮乃捨之。又大集將士議其死事，孚兄弟各誣己引過，爭相爲死。又孟都、潘紹等數百人皆叩頭就法，請活使君。榮曰：「此魏之誠臣義士也。」凡同禁五百人，皆得免。榮卒〔二四〕，還，除冀州刺史。

元顥入洛，授孚東道行臺、彭城郡王，孚封顥逆書送朝廷，天子嘉之。顥平，封孚萬年鄉男。

永安末，樂器殘缺，莊帝命孚監儀注，孚上表曰：「昔太和中，中書監高閭、太樂令公孫崇修造金石，數十年間，乃奏成功。時大集儒生，考其得失。太常卿劉芳請別營造，久而方就。復召公卿量校合否，論者沸騰，莫有適從。登被旨敕，並見施用。往歲大軍入洛，戎馬交馳，所有樂器，亡失垂盡。臣至太樂署，問太樂令張乾龜等，云承前以來，置宮懸四箱，簨簴六架。東北架編黃鍾之磬十四，雖器名黃鍾，而聲實夷則，考之音制，不甚諧韻。姑洗懸於東北，太蔟編於西北，蕤賓列於西南，並皆器象差位，調律不和。又有儀鍾十四，虛懸架首，初不叩擊，今便刪廢，以從正則。臣今據周禮鳧氏修廣之規，磬氏倨句之法，吹律求聲，叩鍾求音，損除繁雜，討論實録，依十二月爲十二宮，各準辰次，當位懸設，月聲既備，隨用擊奏，則會還相爲宮之義，又得律呂相生之體。今量鍾磬之數，各以十二架爲定。」奏可。于時搢紳之士，咸往觀聽，靡不咨嗟歎服而返。太傅、録尚書長孫承業妙解聲律，特復稱善。

後從出帝入關。

廣陽王建〔一五〕，真君三年封楚王，後改封廣陽王。薨，謚曰簡王。

子石侯，襲。薨，謚曰哀王。

子遺興，襲。薨，謚曰定王。無子。

石侯弟嘉，少沉敏，喜愠不形於色，兼有武略。高祖初，拜徐州刺史，甚有威惠。後封廣陽王，以紹建後。高祖南伐，詔嘉斷均口。嘉違失指授，令賊得免。帝怒，責之曰：「叔祖定非世孫，何太不上類也！」及將大漸，遺詔以嘉爲尚書左僕射，與咸陽王禧等輔政。遷司州牧，嘉表請於京四面，築坊三百二十，各周一千二百步，乞發三正復丁，以充茲役，雖有暫勞，姦盜永止。詔從之。拜衞大將軍、尚書令，除儀同三司。

嘉好飲酒，或沉醉，在世宗前言笑自得，無所顧忌。帝以其屬尊年老，常優容之。與彭城、北海、高陽諸王每入宴集，極懽彌夜，數加賞賜。帝亦時幸其第。性好儀飾，車服鮮華，既居儀同，又任端首，出入容衞，道路榮之。後遷司空，轉司徒。

嘉好立功名，有益公私，多所敷奏，帝雅委付之。愛敬人物，後來才俊未爲時知者，侍坐之次，轉加談引，時人以此稱之。薨，遺命薄葬。世宗悼惜之，贈侍中、太保，謚曰懿烈。

嘉後妃，宜都王穆壽孫女，司空從妹也，聰明婦人。及爲嘉妃，多所匡贊，光益家道。

子深〔二六〕，字智遠，襲爵。肅宗初，拜肆州刺史。預行恩信，胡人便之，劫盜止息。後爲恒州刺史，在州多所受納，政以賄成，私家有馬千匹者必取百匹，以此爲恒。累遷殿中尚書，未拜，坐淫城陽王徽妃于氏，爲徽表訟，詔付丞相、高陽王雍等宗室議決其罪，以王還第。

及沃野鎮人破六韓拔陵反叛，臨淮王彧討之，失利，詔深爲北道大都督，受尚書令李崇節度。時東道都督崔暹敗於白道〔二七〕，深上書曰：

邊豎構逆，以成紛梗，其所由來，非一朝也。昔皇始以移防爲重〔二八〕，盛簡親賢，擁麾作鎮，配以高門子弟，以死防遏，不但不廢仕宦，至乃偏得復除。當時人物，忻慕爲之。及太和在歷，僕射李沖當官任事，涼州土人，悉免厮役，豐沛舊門，仍防邊戍。自非得罪當世，莫肯與之爲伍。征鎮驅使，但爲虞候白直，一生推遷，不過軍主。然其往世房分留居京者得上品通官，在鎮者便爲清途所隔。或投彼有北，以御魑魅，多復逃胡鄉。乃峻邊兵之格，鎮人浮遊在外，皆聽流兵捉之。於是少年不得從師，長者不得遊宦，獨爲匪人，言者流涕。

自定鼎伊洛，邊任益輕，唯底滯凡才，出爲鎮將，轉相模習，專事聚斂。或有諸方姦吏，犯罪配邊，爲之指蹤，過弄官府，政以賄立，莫能自改。咸言姦吏爲此，無不切齒憎怒。

及阿那瓌背恩，縱掠竊奔，命師追之，十五萬衆度沙漠，不日而還。邊人見此援師，便自意輕中國。尚書令臣崇時即申聞〔二九〕，求改鎮爲州，將允其願，抑亦先覺。朝廷未許。而高闕戍主率下失和，拔陵殺之，敢爲逆命〔三〇〕，攻城掠地，所見必誅。王師屢北，賊黨日盛。此段之舉，指望銷平。其崔暹隻輪不反，臣崇與臣逡巡復路。今者相與還次雲中，馬首是瞻，未便西邁，將士之情，莫不解體。今日所慮，非止西北，將恐諸鎮尋亦如此，天下之事，何易可量。

時不納其策。東西部敕勒之叛，朝議更思深言，遣兼黄門侍郎酈道元爲大使，欲復鎮爲州，以順人望。會六鎮盡叛，不得施行。深後上言：「今六鎮俱叛，二部高車，亦同惡黨，以疲兵討之，不必制敵。請簡選兵，或留守恒州要處，更爲後圖。」

及李崇徵還，深專總戎政。拔陵避蠕蠕，南移渡河。先是，别將李叔仁以拔陵來逼，請求迎援，深赴之，前後降附二十萬人。深與行臺元纂表求恒州北别立郡縣，安置降户，隨宜賑賚，息其亂心。不從，詔遣黄門郎楊昱分散之於冀、定、瀛三州就食〔三一〕。深謂纂曰：「此輩復爲乞活矣，禍亂當由此作。」既而鮮于脩禮叛於定州，杜洛周反於幽州，其餘降户，猶在恒州，遂欲推深爲主。深乃上書乞還京師，令左衛將軍楊津代深爲都督，以深爲侍中、右衛將軍、定州刺史。時中山太守趙叔隆、别駕崔融討賊失利，臺使劉審考覈，未訖，會賊逼中山，深乃令叔隆防境。審馳驛還京，云深擅相放縱。城陽王徽與深有隙，因此構之，乃徵深爲吏部尚書，兼中領軍。及深至都，肅宗不欲使徽、深相憾，敕因宴會令相和解。徽銜不已。

後河間王琛等爲鮮于脩禮所敗，乃除深儀同三司、大都督，章武王融爲左都督，裴衍爲右都督，並受深節度。徽因奏靈太后構深曰：「廣陽以愛子握兵在外，不可測也。」乃敕章武王等潛相防備。融遂以敕示深，深懼，事無大小，不敢自決。靈太后聞之，乃使問深意狀。乃具言曰：

往者元叉執權，移天徙日，而徽託附，無翼而飛。今大明反政，任寄唯重，以徽褊心，銜臣切骨。臣以疎滯，遠離京輦，被其構阻，無所不爲。然臣昔不在其後，自此以來，翻成陵谷。徽遂一歲八遷，位居宰相；臣乃積年淹滯，有功不録。

自徽執政以來，非但抑臣而已，北征之勳，皆被擁塞。將士告捷，終無片賞，雖爲表請，多不蒙遂。前留元標據于盛樂，後被重圍，析骸易子，倒懸一隅，嬰城二載。賊散之後，依階乞官，徽乃盤退，不允所請。而徐州下邳戍主賈勳，法僧叛後，暫被圍逼，固守之勳，比之未重，乃立得州，即授開國。天下之事，其流一也，功同賞異，不平謂何。又驃騎李崇北征之日，啓募八州之人，聽用關西之格。及臣在後，依此科賞，復言北道征者不得同於關西。定襄陵廟之至重，平城守國之要鎮，若計此而論，功亦何負於秦楚？但以嫉臣之故，便欲望風排抑。

然其當途以來，何直退勳而已，但是隨臣征者，即便爲所嫉。統軍袁叔和曾經省訴，徽初言有理，又聞北征隸臣爲統，應時變色。復令臣兄子仲顯異端訟臣，緝緝翩翩，謀相誹謗。言臣惡者，接以恩顏；稱臣善者，即被嫌責。甄琛曾理臣屈，乃視之若仇讎；徐紇頗言臣短，即待之如親戚。又驃騎長史祖瑩，昔在軍中，妄增首級，矯亂戎行，蠹害軍府，獲罪有司，避命山澤。直以謗臣之故，徽乃還雪其罪。臣府司馬劉敬，比送降人，既到定州，翻然背叛。賊如決河，豈其能擁。且以臣府參寮，不免身首異處。徽既怒遷，捨其元惡，□及胥徒[三]。從臣行者莫不悚懼。

頃恒州之人乞臣爲刺史，徽乃斐然言不可測。及降户結謀，臣頻表啓，徽乃因執言此事。及向定州，遠彼姦惡，又復論臣將有異志。翻覆如此，欲相陷没。致令國朝遽賜遷代。賊起之由，誰使然也？徽既優幸，任隆一世，慕勢之徒，於臣何有。是故餘人攝選，車馬填門，及臣居邊，賓遊罕至。臣近比爲慮其爲梗，是以孜孜乞赴京闕。屬流人舉斧，元戎垂翅，復從後命，自安無所，僶俛先驅，不敢辭事。及臣出都，行塵未滅，已聞在後復生異議。言臣將兒自隨，證爲可疑之兆，忽稱此以構亂。悠悠之人，復傳音響，言左軍臣融、右軍臣衍，皆受密敕，伺察臣事。徽既用心如此，臣將何以自安！

竊以天步未夷，國難猶梗，方伯之任，於斯爲急。徽昔臨藩，乃有人譽，及居端右，蔑爾無聞。今求出之爲州，使得申其利用。徽若外從所長，臣無内慮之切。脱蒙。闕公私幸甚。

深以兵士頻經退散，人無鬬情，連營轉栅，日行十里。行達交津，隔水而陳。賊脩禮常與葛榮謀，後稍信朔州人毛普賢，榮常銜之。普賢昔爲深統軍，及在交津，深使人諭之，普賢乃有降意。又使録事參軍元晏説賊程殺鬼，果相猜貳，葛榮遂殺普賢、脩禮而自立。榮以新得大衆，上下未安，遂北度瀛州，深便率衆北轉。榮東攻章武王融，戰敗於白牛邏〔三三〕。深遂退走，趨定州。聞刺史楊津疑其有異志，乃止於州南佛寺。停三日夜，乃召都督毛謐等六七人，臂肩爲約，危難之際，期相拯恤。謐疑深意異，乃密告津云，深謀不軌。津遣謐討深，深走出，謐叫噪追躡。深與左右行至博陵郡界，逢賊遊騎，乃引詣葛榮。賊徒見深，頗有喜者。榮新自立，内惡之，乃害深。莊帝追復王爵，贈司徒公，謚曰忠武。

子湛，字士深〔三四〕，少有風尚。莊帝初，襲封。孝靜初，累遷冀州刺史，所在聚斂，風政不立。入爲侍中，後行司州牧。時齊獻武王作相，以湛頗有器望，啓超拜太尉公。薨，贈假黄鉞、大司馬、尚書令，謚曰文獻。初，湛名位漸重，留連聲色，始以婢紫光遺尚書郎中宋遊道，後乃私耽，出爲冀州，竊而攜去。遊道大致紛紛，乃云紫光湛父所寵，湛母遺己，將致公文。久乃停息，論者兩非之。

湛弟瑾，尚書祠部郎。後謀殺齊文襄，事泄，合門伏法。

湛子法輪，紫光所生也。齊王矜湛覆滅，乃啓原之，復其爵土。

南安王余，真君三年封吴王，後改封南安王。世祖暴崩，中常侍宗愛矯皇太后令迎余而立之，然後發喪。大赦，改年爲永平。余自以非次而立，厚賞羣下，取悦於衆。爲長夜之飲，聲樂不絶，旬月之間，帑藏空罄。尤好弋獵，出入無度，邊方告難，余不恤之，百姓憤惋，而余晏如也。宗愛權恣日甚，内外憚之。余疑愛將謀變，奪其權，愛怒，因余祭廟，夜殺余。高宗葬以王禮，謚曰隱。

校勘記

〔一〕魏書卷十八　目録此卷原注「闕」，卷後有宋人校語云：「魏收書太武五王列傳亡。」殿本考證云：「魏收書闕，後人所補。」按此卷各傳以北史卷一六太武五王傳補，間有溢出字句。

〔二〕楚王建　「楚王」，北史卷一六太武五王傳作「廣陽王」，疑是。按本書卷四下世祖紀下，建於太平真君三年十月封楚王，正平元年二月改封廣陽王，下傳文皆稱「廣陽」，序不應稱始封。

〔三〕閭左昭儀　「左昭儀」，原作「石昭儀」。按本書卷一〇三蠕蠕傳延和三年二月「遣使人納吴提妹爲夫人，又進爲左昭儀」。卷一四望都公頹傳：「使迎左昭儀於蠕蠕。」蠕蠕姓郁久閭氏，入魏者改單姓作「閭」。「石」乃「左」之訛，今據改。

〔四〕其小兒猫兒真虎頭龍頭並闕母氏　「真」字原闕，據北史卷一六太武五王傳序補。按本書卷四下世祖紀下太平真君十一年二月記「皇子真薨」。脱去「真」名，「十一男」遂少一人。

〔五〕慕利延兄子拾寅走河曲　「兄」字原闕，據御覽卷三一六引後魏書補。按本書卷一〇一吐谷渾傳，拾寅爲慕利延兄樹洛干之子。「河曲」，原作「阿曲」，本書卷一〇一吐谷渾傳作「河西」，御覽卷三一六引後魏書作「河曲」。「阿」字必誤，今據御覽改。

〔六〕參典都曹事　「典」，原作「與」，據他本及北史卷一六東平王翰傳改。

〔七〕太傅高允以翰年少　「太」字疑衍。按太武帝時，高允名微任輕，且據本書卷四八高允傳，所任及贈官並無太傅一職，又傳稱允「尋以本官爲秦王翰傅」。

〔八〕臨淮王譚　「譚」，原作「潭」，據他本及北史卷一六臨淮王譚傳改。

〔九〕有榮胡家　册府卷二九〇無此四字。按晉書卷一一〇慕容儁載記，永和八年，「晉寧朔將軍滎胡以彭城、魯郡叛降于雋」。鄒山屬魯郡，當即此滎胡，「家」疑爲「冢」字之訛。

〔一〇〕遂斬其將胡崇賊首萬餘級　「賊首」上册府卷二九〇有「及」字。

〔一一〕尚書郎范陽盧道將　「盧道將」，原作「盧思道」，他本俱作「盧道將」，汲本、局本「道將」下注「一作思道」。按盧思道，隋書卷五七有傳，言其開皇初卒，年五十二，則生於北魏末年，時中山王熙已早死，豈得生評其優劣。盧道將附本書卷四七盧玄傳，其任尚書左外兵郎中，約在宣武帝時，其人「涉獵經史，風氣謇諤，頗有文才」，行事與此傳合。今據改。

〔一二〕三王楚琳琅　御覽卷四九五引後魏書作「三王楚楚盡琳琅」。

〔一三〕蕭衍遣將圍逼温湯進彧以本官爲東道行臺　「温湯」，疑爲「渦陽」之訛。梁攻圍渦陽見梁書卷三二陳慶之傳，事在大通元年，即魏孝昌三年。不聞有攻「温湯」之事，且這一帶也不見有此地名。但本書卷九肅宗紀孝昌二年八月已見東道行臺臨淮王彧，則「進彧」此官非因梁圍逼渦陽之故。

〔一四〕入繼大宗　「大宗」，原作「太宗」，據三朝本、南監本、北監本、殿本、局本改。

〔一五〕有闕餘序　「餘序」下原注「疑」字，通志卷八四上作「倫序」，疑是。今删「疑」字。

〔一六〕贊成　原作「替成」，據南監本、局本、北史卷一六臨淮王譚傳附元彧傳、册府卷二八八改。

〔一七〕二十家爲閭五家爲比隣百家之内有帥二十五　「二十家爲閭」，疑當作「二十五家爲閭」。按百家之内，二十家爲閭，應有閭長五人；五家爲比隣，應有隣長二十人，合計已達「有帥二十五」之數，再加黨族之長，即二十六人，與「有帥二十五」數目不符。若「二十五家爲閭」，則閭長四人，正合。且下云「百家爲四閭，閭二比。計族省十二丁」。乃是隣長由二十人減爲八人之數，若原本「二十家爲閭」，改爲百家四閭，應省閭長一人，則是族省十三丁，又不合，亦足爲證。

〔一八〕自云受人欺　北齊書卷二八元孝友傳、册府卷二八八作「自云不受人欺」。

〔一九〕待妾非禮　「待」，原作「侍」，據他本及北史卷一六臨淮王譚傳附元孝友傳、册府卷二八八改。

〔二〇〕斯則自絶　「則」，原作「非」，據他本及北史卷一六臨淮王譚傳附元孝友傳、册府卷二八八改。

〔二一〕婚葬過禮　「禮」字原闕，據北史卷一六臨淮王譚傳附元孝友傳、册府卷二八八補。

〔二二〕孝友在尹積年　「尹」，原作「郡」，據三朝本、南監本、北史卷一六臨淮王譚傳附元孝友傳、北齊書卷二八元孝友傳改。按孝友當是魏尹，北史删略，致此「尹」字没有着落，後人遂臆改爲「郡」，其實前文亦不云孝友曾爲某郡太守，仍無着落。

〔二三〕舊常云一人代外邏　按此句不甚可解。疑本作「舊常一人雲代外邏」，「雲代」指雲中、代京。傳本誤倒，「雲」寫作「云」，遂不可通。

〔二四〕榮卒　「卒」，北監本、殿本作「平」，疑是。按葛榮被擒殺，魏史理不得稱之爲「卒」。

〔二五〕廣陽王建　「建」下原衍「閭」字，據北史卷一六廣陽王建傳、册府卷二六四删。按「閭」字之衍，疑爲補傳者或後人誤讀傳序，將「閭左昭儀」之「閭」字和上「建」字連讀，以爲廣陽王建名「建閭」，復於此處增「閭」字。又下文「以紹建後」，原作「以紹建閭後」，同删「閭」字。

〔二六〕子深　「深」，本書除此傳外，其人他處都作「淵」。此傳以北史補，北史避唐諱改。

〔二七〕時東道都督崔暹敗於白道　此句下北史卷一六廣陽王建傳附元深傳、册府卷四〇四有「深等諸軍退還朔州」八字，疑此處脱去。

〔二八〕昔皇始以移防爲重　「皇始」，疑當作「皇興」。按「皇始」爲道武帝拓跋珪第二個年號，其時拓跋氏尚遊處代北、陰山，未入中原。北鎮創置，始於太武帝拓跋燾時，「皇始」時不得有「移防」之事。據本書卷一〇三蠕蠕傳，經太武帝數次進軍漠北，蠕蠕「怖威北竄，不敢復南」，至獻文帝皇興四年，蠕蠕「予成犯塞，車駕北討」，時正當魏興兵河南，爭奪三齊，「盛簡親賢」且「以死防遏」，或在此時。

〔二九〕時即申聞　「即」，原作「節」，據他本改。

〔三〇〕敢爲逆命　「敢」字原闕，據册府卷四〇四補。

〔三一〕黄門郎楊昱　「楊昱」，原作「楊置」。按事見本書卷五八楊昱傳，今據改。

〔三二〕捨其元惡□及胥徒　「□」，原接排無空格，北監本、殿本、局本其處注「闕」。按據文義，「及」上當有「罪」或「戮」字，今據北監本以下補一方圍。

〔三〕戰敗於白牛邏　「白牛邏」，原作「白牛還」，據通志卷八四上、通鑑卷一五一梁紀七普通七年九月改。按元融敗於白牛邏，見本書卷九肅宗紀孝昌二年九月辛亥、卷一九下章武王太洛傳附元融傳。

〔亖〕子湛字士深　「士深」，原作「士淵」，據武定二年元湛墓誌改。按父名「淵」，子不得以「淵」爲字。又北史例避唐諱，於其父則改「淵」爲「深」，於其子則直書「淵」，亦不合理。此處本當作「士深」，後人不知「元深」之「深」本是「淵」字，反疑「士深」之「深」爲北史諱改，適得其反。

魏書卷十九上〔一〕

景穆十二王列傳第七上

陽平王　京兆王　濟陰王　汝陰王　樂浪王〔二〕　廣平王

景穆皇帝十四男。恭皇后生文成皇帝。袁椒房生陽平幽王新成。尉椒房生京兆康王子推、濟陰王小新成。陽椒房生汝陰靈王天賜。樂良厲王萬壽、廣平殤王洛侯，母並闕。孟椒房生任城康王雲。劉椒房生南安惠王楨、城陽康王長壽。慕容椒房生章武敬王太洛。尉椒房生樂陵康王胡兒。孟椒房生安定靖王休。趙王深早薨，無傳，母闕。魏舊太子後庭未有位號，高宗即位，恭宗宮人有子者，並號爲椒房。

陽平王新成，太安三年封，拜征西大將軍。後爲内都大官。薨，謚曰幽。

長子安壽，襲爵。高祖賜名頤。累遷懷朔鎮大將，都督三道諸軍事，北討。詔徵赴京，勗以戰伐之事。對曰：「當仰仗廟筭，使呼韓同渭橋之禮。」帝嘆曰：「壯哉王言！朕所望也。」未發，遭母憂，詔遣侍臣以金革敦喻。既殯而發，與陸叡集三道諸將議軍途所詣。於是中道出黑山，東道趨士盧河，西道向侯延河。軍過大磧，大破蠕蠕。頤入朝，詔曰：「王之前言，果不虚也。」後除朔州刺史。及恒州刺史穆泰謀反，遣使推頤爲主。頤密以狀聞，泰等伏誅，帝甚嘉之。世宗景明元年，薨於青州刺史〔三〕，謚曰莊王。傳國至孫宗胤，肅宗時，坐殺叔父賜死，爵除。

頤弟衍，字安樂，賜爵廣陵侯。位梁州刺史，表請假王，以崇威重。詔曰：「可謂無厭求也，所請不合。」轉徐州刺史，至州病重，帝敕徐成伯乘傳療。疾差，成伯還，帝曰「卿定名醫」，賚絹三千匹。成伯辭，請受一千。帝曰：「詩云『人之云亡，邦國殄瘁。』以是而言，豈惟三千匹乎？」其爲帝所重如此。後所生母雷氏卒，表請解州。詔曰：「『先君餘尊之所厭』，禮之明文，季末陵遲，斯典或廢。侯既親王之子，宜從餘尊之義，便可大功。」後卒於雍州刺史，謚曰康侯。衍性清慎，所在廉潔，又不營産業，歷牧四州，皆有稱績，亡日無斂屍具。子暢。

暢弟融，字叔融。貌甚短陋，驍武過人。莊帝謀殺尒朱榮，以融爲直閤將軍。及尒朱兆入洛，融逃人間。

衍弟欽，字思若。位中書監、尚書右僕射、儀同三司。欽色尤黑，故時人號爲黑面僕射。欽淫從兄麗妻崔氏，爲御史中尉封回劾奏，遇赦免。尋除司州牧。欽少好學，早有令譽，時人語曰：「皇宗略略，壽安、思若。」及晚年貴重，不能有所匡益，識者輕之。欽曾託青州人高僧壽爲子求師，師至，未幾逃去。欽以讓僧壽。僧壽性滑稽，反謂欽曰：「凡人絕粒，七日乃死，始經五朝，便爾逃遁，去食就信，實有所闕。」欽乃大慚，於是待客稍厚。後除司空公，封鉅平縣公。於河陰遇害，贈假黃鉞、太師、太尉公。

子子孝，字季業。早有令譽，年八歲，司徒崔光見而異之曰：「後生領袖，必此人也。」

京兆王子推，太安五年封。位侍中、征南大將軍、長安鎮都大將。子推性沈雅，善於綏接，秦雍之人，服其威惠。入爲中都大官，察獄有稱。顯祖將禪位於子推，以大臣固諫，乃傳高祖。高祖即位，拜侍中、本將軍、開府儀同三司、青州刺史，未至，道薨。

子太興，襲。拜長安鎮都大將，以黷貨，削除官爵。後除祕書監，還復前爵，拜統萬鎮將，改封西河。後改鎮爲夏州，仍以太興爲刺史。除守衞尉卿。初，太興遇患，請諸沙門行道，所有資財，一時布施，乞求病愈，名曰「散生齋」。及齋後，僧皆四散，有一沙門方云乞齋餘食。太興戲之曰：「齋食既盡，唯有酒肉。」沙門曰：「亦能食之。」因出酒一斗，羊脚一隻，食盡猶言不飽。及辭出後，酒肉俱在，出門追之，無所見。太興遂佛前乞願，向者之師當非俗人，若此病得差，即捨王爵入道。未幾便愈，遂請爲沙門，表十餘上，乃見許。時高祖南討在軍，詔皇太子於四月八日爲之下髮，施帛二千匹。既爲沙門，更名僧懿，居嵩山。太和二十二年終。

子昂，字伯暉，襲。薨。

子悰，字魏慶，襲。孝靜時，累遷太尉、録尚書事、司州牧、青州刺史。薨於州，贈假黄鉞、太傅、司徒公，謚曰文〔四〕。悰寬和有度量，美容貌，風望儼然，得喪之間，不見於色。性清儉，不營産業，身死之日，家無餘財。

昂弟仲景，性嚴峭。莊帝時，兼御史中尉，京師肅然。每向臺，恒駕赤牛，時人號「赤牛中尉」。太昌初，爲河南尹，奉法無私。時吏部尚書樊子鵠部下縱横，又爲盜竊，仲景密加收捕，悉獲之，咸即行決，於是豪貴寒心。出帝將西行，授仲景中軍大都督，留京師。齊獻武王欲至洛陽，仲景遂棄妻子而遁〔五〕。

仲景弟暹，字叔照。莊帝初，除南兗州刺史，在州猛暴，多所殺害。元顥入洛，暹據州不屈。莊帝還宫，封汝陽王，遷秦州刺史。先時，秦州城人屢爲反覆，暹盡誅之，存者十一二。普泰元年，除涼州刺史，貪暴無極。欲規府人及商胡富人財物，詐一臺符，誑諸豪等云欲加賞，一時屠戮，所有資財生口，悉没自入。孝静時，位侍中、録尚書事。薨，贈太師、録尚書。

子沖，襲。無子，國絶。

太興弟遥，字太原〔六〕。有器望，以左衛將軍從高祖南征，賜爵饒陽男。世宗初，遭所生母憂，表請解任，詔以餘尊所厭，不許。

肅宗初，累遷左光禄大夫，仍領護軍。遷冀州刺史〔七〕。遥以諸胡先無籍貫，姦良莫辨，悉令造籍。又以諸胡設籍，當欲税之，以充軍用。胡人不願，乃共構遥，云取納金馬。御史按驗，事與胡同，遥坐除名。遥陳枉不已，敕有司重究，乃披雪。遷右光禄大夫。

時冀州沙門法慶既爲祆幻，遂説勃海人李歸伯，歸伯合家從之，招率鄉人，推法慶爲主。法慶以歸伯爲十住菩薩、平魔軍司、定漢王，自號「大乘」。殺一人者爲一住菩薩，殺十人爲十住菩薩。又合狂藥，令人服之，父子兄弟不相知識，唯以殺害爲事。於是聚衆殺阜城令，破勃海郡，殺害吏人。刺史蕭寶夤遣兼長史崔伯驎討之，敗於煮棗城，伯驎戰没。凶衆遂盛，所在屠滅寺舍，斬戮僧尼，焚燒經像，云新佛出世，除去舊魔。詔以遥爲使持節、都督北征諸軍事，帥步騎十萬以討之。法慶相率攻遥，遥並擊破之。遥遣輔國將軍張虯等率騎追掩，討破，擒法慶并其妻尼惠暉等，斬之，傳首京師。後擒歸伯，戮於都市。

初，遥大功昆弟，皆是恭宗之孫，至肅宗而本服絶，故除遥等屬籍。遥表曰：「竊聞聖人所以南面而聽天下，其不可得變革者，則親也，尊也。四世而緦服窮，五世而袒免，六世而親屬竭矣。去兹以往，猶繫之以姓而弗别，綴之以食而弗殊。又律云議親者，非唯當世之屬親，歷謂先帝之五世。謹尋斯旨，將以廣帝宗，重盤石。先皇所以變兹事條，爲此别制者，太和之季，方有意於吴蜀，經始之費，慮深在初，割減之起，暫出當時也。且臨淮王提，分屬籍之始，高祖賜帛三千匹，所以重分離；樂良王長命，亦賜縑二千匹，所以存慈睠。此皆先朝殷勤克念，不得已而然者也。古人有言，百足之蟲至死不僵者，以其輔己者衆。臣誠不欲妄親太階，苟求潤屋，但傷大宗一分，則天子屬籍不過十數人而已。在漢，諸王之子不限多少，皆列土而封，謂之曰侯，至于魏晉，莫不廣胙河山，稱之曰公者，蓋惡其大宗之不固，骨肉之恩疎矣。臣去皇上，雖是五世之遠，於先帝便是天子之孫，高祖所以國秩禄賦復給衣食，后族唯給其賦不與衣食者，欲以别外内限異同也。今諸廟之感，在心未忘；行道之悲，儵然已及。其諸封者，身亡之日，三年服終，然後改奪。今朝廷猶在遏密之中，便議此事，實用未安。」詔付尚書博議以聞。尚書令任城王澄、尚書左僕射元暉奏同遥表。靈太后不從。卒，謚曰宣公。

遥弟恒，字景安，粗涉書史。恒以春秋之義，爲名不以山川，表求改名芝〔八〕。歷位太常卿、中書監、侍中。後於河陰遇害。贈太傅、司徒公，謚曰宣穆公。

濟陰王小新成，和平二年封。頗有武略。庫莫奚侵擾，詔新成率衆討之。新成乃多爲毒酒，賊既漸逼，便棄營而去。賊至，喜而競飲，聊無所備。遂簡輕騎，因醉縱擊，俘馘甚多。後位外都大官。薨，贈大將軍，謚曰惠公。

子鬱，字伏生，襲。位開府。爲徐州刺史，以黷貨賜死，國除。

長子弼，字邕明，剛正有文學。位中散大夫。以世嫡應襲先爵，爲季父尚書僕射麗因于氏親寵，遂奪弼王爵，横授同母兄子誕。於是弼絶棄人事，託疾還私第。世宗徵爲侍中，弼上表固讓。入嵩山，以穴爲室，布衣蔬食，卒。建義元年，子暉業訴復王爵。永安三年，追贈尚書令、司徒公，謚曰文獻。初，弼嘗夢人謂之曰：「君身不得傳世封，其紹先爵者，君長子紹遠也。」弼覺，即語暉業。終如其言。

暉業，少險薄，多與寇盜交通。長乃變節，涉子史，亦頗屬文，而慷慨有志節。歷位司空、太尉，加特進，領中書監，録尚書事。齊文襄嘗問之曰：「比何所披覽？」對曰：「數尋伊霍之傳，不讀曹馬之書。」暉業以時運漸謝，不復圖全，唯事飲啗，一日三羊，三日一犢。又嘗賦詩云：「昔居王道泰，濟濟富羣英。今逢世路阻，狐兔鬱縱横。」齊初，降封美陽縣公，開府儀同三司、特進。暉業之在晉陽也，無所交通，居常閑暇，乃撰魏藩王家世，號爲辨宗室録，四十卷〔九〕，行於世。

暉業弟昭業，頗有學尚，位諫議大夫。莊帝將幸洛南〔一〇〕，昭業立於閶闔門外，扣馬諫，帝避之而過，後勞勉之。位給事黄門侍郎、衛將軍、右光禄大夫。卒，謚曰文侯。

鬱弟偃，字仲琁，位太中大夫。卒。

子誕，字曇首。初，誕伯父鬱以貪汙賜死，爵除。景明三年，誕訴云，伯鬱前朝之封，正以年長襲封，以罪除爵。爵由謬襲，襲應歸正。詔以偃正元妃息曇首，濟陰王嫡孫，可聽紹封，以纂先緒。誕既襲爵，除齊州刺史。在州貪暴，大爲人患，牛馬騾驢，無不逼奪。家之奴隸，悉迫取良人爲婦。有沙門爲誕採藥，還而見之，誕曰：「師從外來，有何消息？」對曰：「唯聞王貪，願王早代。」誕曰：「齊州七萬户，吾至來，一家未得三十錢，何得言貪？」後爲御史中尉元纂所糾，會赦免。薨，謚曰靜王。

子撫，字伯懿，襲。莊帝初，爲從兄暉業訴奪王爵。

偃弟麗，字寶掌。位兼宗正卿、右衛將軍，遷光禄勳，宗正、右衛如故。時秦州屠各王法智推州主簿吕苟兒爲主，號建明元年，置立百官，攻逼州郡。涇州人陳瞻亦聚衆自稱王，號聖明元年。詔以麗爲使持節、都督、秦州刺史，與別駕楊椿討之[一]。苟兒率衆十餘萬屯孤山，列據諸險，圍逼州城。麗出擊，大破之，便進軍水洛。賊徒逆戰，麗夜擊走之。行秦州事李韶破苟兒于孤山，乘勝追奔三十里，獲其父母妻子，斬賊王五人，其餘相繼歸降，諸城之圍，亦悉奔散。苟兒率其王公三十餘人詣麗請罪。椿又斬瞻。麗因平賊之勢，枉掠良善七百餘人。世宗嘉其功，詔有司不聽追檢。

拜雍州刺史，爲政嚴酷，吏人患之。其妻崔氏誕一男，麗遂出州獄囚死及徒流案未申臺者，一時放免。遷冀州刺史，入爲尚書左僕射。帝問曰：「聞公在州，殺戮無理，枉濫非一，又大殺道人。」對曰：「臣在冀州可殺道人二百許人，亦復何多？」帝曰：「一物不得其所，若納諸隍，況殺道人二百而言不多。」麗脱冠謝，賜坐。卒，謚曰威。

子顯和，少有節操，歷司徒記室參軍。司徒崔光每見之曰：「元參軍風流清秀，容止閑雅，乃宰相之器。」除徐州安東府長史。刺史元法僧叛，顯和與戰被擒，執手命與連坐。顯和曰：「顯和與阿翁同源別派，皆是盤石之宗，一朝以地外叛，若遇董狐，能無慚德。」遂不肯坐。法僧猶欲慰喻，顯和曰：「乃可死作惡鬼，不能生爲叛臣〔二〕。」及將殺之，神色自若。建義初，贈秦州刺史。

汝陰王天賜，和平三年封〔三〕，拜鎮南大將軍、虎牢鎮都大將。後爲内都大官。高祖初，殿中尚書胡莫寒簡西部敕勒豪富兼丁者爲殿中武士，而大納財貨，簡選不平。衆怒，殺莫寒及高平假鎮將奚陵，於是諸部敕勒悉叛。詔天賜與給事中羅雲督諸軍討之。前鋒敕勒詐降，雲信之，副將元伏曰：「敕勒色動，恐將有變，今不設備，將爲所圖。」雲不從。敕勒輕騎數千襲殺雲，天賜僅得自全。後除征北大將軍、護匈奴中郎將。累遷懷朔鎮大將，坐貪殘，恕死，削除官爵。卒，高祖哭於思政觀，贈本爵，葬從王禮，謚曰靈王。

子逞，字萬安。卒於齊州刺史，謚曰威。

逞子慶和，東豫州刺史。爲蕭衍將所攻，舉城降之。衍以爲北道總督、魏王。至項城，朝廷出師討之，望風退走。衍責之曰：「言同百舌，膽若鼷鼠。」遂徙合浦。

暹弟汎，字普安。自元士稍遷營州刺史。性貪殘，人不堪命，相率逐之，汎走平州。後除光禄大夫、宗正卿，封東燕縣男。於河陰遇害。

天賜第五子脩義，字壽安，涉獵書傳，頗有文才，爲高祖所知。自元士稍遷左將軍、齊州刺史。脩義以齊州頻喪刺史，累表固辭。詔曰：「修短有命，吉凶由人，何得過致憂憚，以乖維城之寄。違凶就吉，時亦有之，可聽更立館宇。」於是移理東城。脩義爲政，寬和愛人，在州四歲，不殺一人，百姓以是追思之。遷秦州刺史。肅宗初，表陳庶人禧、庶人愉等，請宥前愆，賜葬陵域。靈太后詔曰：「收葬之恩，事由上旨，藩岳何得越職干陳！」在州多受納。

累遷吏部尚書。及在銓衡，唯專貨賄，授官大小，皆有定價。時中散大夫高居者，有旨先敍，時上黨郡缺，居遂求之。脩義私已許人，抑居不與。居大言不遜，脩義命左右牽曳之。居對大衆呼天唱賊。人問居曰：「白日公庭，安得有賊？」居指脩義曰：「此座上者，違天子明詔，物多者得官，京師白劫，此非大賊乎？」脩義失色。居行罵而出。後欲邀車駕論脩義罪狀，左僕射蕭寶夤諭之，乃止。

二秦反，假脩義兼尚書右僕射、西道行臺、行秦州事，爲諸軍節度。脩義性好酒，每飲連日，遂遇風病，神明昏喪，雖至長安，竟無部分之益。元志敗没，賊東至黑水，更遣蕭寶夤討之，以脩義爲雍州刺史。卒於州〔一四〕，贈司空，謚曰文。

子均，位給事黄門侍郎。

樂浪王萬壽，和平二年封，拜征東大將軍〔一五〕，鎮和龍。性貪暴，徵還，道憂薨。謚曰厲王。

子康王樂平，襲。薨。

子長命，襲。坐殺人賜死，國除。

子忠，肅宗時，復前爵，位太常少卿。出帝汎舟天淵池，命宗室諸王陪宴。忠愚而無智，性好衣服，遂著紅羅襦，繡作領，碧紬袴，錦爲緣。帝謂曰：「朝廷衣冠，應有常式，何爲著百戲衣？」忠曰：「臣少來所愛，情存綺羅，歌衣舞服，是臣所願。」帝曰：「人之無良，乃至此乎！」

廣平王洛侯，和平二年封。薨，謚曰殤。無子，後以陽平幽王第五子匡後之。

匡字建扶，性耿介，有氣節。高祖器之〔六〕，謂曰：「叔父必能儀形社稷，匡輔朕躬，今可改名爲匡，以成克終之美。」

世宗即位，累遷給事黄門侍郎。茹皓始有寵，百寮微憚之。世宗曾於山陵還，詔匡陪乘，又命皓登車。皓褰裳將上，匡諫止，世宗推之令下，皓恨匡失色。當時壯其忠謇。世宗親政，除肆州刺史。匡既忤皓，懼爲所害，廉慎自修，甚有聲績。遷恒州刺史，徵爲大宗正卿、河南邑中正。

匡奏親王及始藩、二藩王妻悉有妃號，而三藩已下皆謂之妻，上不得同爲妃名，而下不及五品已上有命婦之號，竊爲疑。詔曰：「夫貴於朝，妻榮於室，婦女無定，升從其夫。三藩既啓王封，妃名亦宜同等。妻者，齊也，理與己齊，可從妃例。」自是三藩王妻名號始定。後除度支尚書。匡表引樂陵、章武之例，求紹洛侯封，詔付尚書議。尚書奏聽襲封，以明興絶之義。

匡與尚書令高肇不平，常無降下之色。時世宗委政於肇，朝廷傾憚，唯匡與肇抗衡。先自造棺，置於廳事，意欲輿棺詣闕，論肇罪惡，自殺切諫。肇聞而惡之。後因與太常劉芳議爭權量，遂與肇聲色。御史中尉王顯奏匡曰：

自金行失御，羣僞競興，禮壞樂崩，彝倫攸斁。大魏應期，奄有四海。高祖孝文皇帝以睿聖統天，克復舊典。乃命故中書監高閭廣旌儒林，推尋樂府，依據六經，參諸國志，以黍裁寸，將均周漢舊章。屬雲構中遷，尚未云就。高祖睿思玄深，參考經記，以一黍之大，用成分體，準之爲尺，宣布施行。

暨正始中，故太樂令公孫崇輒自立意，以黍十二爲寸，別造尺度，定律刊鍾。皆向成訖，表求觀試。時敕太常卿臣芳，以崇造既成，請集朝英，議其得否。芳疑崇尺度與先朝不同，察其作者，於經史復異，推造尠據，非所宜行。時尚書令臣肇、清河王懌等以崇造乖謬，與周禮不同，遂奏臣芳依周禮更造，成訖量校，從其善者。而芳以先朝尺度，事合古典。乃依前詔書，以黍刊寸，並呈朝廷，用裁金石。于時議者，多云芳是，唯黄門侍郎臣孫惠蔚與崇扶同。二途參差，頻經考議。而尚書令臣肇以芳造。崇物故之後，而惠蔚亦造一尺，仍云扶[七]。以比崇尺，自相乖背。量省二三，謂芳爲得。而尚書臣匡表云劉孫二尺，長短相傾，稽考兩律，所庸殊異[八]。言取中黍，校彼二家，云並參差，抑中無所[九]，自立一途，請求議判。當時議者，或是於匡。兩途舛駮，未即時定。肇又云，權斛斗尺，班行已久，今者所論，豈喻先旨。宜仰依先朝故尺爲定。

自爾以後，而臣與肇厲言都座，聲色相加，高下失其常倫，噂競無復彝序。臣更表列，據己十是，云芳十非。又云：「肇前被敕旨，共芳營督，規立鍾石之名，希播製作之譽。乃憑樞衡之尊，藉舅氏之勢，與奪任心，臧否自己。阿黨劉芳，遏絶臣事，望勢雷同者接以恩言，依經按古者即被怒責。雖未指鹿化馬，移天徙日，實使蘊藉之士，聳氣坐端，懷道之夫，結舌筵次。」又言：「芳昔與崇競，恒言自作，今共臣論，忽稱先朝。豈不前謂可行，輒欲自取，後知錯謬，便推先朝。殊非大臣之體，深失爲下之義。復考校勢臣之前，量度偏頗之手，臣必刖足内朝，抱璞人外。」矚言肆意，彰於朝野。

然臣職當出納，獻替所在，斗尺權度，正是所司。若己有所見，能練臧否，宜應首唱義端，早辨諸惑，何故嘿心隨從，不關一言，見芳成事，方有此語。計芳才學，與臣殊懸，所見淺深，不應相匹。今乃始發，恐此由心〔一〇〕，借智於人，規成虛譽。況臣表云：「所據銅權，形如古誌，明是漢作，非莽别造。」及案權銘云：「黄帝始祖，德布於虞，虞帝始祖，德布於新。」若莽佐漢時事，寧有銘僞新之號哉。又尋莽傳云，莽居攝，即變漢制度。考校二證，非漢權明矣。復云：「芳之所造，又短先朝之尺。」臣既比之，權然相合。更云：「芳尺與千金堰不同。」臣復量比，因見其異。二三浮濫，難可據準。又云：「共構虛端，妄爲疑似，託以先朝，云非己製。」

臣按此欺詐，乃在於匡，不在於芳。何以言之？芳先被敕，專造鍾律，管籥優劣，是其所裁，權斛尺度，本非其事。比前門下索芳尺度，而芳牒報云：「依先朝所班新尺，復應下黍，更不增損，爲造鍾律，調正分寸而已。」檢匡造，時在牒後一歲，芳於爾日，匡未共爭，已有此牒，豈爲詐也？計崇造寸，積黍十二，羣情共知；而芳造寸，唯止十黍，亦俱先朝詔書。以黍成寸，首尾歷然，寧有輒欲自取之理？肇任居端右，百寮是望，言行動靜，必副具瞻。若恃權阿黨，詐託先詔，將指鹿化馬，徙日移天，即是魏之趙高，何以宰物。肇若無此，匡既誣毀宰相，訕謗明時。豈應談議之間，便有指鹿之事；可否之際，輕生刖足之言。趙高矯惑，事屬衰秦；卞和抱璞，時遇暴楚。何宜以濟濟之朝，而有斯謗者哉！阻惑朝聽，不敬至甚，請以肇、匡並禁尚書，推窮其原，付廷尉定罪。

詔曰「可」。有司奏匡誣肇，處匡死刑。世宗恕死，降爲光祿大夫。

又兼宗正卿，出爲兗州刺史。匡臨發，帝引見於東堂，勞勉之。匡猶以尺度金石之事，國之大經，前雖爲南臺所彈，然猶許更議，若議之日，願聽臣暫赴。世宗曰：「劉芳學高一時，深明典故，其所據者。與先朝尺乃寸過一黍，何得復云先朝之意也〔二二〕？兗州既所執不經，後議之日，何待赴都也。」

肅宗初，入爲御史中尉。匡嚴於彈糾，始奏于忠，次彈高聰等免官，靈太后並不許。以違其糾惡之心，又慮匡辭解，欲奬安之，進號安南將軍，後加鎮東將軍。

匡屢請更權衡不已，於是詔曰：「謹權審度，自昔令典，定章革歷，往代良規。匡宗室賢亮，留心既久，可令更集儒貴，以時驗決。必務權衡得衷，令寸籥不舛。」又詔曰：「故廣平殤王洛侯，體自恭宗，茂年薨殞，國除祀廢，不祀忽諸。匡親同若子，私繼歲久〔二三〕，宜樹維城，永茲盤石，可特襲王爵，封東平郡王。」匡所制尺度訖，請集朝士議定是非。詔付門下、尚書、三府、九列議定以聞。太師、高陽王雍等議曰：「伏惟高祖創改權量已定，匡今新造，微有參差。且匡云所造尺度與漢志王莽權斛不殊。又晉中書監荀勗云，後漢至魏，尺長於古四分有餘。於是依周禮，積黍以起度量，惟古玉律及鍾，遂改正之。尋勗所造之尺與高祖所定，毫釐略同。又侍中崔光得古象尺，于時亦準議令施用。仰惟孝文皇帝，德邁前王，睿明下燭，不刊之式，事難變改。臣等參論，請停匡議，永遵先皇之制。」詔從之。

匡每有奏請，尚書令、任城王澄時致執奪，匡剛隘，內遂不平。先所造棺猶在僧寺，乃復修事，將與澄相攻。澄頗知之。後將赴省，與匡逢遇，騶卒相撾，朝野駭愕。澄因是奏匡罪狀三十餘條，廷尉處以死刑。詔付八座議，特加原宥，削爵除官。三公郎中辛雄奏理之。後特除平州刺史，徙青州刺史，尋爲關右都督，兼尚書行臺。遇疾還京。孝昌初，卒，謚曰文貞。後追復本爵，改封濟南王。

第四子獻，襲。齊受禪，爵例降〔三〕。

校勘記

〔一〕魏書卷十九上　目録此卷原注「闕」，卷末有宋人校語云：「魏收書景穆十二王列傳卷上亡。」殿本考證云：「魏收書亡，後人所補。」按此傳以北史卷一七景穆十二王傳上補，間有溢出字句。

〔三〕樂浪　下文傳序作「樂良」。本書卷一〇六上地形志上營州有樂良郡，注云：「漢武帝置，二漢、晉曰樂浪，後改，罷。正光末復，治連城。」既云「樂浪」改「樂良」，説明當時人並不認爲「浪」「良」二字可以混同，北魏曾有樂良郡、並封樂良王無疑。然本書諸本或作「樂浪」、或作「樂良」，莫衷一是；甚至同一版本，記同一人，此卷作「樂浪王」，彼卷作「樂良王」。就本書與北史比勘，本書「樂浪王」，北史幾全改作「樂良王」。本卷目録稱「樂浪」、傳文作「樂良」，亦當因卷目爲魏書原文，而傳文以北史補所致。北魏樂良郡置、罷時間不詳，今「樂浪」「樂良」一從底本，不一一出校。

〔三〕世宗景明元年薨於青州刺史　「元年」，原作「六年」，據北監本、殿本改。按景明無六年，頤卒於景明元年十一月，見本書卷八世宗紀。

〔四〕謚曰文　武定元年元悰墓誌作「謚曰文靖」。按墓誌與傳謚號不同者甚多，也有誌載謚而傳闕，傳載而誌闕者。或先後改謚，或原謚不美，子孫私改，或後來補謚，不獨誌、傳有異，誌與誌間亦常不合，難斷是非。後凡謚號，若非本書、他書有歧，異同有無均不出校記。

〔五〕仲景遂棄妻子而遁　北史卷一七京兆王子推傳附元仲景傳作「仲景遂棄妻子追駕至長安」云云，當源自魏書。疑爲補本傳者據北史而取捨失衷，依本書文例，「遁」下當有「入長安」或「入關」之交待。

〔六〕字太原　熙平二年元遥墓誌作「字脩遠」。

〔七〕遷冀州刺史　自此句至下文「遷右光禄大夫」一段，北史卷一七京兆王子推傳附元遥傳無，當是補此傳者採自他書。然據熙平二年元遥墓誌，景明時，「出拜鎮軍將軍、冀州刺史，入除護軍，加右光禄大夫。延昌中，淮泗不靜，加征南大將軍、南征諸軍事」。則元遥爲冀州刺史，在宣武帝景明年間，且由冀州刺史入爲右光禄大夫、護軍，非如此傳所云以左光禄大夫，領護軍，其出刺冀州，更不在「肅宗初」。此段先後倒置，且「遷右光禄大夫」，實即前「左光禄大夫」之重出，北史誤「右」爲「左」。

〔八〕表求改名芝　按本書卷八世宗紀正始三年八月見「元恒」，而卷九肅宗紀孝昌二年六月丙子、孝昌三年正月甲申，卷一〇孝莊紀武泰元年四月己亥，卷五八楊椿傳並見「元恒芝」。疑初名「恒」，後加「芝」字，非改作單名「芝」。

〔九〕辨宗室録四十卷　北史卷一七濟陰王小新成傳附元暉業傳、北齊書卷二八元暉業傳作「辨宗録四十卷」。按本書卷一〇四自序、北史卷五六魏收傳並稱「濟陰王暉業撰辨宗室録三十卷」。舊唐書卷四六經籍志上、新唐書卷五八藝文志二均作後魏辨宗録（舊唐書「辨」作「辯」）二卷。該書本名當作辨宗室録，唐以後稱之爲辨宗録。卷數或三十、或四十，當有一誤。兩唐書録南北朝典籍，卷數每與史傳所記有異，其作二卷，相去懸絶，未必是。

〔一〇〕莊帝將幸洛南　「幸」，御覽卷四五四引後魏書、册府卷五四一作「畋」。按御覽、册府敍此事，與此傳字句稍異，然作「畋」，方明諫止之意，疑爲魏收書此處本字。

〔一一〕與別駕楊椿討之　「別駕」，疑爲「別將」之訛。按本書卷五八楊播傳附楊椿傳記其事：「詔椿爲別將，隸安西將軍元麗討之。」據傳，楊椿此時已假平西將軍、兼太僕卿，位在第三品，不大可能復任最高只爲從四品上階之州別駕。

〔一二〕不能生爲叛臣　「生」，原作「坐」，據三朝本、南監本、殿本、北史卷一七濟陰王小新成傳附元顯和傳、册府卷二八六改。按「生」與上「死」對文。

〔一三〕和平二年封　「二年」，原作「三年」。按本書卷五高宗紀和平二年七月戊寅，天賜與小新成、萬壽同日封。「三」爲「二」之訛，今據改。下樂浪王萬壽傳同改。

〔一四〕爲雍州刺史卒於州　按孝昌二年元壽安墓誌於官雍州刺史後，稱「復以本官加開府儀同三司、秦州都督，加尚書左僕射、西道行臺，行秦州事……軍次汧城，彌留寢疾，薨於軍所」。當時秦州爲起事城人佔領，故移治汧城。知元脩義死在秦州任上，傳節去其任秦州刺史事，遂似死於長安，當是承北史删略之失。

〔一五〕征東大將軍　疑當作「征北大將軍」。按本書卷五高宗紀和平二年七月，萬壽所拜爲征北大將軍，征東大將軍乃濟陰王小新成。

〔一六〕高祖器之　「高祖」，原作「高宗」，據殿本改。北史卷一七東平王匡傳作「孝文」。按匡乃高宗拓跋濬弟小新成之子，若作「高宗」，則下文稱之爲「叔父」，行輩顛倒。北史作「孝文」，補此傳者依本書史例改稱廟號，作「高祖」是。

〔一七〕「尚書令臣肇以芳造」至「仍云扶」　按此段文義不可解。「造」下及「扶」下疑有脱文。

〔一八〕所庸殊異　「庸」，三朝本、南監本、北監本、殿本、局本、册府卷五一九並作「容」。

〔一九〕抑中無所　張森楷北史校勘記云：「疑『抑』是『折』之誤。」按通志卷八四下正作「折」，疑是。

〔二〇〕恐此由心　張森楷云：「『此』疑當是『非』字，作『此』則與文義不相應。」

〔二一〕「劉芳學高一時」至「先朝之意也」　按前贊劉芳，後不應謂其所據與「先朝尺」不合云云。本書卷一〇七上律曆志上：孝文帝詔「以一黍之廣，用成分體；九十黍之長，以定銅尺」。宣武帝永平中，公孫崇「更造新尺，以一黍之長，累爲寸法」；劉芳受詔修樂，「以秬黍中者一黍之廣，即爲一分」；「而中尉元匡以一黍之廣度黍二縫，以取一分」。以黍定一分之長度，復以此定寸、尺。然黍之廣、長有别，遂「三家分競，久不能決」。徵諸前彈匡表文，公孫崇以黍長定分，一寸「積黍十二」；劉芳同孝文之法，以一黍之廣定分，「芳造寸，唯止十黍」，所造尺與孝文尺「權然相合」；元匡雖亦以黍廣定分，復「度黍二縫」，當與孝文所定尺度不合。則所謂「寸過一黍」恐是指元匡所造尺，故下文斥責元匡「所執不經」。今於「其所據者」句斷，其下當有脱文。

〔三〕私繼歲久　按上文云世宗時，匡已求紹洛侯封，經尚書議奏襲封，則並非私繼，且襲封已久。不詳何以前後矛盾。

〔三〕第四子獻襲齊受禪爵例降　「獻襲」下疑有脱文。按北史卷一七廣平王洛侯傳附元匡傳末云：「第四子獻襲，薨。子祖育襲，武定初，墜馬薨。子勸叉襲。齊受禪，爵例降。」自獻至勸叉三世始入齊。

魏書卷十九中

景穆十二王列傳第七中

任城王

任城王雲，年五歲，恭宗崩，號哭不絕聲。世祖聞之而呼，抱之泣曰：「汝何知而有成人之意也！」和平五年封，拜使持節、侍中、征東大將軍、和龍鎮都大將。顯祖時，拜都督中外諸軍事、中都坐大官，聽理民訟，甚收時譽。

延興中，顯祖集羣寮，欲禪位於京兆王子推。王公卿士，莫敢先言。雲進曰：「陛下方隆太平，臨覆四海，豈得上違宗廟，下棄兆民。父子相傳，其來久矣，皇魏之興，未之有革。皇儲正統，聖德夙章。陛下必欲割捐塵務，頤神清曠者，冢副之寄，宜紹寶曆，若欲捨儲〔一〕，輕移宸極，恐非先聖之意，駭動人情。又，天下是祖宗之天下，而陛下輒改神器，上乖七廟之靈，下長姦亂之道，此是禍福所由，願深思慎之。」太尉源賀又進曰：「陛下今欲外選諸王而禪位于皇叔者，臣恐春秋蒸嘗，昭穆有亂，脱萬世之後，必有逆饗之譏，深願思任城之言。」東陽公元丕等進曰：「皇太子雖聖德夙彰，然實沖幼。陛下富於春秋，始覽機政，普天景仰，率土傒心，欲隆獨善，不以萬物爲意，其若宗廟何，其若億兆何！」顯祖曰：「儲宮正統，受終文祖，羣公相之，有何不可。」於是傳位於高祖。

後蠕蠕犯塞，雲爲中軍大都督，從顯祖討之，遇於大磧。事具蠕蠕傳。後仇池氐反，以雲爲征西大將軍討平之。除都督徐兗二州緣淮諸軍事、征東大將軍、開府、徐州刺史。雲以太妃蓋氏薨〔二〕，表求解任，顯祖不許，雲悲號動疾，乃許之。性善撫綏，得徐方之心，爲百姓所追戀。送遺錢貨，一無所受。顯祖聞而嘉之。復拜侍中、中都大官，賜帛千匹、羊千口。出爲冀州刺史，仍本將軍。雲留心政事，甚得下情，於是合州請户輸絹五尺〔三〕、粟五升以報雲恩。高祖嘉之，遷使持節、都督陝西諸軍事、征南大將軍、長安鎮都大將、雍州刺史。雲廉謹自修，留心庶獄，挫抑豪彊，羣盜息止，州民頌之者千有餘人。文明太后嘉之，賜帛千匹。太和五年，薨於州。遺令薄葬，勿受賵襚。諸子奉遵其旨。喪至京師，車駕親臨，哭之哀慟，贈以本官，謚曰康。陪葬雲中之金陵。

雲長子澄，字道鎮〔四〕，少而好學。及康王薨，澄居喪以孝聞。襲封，加征北大將軍。高祖時，蠕蠕犯塞，加澄使持節、都督北討諸軍事以討之。蠕蠕遁走，又以氐羌反叛，除都督梁益荆三州諸軍事、征南大將軍、梁州刺史。文明太后引見澄，誡厲之，顧謂中書令李沖曰：「此兒風神吐發，德音閑婉，當爲宗室領袖。是行使之必稱我意。卿但記之，我不妄談人物也。」梁州氐帥楊仲顯、婆羅、楊卜兄弟及符叱盤等，自以居邊地險，世爲凶狡〔五〕。澄至州，量彼風俗，誘導懷附。表送婆羅，授仲顯循城鎮副將，楊卜廣業太守，叱盤固道鎮副將〔六〕，自餘首帥，各隨才而用之，款附者賞，違命加誅，於是仇池帖然，西南款順。加侍中，賜衣一襲、乘馬一匹〔七〕，以旌其能。

後轉征東大將軍、開府、徐州刺史，甚有聲績。朝於京師，引見於皇信堂。高祖詔澄曰：「昔鄭子產鑄刑書，而晉叔向非之。此二人皆是賢士，得失竟誰？」對曰：「鄭國寡弱，攝於彊鄰，民情去就，非刑莫制，故鑄刑書以示威。雖乖古式，合今權道，隨時濟世，子產爲得。而叔向譏議，示不忘古，可與論道，未可語權。」高祖曰：「任城當欲爲魏之子產也。」澄曰：「子產道合當時，聲流竹素。臣既庸近，何敢庶幾。今陛下以四海爲家，宣文德以懷天下，但江外尚阻，車書未一，季世之民，易以威伏，難以禮治。愚謂子產之法，猶應暫用，大同之後，便以道化之。」高祖心方革變，深善其對，笑曰：「非任城無以識變化之體。朕方刱改朝制，當與任城共萬世之功耳。」

後徵爲中書令，改授尚書令。蕭賾使庾蓽來朝，蓽見澄音韻遒雅，風儀秀逸，謂主客郎張彝曰：「往魏任城以武著稱，今魏任城乃以文見美也。」時詔延四廟之子，下逮玄孫之胄，申宗宴於皇信堂，不以爵秩爲列，悉序昭穆爲次，用家人之禮。高祖曰：「行禮已畢，欲令宗室各言其志，可率賦詩。」特令澄爲七言連韻，與高祖往復賭賽，遂至極懽，際夜乃罷。

後高祖外示南討，意在謀遷，齋於明堂左个，詔太常卿王諶，親令龜卜，易筮南伐之事，其兆遇革。高祖曰：「此是湯武革命，順天應人之卦也。」羣臣莫敢言。澄進曰：「易言革者更也。將欲應天順人，革君臣之命，湯武得之爲吉。陛下帝有天下，重光累葉。今曰卜征〔八〕，乃可伐叛，不得云革命。此非君人之卦，未可全爲吉也。」高祖厲聲曰：「象云『大人虎變』，何言不吉也！」澄曰：「陛下龍興既久，豈可方同虎變！」高祖勃然作色曰：「社稷我社稷，任城而欲沮衆也！」澄曰：「社稷誠知陛下之社稷，然臣是社稷之臣子，豫參顧問，敢盡愚衷。」高祖既銳意必行，惡澄此對，久之乃解，曰：「各言其志，亦復何傷。」車駕還宮，便召澄，未及昇階，遙謂曰：「向者之革卦，今更欲論之。明堂之忿，懼衆人競言，阻我大計，故厲色怖文武耳，想解朕意也。」乃獨謂澄曰：「今日之行，誠知不易。但國家興自北土，徙居平城，雖富有四海，文軌未一，此間用武之地，非可文治，移風易俗，信爲甚難。崤函帝宅，河洛王里，因茲大舉，光宅中原，任城意以爲何如？」澄曰：「伊洛中區，均天下所據，陛下制御華夏，輯平九服，蒼生聞此，應當大慶。」高祖曰：「北人戀本，忽聞將移，不能不驚擾也。」澄曰：「此既非常之事，當非常人所知，唯須決之聖懷，此輩亦何能爲也。」高祖曰：「任城便是我之子房。」加撫軍大將軍、太子少保，又兼尚書左僕射。及駕幸洛陽，定遷都之策，高祖詔曰：「遷移之旨，必須訪衆。當遣任城馳駟向代，問彼百司，論擇可否。近日論革，今真所謂革也，王其勉之。」既至代都，衆聞遷詔，莫不驚駭。澄援引今古，徐以曉之，衆乃開伏。澄遂南馳還報，會車駕於滑臺。高祖大悦曰：「若非任城，朕事業不得就也。」從幸鄴宮，除吏部尚書。

及幸代，車駕北巡，留澄銓簡舊臣。初，魏自公侯以下，迄于選臣，動有萬數，冗散無事。澄品爲三等，量其優劣，盡其能否之用，咸無怨者。駕還洛京，復兼右僕射。

高祖至北邙，遂幸洪池，命澄侍昇龍舟，因賦詩以序懷。高祖曰：「朕昨夜夢一老公，頭鬢皓白，正理冠服，拜立路左。朕怪而問之，自云晉侍中嵇紹，故此奉迎。神爽卑懼，似有求焉。」澄對曰：「晉世之亂，嵇紹以身衛主，殞命御側，亦是晉之忠臣；比干遭紂兇虐，忠諫剖心，可謂殷之良士。二人俱死於王事，墳塋並在於道周。然陛下徙御瀍洛，經殷墟而弔比干〔九〕，至洛陽而遺嵇紹，當是希恩而感夢。」高祖曰：「朕何德，能幽感達士也。然實思追禮先賢，標揚忠懿，比干、嵇紹皆是古之誠烈，而朕務濃於比干，禮略於嵇紹，情有愧然。既有此夢，或如任城所言。」於是求其兆域，遣使弔祭焉。

蕭鸞既殺蕭昭業而自立，昭業雍州刺史曹虎請以襄陽内附。分遣諸將，車駕將自赴之。豫州又表，虎奉誠之使不復重來。高祖引澄及咸陽王禧、彭城王勰、司徒馮誕、司空穆亮、鎮南李沖等議之。高祖曰：「比得邊州表，云襄陽慕化，朕將鳴鑾江沔，爲彼聲勢。今復表稱，更無後信，於行留之計，竟欲如何？」禧等或云宜行，或言宜止。高祖曰：「衆人紛紜，意見不等，朕莫知所從。必欲盡行留之勢，使言理俱暢者，宜有客主，共相起發。任城與鎮南爲應留之議，朕當爲宜行之論，諸公俱坐聽得失，長者從之。」於是高祖曰：「二賢試言留計也。」沖對曰：「臣等正以徒御草刱〔一〇〕，人斯樂安，内而應者未審〔一一〕，不宜輕爾動發。」高祖曰：「襄陽款問似當是虛。亦知初遷之民，無宜勞役。脫歸誠有實，即當乘其悅附，遠則有會稽之會，近則略平江北。如其送款是虛，且可遊巡淮楚，問民之瘼，使彼土蒼生知君德之所在，復何所損而惜此一舉？脫降問是實，而停不撫接，不亦稽阻款誠，毀朕大略也。」澄曰：「降問若審，應有表質。而使人一返，靜無音問，其詐也可見。今代遷之衆，人懷戀本，細累相攜，始就洛邑，居無一椽之室，家闕檐石之糧，而使怨苦即戎，泣當白刃，恐非歌儛之師也。今茲區宇初構，又東作方興，正是子來百堵之日，農夫肆力之秋，宜寬彼逋誅，惠此民庶。且三軍已援，無稽赴接。苟其款實，力足納撫，待剋平襄沔，然後動駕。今無故勞涉，空爲往返，恐挫損天威，更成賊膽，願上覽盤庚始遷之艱難，下矜詩人由庚之至詠，輯寧新邑，惠康億兆。」而司空亮以爲宜行，公卿皆同之。澄謂亮曰：「公在外見旌鉞既張，而有憂色，每聞談論，不願此行，何得對聖顏更如斯之語也。面背不同，事涉欺佞，非所謂論道之德，更失國士之體，或有傾側，當由公輩佞臣。」李沖曰：「任城王可謂忠於社稷，願陛下深察其言。臣等在外，皆憚征行，唯貴與賤，不謀同辭，仰願聖心裁其可否。」高祖曰：「任城適以公等從朕，有如此論。不從朕者，何必皆忠而通識安危也。小忠是大忠之賊，無乃似諸？」澄曰：「臣既愚闇，不識大理，所可言者，雖涉小忠，要是竭盡微款，不知大忠者竟何據？」高祖曰：「任城脱居台鼎之任，欲令大忠在己也。」澄曰：「臣誠才非台弼，智闕和鼎，脱得濫居公鉉，庶當官而行，不負愚志。」高祖大笑。澄又謂亮曰：「昔汲黯於漢武前面折公孫食脱粟飯，卧布被，云其詐也。于時公孫謙讓下之。武帝歎汲黯至忠，公孫長者，二人稱賢。公既道均昔士，願思長者之言。」高祖笑曰：「任城欲自比汲黯也。且所言是公，未知得失所在，何便謝司空也。」駕遂南伐。

五等開建，食邑一千户。後從征至懸瓠，以篤疾還京。駕餞之汝濆，賦詩而别。車駕還洛，引見王公侍臣於清徽堂。高祖曰：「此堂成來，未與王公行宴樂之禮。後東閣廡堂粗復始就，故今與諸賢欲無高而不昇，無小而不入。」因之流化渠。高祖曰：「此曲水者亦有其義，取乾道曲成，萬物無滯。」次之洗煩池。高祖曰：「此池中亦有嘉魚。」澄曰：「此所謂『魚在在藻，有頒其首』。」高祖曰：「且取『王在靈沼，於牣魚躍』。」次之觀德殿。高祖曰：「射以觀德，故遂命之。」次之凝閑堂。高祖曰：「名目要有其義，此蓋取夫子閑居之義。不可縱奢以忘儉，自安以忘危，故此堂後作茅茨堂。」謂李沖曰：「此東曰步元廡，西曰遊凱廡。此堂雖無唐堯之君，卿等當無愧於元、凱。」沖對曰：「臣既遭唐堯之君，不敢辭元、凱之譽。」高祖曰：「光景垂落，朕同宗則有載考之義，卿等將出無遠，何得默爾，不示德音。」即命黄門侍郎崔光、郭祚，通直郎邢巒、崔休等賦詩言志。燭至，公卿辭退。李沖再拜上千萬歲壽。高祖曰：「卿向以燭至致辭，復獻千萬之壽，朕報卿以南山之詩。」高祖曰：「燭至辭退，庶姓之禮；在夜載考，宗族之義。卿等且還，朕與諸王宗室欲成此夜飲。」

又從幸鄴。還洛，以出納之勞，增邑五百户。坐公事免官。尋兼吏部尚書。恒州刺史穆泰在州謀反，推朔州刺史、陽平王頤爲主。頤表其狀。高祖召澄入見凝閑堂，曰：「適得陽平表曰，穆泰謀爲不軌，招誘宗室。脱或必然，遷京甫爾，北人戀舊，南北紛擾，朕洛陽不立也。此事非任城不辦，可爲我力疾向北。如其弱也，直往擒翦；若其勢彊，可承制發并肆兵以殄之。雖知王患，既是國家大事，不容辭也。」澄曰：「泰等愚惑，正戀本爲此，非有遠圖。臣誠怯弱，不憚是輩，雖復患惙，豈敢有辭。謹當罄盡心力，繼之以死，願陛下勿憂。」高祖笑曰：「得任城此行，朕復何憂也。」遂授節，銅虎、竹使符，御仗，左右，仍行恒州事。行達鴈門，太守夜告泰已握衆西就陽平，城下聚結，唯見弓仗。澄聞便速進。時右丞孟斌曰：「事不可量，須依敕召并肆兵，然後徐動。」澄曰：「泰既構逆，應據堅城，而更迎陽平，度其所爲，似當勢弱。泰既不相拒，無故發兵，非宜也。但速往鎮之，民心自定。」遂倍道兼行，出其不意。又遣治書侍御史李煥先赴，至即擒泰，民情怡然。窮其黨與，罪人皆得，鉅鹿公陸叡、安樂侯元隆等百餘人皆獄禁。具狀表聞，高祖覽表大悅，召集公卿以下以表示之，曰：「我任城可謂社稷臣也，尋其罪案，正復皋陶斷獄，豈能過之。」顧謂咸陽王等曰：「汝等脱當其處，不能辦此。」車駕尋幸平城，勞澄曰：「任城此行，深副遠寄。」對曰：「陛下威靈遠被，罪人無所逃刑，臣何勞之有。」引見逆徒，無一人稱枉，時人莫不歎之。高祖顧謂左右曰：「昔仲尼云：『聽訟吾猶人也，必也使無訟乎。』然聖人之聽訟，殆非常人所匹，必也無訟，今日見之矣。」以澄正尚書。

車駕南伐，留澄居守，復兼右僕射。澄表請以國秩一歲租布帛助供軍資，詔受其半。

高祖幸鄴，值高車樹者反叛，車駕將親討之。澄表諫不宜親行。會江陽王繼平之，乃止。高祖還洛，引見公卿。高祖曰：「營國之本，禮教爲先。朕離京邑以來，禮教爲日新以不？」澄對曰：「臣謂日新。」高祖曰：「朕昨入城，見車上婦人冠帽而著小襦襖者，若爲如此，尚書何爲不察？」澄曰：「著猶少於不著者。」高祖曰：「深可怪也！任城意欲令全著乎？一言可以喪邦者，斯之謂歟？可命史官書之。」又曰：「王者不降佐於蒼昊，皆拔才而用之。朕失於舉人，任許一羣婦人輩奇事〔二〕，當更銓簡耳。任城在省，爲舉天下綱維，爲當署事而已？」澄曰：「臣實署事而已。」高祖曰：「如此便一令史足矣，何待任城。」又曰：「我遣舍人宣詔，何爲使小人聞之？」澄曰：「時雖有幹吏，去榜亦遠。」高祖曰：「遠則不聞，聞則不遠。既得聞詔，理故可知。」於是留守羣臣遂免冠謝罪。尋除尚書右僕射。

蕭寶卷遣其太尉陳顯達入寇漢陽。是時高祖不豫，引澄入見清徽堂。詔曰：「顯達侵亂，沔陽不安，朕不親行，莫攘此賊。朕疾患淹年，氣力惙弊，如有非常，委任城大事。是段任城必須從朕。」澄涕泣對曰：「臣謹當竭股肱之力，以命上報。」遂從駕南伐。高祖崩，澄受顧命。

世宗初，有降人嚴叔懋告尚書令王肅遣孔思達潛通寶卷，圖爲叛逆，寶卷遣俞公喜送勑於肅，公喜還南，肅與裴叔業馬爲信。澄信之，乃表肅將叛，輒下禁止。咸陽、北海二王奏澄擅禁宰輔，免官歸第。

尋出爲平西將軍、梁州刺史。辭以母老。除安東將軍、相州刺史，復固辭。改授安西將軍、雍州刺史。尋徵赴季秋講武。除都督淮南諸軍事、鎮南大將軍、開府、揚州刺史。下車封孫叔敖之墓，毁蔣子文之廟。頻表南伐，世宗不許。又辭母老，乞解州任，寢而不報。加散騎常侍。

澄表曰：「臣參訓先朝，藉規有日，前言舊軌，頗亦聞之。又昔在恒代，親習皇宗，熟祕序疑庭無闕日。臣每於侍坐，先帝未常不以書典在懷，禮經爲事，周旋之則，不輟於時。自鳳舉中京，方隆禮教，宗室之範，每蒙委及，四門之選，負荷銓量。自先皇升遐，未遑修述，學宫虚荷四門之名，宗人有闕四時之業，青衿之緒，於兹將廢。臣每惟其事，竊所傷懷。伏惟聖略宏遠，四方罕務，宴安之辰，於是乎在。何爲太平之世，而令子衿之歎興焉；聖明之日，而使宗人之訓闕焉。愚謂可勑有司，修復皇宗之學，開闢四門之教，使將落之族，日就月將。」詔曰：「胄子崇業，自古盛典，國均之訓，無應久廢，尚書更可量宜修立。」澄又表母疾解州任，不聽。

蕭衍將張囂之寇陷夷陵戍〔一三〕，澄遣輔國將軍成興步騎赴討，大破之，復夷陵，囂之遁走。又遣長風戍主奇道顯攻蕭衍陰山戍，破之，斬其戍主龍驤將軍、都亭侯梅興祖。仍引攻白稾戍，又破之，斬其寧朔將軍、關内侯吴道爽。澄表曰：「蕭衍頻斷東關，欲令巢湖汎溢。湖周回四百餘里，東關合江之際，廣不過數十步，若賊計得成，大湖傾注者，則淮南諸戍必同晉陽之事矣。又吴楚便水，且灌且掠，淮南之地將非國有。壽陽去江五百餘里，衆庶惶惶，並懼水害。脱乘民之願，攻敵之虚，豫勒諸州，纂集士馬，首秋大集，則南瀆可爲飲馬之津，霍嶺必成徙倚之觀，事貴應機，經略須早。縱混一不可必果，江西自是無虞。若猶豫緩圖，不加除討，關塞既成，襄陵方及，平原民戍定爲魚矣。」詔發冀、定、瀛、相、并、濟六州二萬人，馬一千五百匹，令仲秋之中畢會淮南，并壽陽先兵三萬，委澄經略。

先是朝議有南伐之意，以蕭寶夤爲東揚州刺史據東城，陳伯之爲江州刺史戍陽石，以澄總督二鎮，授之節度。至是勒兵進討。以東關水衝，大峴險要，東關縱水，陽石、合肥有急懸之切，不圖大峴，則歷陽有乘險之援，淮陵陸道，九山水路，並宜經略。於是遣統軍傅豎眼、王神念等進次大峴、東關、九山、淮陵，皆分部諸將，倍道據之，總勒大衆，絡繹相接。而神念剋其關要、潁川二城，斬衍軍主費尼。而寧朔將軍韋惠、龍驤將軍李伯由仍固大峴。澄遣統軍党法宗、傅豎眼等進軍克之，遂圍白塔、牽城，數日之間，便即逃潰。衍清溪戍望風散走。衍徐州刺史司馬明素率衆三千，欲援九山；徐州長史潘伯隣規固淮陵；寧朔將軍王燮負險焦城。法宗進克焦城，破淮陵，擒明素，斬伯隣。其濟陰太守王厚彊、廬江太守裴邃即亦奔退。詔澄曰：「將軍文德内昭，武功外暢，奮揚大略，將蕩江吴。長旌始舒，賊徒懾氣，鋭旅方馳，東關席卷。想江湖弭波，在旦夕耳。所送首虜，並已聞之。」

初，澄出討之後，衍將姜慶真襲據壽春外郭，齊王蕭寶夤擊走之。長史韋纘坐免官〔一四〕，澄以在外無坐。遂攻鍾離。又詔：「鍾離若食盡，三月已前，固有可剋，如至四月，淮水泛長，舟行無礙，宜善量之。前事捷也，此實將軍經略，勳有常焉。如或以水盛難圖，亦可爲萬全之計，不宜昧利無成，以貽後悔也。」蕭衍冠軍將軍張惠紹、游擊將軍殷暹、驍騎將軍趙景悦、龍驤將軍張景仁等率衆五千，送糧鍾離。澄遣統軍王足、劉思祖等邀擊惠紹等，大破之。獲惠紹、殷暹、景仁及其屯騎校尉史文淵等軍主以上二十七人。既而遇雨，淮水暴長，引歸壽春。還既狼狽，失兵四千餘人。頻表解州，世宗不許。有司奏軍還失路，奪其開府，又降三階。時蕭衍有移，求换張惠紹。澄表請不許，詔付八座會議。尚書令、廣陽王嘉等奏宜還之，詔乃聽還。後果復寇邊。

轉澄鎮北大將軍、定州刺史。初，民中每有横調，百姓煩苦，前後牧守，未能蠲除，澄多所省減，民以忻賴。又明黜陟賞罰之法，表減公園之地，以給無業貧口，禁造布絹不任衣者。母孟太妃薨，居喪毁瘠，當世稱之。服闋，除太子太保。

於時高肇當朝，猜忌賢戚。澄爲肇間構，常恐不全，乃終日昏飲，以示荒敗。所作詭越，時謂爲狂。

世宗夜崩，時事倉卒，高肇擁兵於外，肅宗沖幼，朝野不安。澄疎斥不預機要，而朝望所屬，領軍于忠、侍中崔光等奏澄爲尚書令，於是衆心忻服。又加散騎常侍、驃騎大將軍，尋遷司空，加侍中，俄詔領尚書令。

初，正始之末，詔百司普昇一級，而執事者不達旨意，刺史、守、令限而不及。澄奏曰：「竊惟雲構鬱起，澤及百司，企春望榮，内外同慶。至於賞陟，不及守宰，爾來十年，冤訟不絶。封回自鎮遠、安州入爲太尉長史，元匡自征虜、恒州入作宗卿，二人遷授，並在先詔。應蒙之理，備在於斯。兼州佐停私之徒，陪臣郡丞之例，尚蒙天澤下降，榮及當時。然參佐之來，皆因府主，今府主不霑，佐官獨預，棄本賞末，愚謂未允。今計刺史、守、宰之官，請準封回[一五]，悉同汎限，上允初旨百司之章，下覆訟者元元之心。」詔曰：「自今已後，内外之事，嘗經先朝者，不得重聞。」澄奏曰：「臣聞堯懸諫諍之鼓，舜置誹謗之木，皆所以廣耳目於芻蕘，達四聰於天下。伏惟太祖開基，化隆自遠，累聖相承，於今九帝。重光疊照，污隆必同，與奪隨時，道無恒體。思過如渴，言重千金，故稱無諱之朝，邁蹤三五。高祖沖年纂曆，文明協統，變官易律，未爲違典。及慈聖臨朝，母儀寓縣，爰發慈令，垂心滯獄，深枉者仰日月於九泉，微屈者希曲照於盆下。今乃格以先朝，限以一例，斯誠奉遵之本心，實乖元元之至望。在于謙挹，有乖舊典。謹尋抱枉求直，或經累朝。毫釐之差，正之宜速；謬若千里，駟馬弗追。故禮有損益，事有可否，父有諍子，君有諫臣，琴瑟不調，理宜改作。是以防川之論，小決則通；鄉校之言，擁則敗國。矧伊陳屈，而可抑以先朝。且先朝屈者，非故屈之，或有司愛憎，或執事濁僻，空文致法，以誤視聽。如此冤塞，彌在可哀。僭之與濫，寧失不經，乞收今旨，還依前詔。」詔曰：「省奏，深體毗贊之情，三皇異軌，五代殊風，一時之制，何必詮改。必謂虛文設旨，理在可申者，何容不同來執。可依往制。」

澄表上皇誥宗制并訓詁各一卷，意欲皇太后覽之，思勸戒之益。又奏利國濟民所宜振舉者十條。一曰律度量衡，公私不同，所宜一之。二曰宜興學校，以明黜陟之法。三曰宜興滅繼絕，各舉所知。四曰五調之外，一不煩民〔一六〕，任民之力，不過三日。五曰臨民之官，皆須黜陟，以旌賞罰。六曰逃亡代輸，去來年久者，若非伎作，任聽即住。七曰邊兵逃走，或實陷没，皆須精檢；三長及近親，若實隱之，徵其代輸，不隱勿論。八曰工商世業之户，復徵租調，無以堪濟，今請免之，使專其業。九曰三長禁姦，不得隔越相領，户不滿者，隨近并合。十曰羽林虎賁，邊方有事，暫可赴戰，常戍宜遣蕃兵代之。靈太后下其奏，百寮議之，事有同否。

時四中郎將兵數寡弱，不足以襟帶京師，澄奏宜以東中帶滎陽郡，南中帶魯陽郡，西中帶恒農郡，北中帶河内郡，選二品、三品親賢兼稱者居之，省非急之作，配以彊兵，如此則深根固本、彊幹弱枝之義也。靈太后初將從之，後議者不同，乃止。澄又重奏曰：「固本宜彊，防微在豫，故雖有文事，不忘武功。況今南蠻仍獷，北妖頻結，來事難圖，勢同往變。脱暴勃忽起，振動關畿，四府羸卒，何以防擬。平康之世，可以寄安，遺之久長，恐非善策。如臣愚見，郎將領兵，兼總民職，省官實禄，於是乎在。求還依前增兵益號，將位既重，則念報亦深，軍郡相依，則表裏俱濟，朝廷無四顧之憂，姦宄絶窺覦之望矣。」卒不納。又以流人初至遠鎮，衣食無資，多有死者，奏并其妻子給糧一歲，從之。尋以疾患，求解任，不許。

蕭衍於浮山斷淮爲堰，以灌壽春，乃除使持節、大將軍、大都督、南討諸軍事，勒衆十萬，將出彭宋，尋淮堰自壞，不行。

澄以北邊鎮將選舉彌輕，恐賊虜闚邊，山陵危迫，奏求重鎮將之選，修警備之嚴，詔不從。賊虜入寇，至於舊都，鎮將多非其人，所在叛亂，犯逼山陵，如澄所慮。澄奏都城府寺猶未周悉，今軍旅初寧，無宜發衆，請取諸職人及司州郡縣犯十杖已上百鞭已下收贖之物，絹一匹，輸塼二百，以漸修造。詔從之。太傅、清河王懌表奏其事，遂寢不行。

澄又奏曰：「臣聞賞必以道，用防淫人之姦；罰不濫及，以戒良士之困。刑者，侀也。每垂三宥，秉律執請，不得已而用之。是故小大之獄，察之以情，一人呼嗟，或虧王道。刑罰得失，乃興廢之所由也。竊聞司州牧、高陽王臣雍栲殺奉朝請韓元昭、前門下録事姚敬賢，雖因公事，理實未盡。何者？太平之世，草不横伐，行葦之感，事驗隆周。若昭等狀彰，死罪以定，應刑於都市，與衆棄之；如其疑似不分，情理未究，不宜以三清九流之官杖下便死，輕絶民命，傷理敗法。往年州於大市鞭殺五人，及檢贓狀，全無寸尺。今復酷害，一至於此。朝野云云，咸懷驚愕。若殺生在下，虐專於臣，人君之權，安所復用。自開古以來，明明之世，未聞斯比也。武王曰：『吾不以一人之命而易天下。』蓋重民命也。請以見事付廷尉推究，驗其爲劫之狀，察其栲殺之理，使是非分明，幽魂獲雪。」詔從之。

澄當官而行，無所回避。又奏墾田授受之制八條，甚有綱貫，大便於時。前來尚書文簿，諸曹須，則出借。時公車署以理冤事重，奏請真案。澄執奏以尚書政本，特宜遠慎，故凡所奏事，閣道通之，蓋以祕要之切，防其宣露，寧有古制所重，今反輕之，内猶設禁，外更寬也。宜繕寫事意，以付公車。詔從之。西域嚈噠、波斯諸國各因公使，並遺澄駿馬一匹。澄請付太僕，以充國閑。詔曰：「王廉貞之德，有過楚相，可敕付廐，以成君子大哉之美。」

御史中尉、東平王匡奏請取景明元年以來内外考簿、吏部除書、中兵勳案并諸殿最，欲以案校竊階盜官之人，靈太后許之。澄表曰：

臣聞三季之弊，由於煩刑；火德之興，在於三約。是以老聃云「法令滋彰，盜賊多有」，又曰「其政察察，其民缺缺」，又曰「天網恢恢，疏而不漏」。是故欲求治本，莫若省事清心。昔漢文斷獄四百，幾致刑措，省事所致也。蕭曹爲相，載其清靜畫一之歌，清心之本也。今欲求之於本，宜以省事爲先，使在位羣官，纂蕭曹之心，以毗聖化。如此，則上下相安，遠近相信，百司不怠，事無愆失。豈宜擾世教以深文，烹小鮮以煩手哉。

臣竊惟景明之初暨永平之末，内外羣官三經考課。逮延昌之始，方加黜陟。五品以上，引之朝堂，親決聖目；六品以下，例由敕判。自世宗晏駕，大宥三行，所以蕩除故意，與物更始。革世之事，方相窮覈，以臣愚見，謂爲不可。

又尚書職分，樞機出納。昔魏明帝卒至尚書門，陳矯亢辭，帝慚而返。夫以萬乘之重，非所宜行，猶屈一言，慚而回駕，羣官百司，而可相亂乎？故陳平不知錢穀之數，邴吉不問僵道之死，當時以爲達治，歷代用爲美談。但宜各守其職，思不出位，潔己以勵時，靖恭以致節。又尋御史之體，風聞是司，至於冒勳妄考，皆有處別，若一處有風謡，即應攝其一簿，研檢虚實，若差舛不同，僞情自露，然後繩以典刑，人孰不服。豈有移一省之案，取天下之簿，尋兩紀之事，窮革世之尤，如此求過，誰堪其罪！斯實聖朝所宜重慎也。

靈太后納之，乃止。

後遷司徒公，侍中、尚書令如故。澄又表曰：

伏惟世宗宣武皇帝命將授旗，隨陸啓顙；運籌制勝，淮漢自賓。節用勞心，志清六合，是故纘武修文，仍世彌盛。陛下當周康靖治之時，豈得晏安於玄默。然取外之理，要由内彊；圖人之本，先在自備。蕭衍雖虐使其民，而窺覦不已。若遇我虚疲，士民凋窘，賊衍年老志張，思播虺毒，此之弗圖，恐受其病。伏惟陛下妙齡在位，聖德方昇；皇太后總御天機，乾乾夕惕。若留意於負荷，忿車書之未一。進賢拔能，重官人之舉；標賞忠清，旌養人之器；修干戈之用，畜熊虎之士；愛時鄙財，輕寶重穀。七八年間，陛下聖略方剛，親王德幹壯茂，將相膂力未衰，愚臣猶堪戎伍，荷戈帶甲之衆蓄鋭於今，燕弧冀馬之盛充牣在昔；又賊衍惡積禍盈，勢不能久，子弟闇悖，釁逆已彰，亂亡之兆，灼然可見。兼弱有徵，天與不遠，大同之機，宜須蓄備。昔漢帝力疾，討滅英布；高皇臥病，親除顯達。夫以萬乘之主，豈忘宴安，實以侵名亂正，計不得已。今宜慕二帝之遠圖，以肅寧爲大任。

然頃年以來，東西難寇，艱虞之興，首尾連接，雖尋得翦除，亦大損財力。且饑饉之氓，散亡莫保，收入之賦不增，出用之費彌衆，不愛力以悅民，無豐資以待敵，此臣所以夙夜懷憂，悚息不寧者也。易曰：「何以守位曰仁，何以聚人曰財。」故曰：財者，非天不生，非地不長，非時不成，非人不聚。生聚之由，如此其難；集人守位，若此之重。興替之道，焉可不慮。又古者使民，歲不過三日，食壯者之糧，任老者之智。此雖太平之法，難卒而因；然妨民害財，不亦宜戒！今墉雉素修，廄庫崇列，雖府寺膠轕，少有未周，大抵省府粗得庇憩理務，諸寺靈塔俱足致虔講道。唯明堂辟雍，國禮之大。來冬司徒兵至，請籌量減徹，專力經營，務令早就。其廣濟數施之財，酬商互市之弊，凡所營造，自非供御切須，戎仗急要，亦宜微減，以務阜積，庶府無橫損，民有全力。夫食土簋而嫣德昭，寢卑室而禹功盛，章臺麗而楚力衰，阿宮壯而秦財竭，存亡之由，灼然可覩。願思前王一同之功，畜力聚財，以待時會。

靈太后銳於繕興，在京師則起永寧、太上公等佛寺，功費不少，外州各造五級佛圖。又數爲一切齋會，施物動至萬計。百姓疲於土木之功，金銀之價爲之踊上，削奪百官事力，費損庫藏，兼曲賚左右，日有數千。澄故有此表。雖卒不從，常優答禮之。政無大小，皆引參決。澄亦盡心匡輔，事有不便於民者，必於諫諍，雖不見用，殷勤不已，内外咸敬憚之。

神龜二年薨，年五十三。賻布一千二百匹、錢六十萬、蠟四百斤，給東園温明祕器、朝服一具、衣一襲；大鴻臚監護喪事，詔百寮會喪〔一七〕；贈假黄鉞、使持節、都督中外諸軍事、太傅，領太尉公；加以殊禮，備九錫，依晉大司馬齊王攸故事；謚曰文宣王。澄之葬也，凶飾甚盛。靈太后親送郊外，停輿悲哭，哀動左右。百官會赴千餘人，莫不歔欷。當時以爲哀榮之極。第四子彝襲。

彝，字子倫，繼室馮氏所生，頗有父風。拜通直散騎常侍。及元叉專權，而彝恥於託附，故不得顯職。莊帝初，河陰遇害，贈車騎將軍、儀同三司、青州刺史。謚曰文。子度世，襲。武定中，金紫光禄大夫。齊受禪，爵例降。

彝兄順，字子和。九歲師事樂安陳豐，初書王羲之小學篇數千言〔一八〕，晝夜誦之，旬有五日，一皆通徹。豐奇之，白澄曰：「豐十五從師，迄于白首，耳目所經，未見此比，江夏黄童，不得無雙也。」澄笑曰：「藍田生玉，何容不爾。」十六，通杜氏春秋，恒集門生，討論同異。于時四方無事，國富民康，豪貴子弟率以朋遊爲樂，而順下帷讀書，篤志愛古。性謇謂，淡於榮利，好飲酒，解鼓琴，能長吟永歎，吒詠虛室。世宗時，上魏頌〔一九〕，文多不載。

起家爲給事中。時尚書令高肇帝舅權重，天下人士望塵拜伏。順曾懷刺詣肇門，門者以其年少，答云「在坐大有貴客」，不肯爲通。順叱之曰：「任城王兒，可是賤也！」及見，直往登牀，捧手抗禮，王公先達，莫不怪慴，而順辭吐傲然，若無所覩。肇謂衆賓曰：「此兒豪氣尚爾，況其父乎！」及出，肇加敬送之。澄聞之，大怒，杖之數十。後超轉中書侍郎，俄遷太常少卿。以父憂去職，哭泣嘔血，身自負土。時年二十五，便有白髮，免喪抽去，不復更生，世人以爲孝思所致。

尋除給事黃門侍郎。時領軍元叉威勢尤盛，凡有遷授，莫不造門謝謁。順拜表而已，曾不詣叉。叉謂順曰：「卿何謂聊不見我？」順正色曰：「天子富於春秋，委政宗輔，叔父宜以至公爲心，舉士報國，如何賣恩，責人私謝，豈所望也！」至於朝論得失，順常鯁言正議，曾不阿旨，由此見憚。出除平北將軍、恒州刺史。順謂叉曰：「北鎮紛紜，方爲國梗，桑乾舊都，根本所繫，請假都督，爲國捍屏。」叉心疑難，不欲授以兵官，謂順曰：「此朝廷之事，非我所裁。」順曰：「叔父既握國柄，殺生由己，自言天之歷數應在我躬，何得復有朝廷也！」叉彌忿憚之。轉爲安東將軍、齊州刺史。順自負有才，不得居內，每懷鬱怏，形於言色，遂縱酒歡娛，不親政事。叉解領軍，徵爲給事黃門侍郎。親友郊迎，賀其得入。順曰：「不患不入，正恐入而復出耳。」俄兼殿中尚書，轉侍中。初，中山王熙起兵討元叉，不果而誅，及靈太后反政，方得改葬。順侍坐西遊園，因奏太后曰：「臣昨往看中山家葬，非唯宗親哀其冤酷，行路士女，見其一家七喪，皆爲潸然，莫不酸泣。」叉妻時在太后側，順指之曰：「陛下奈何以一妹之故，不伏元叉之罪，使天下懷冤！」太后嘿然不語。

就德興反於營州，使尚書盧同往討之，大敗而返。屬侍中穆紹與順侍坐，因論同之罪。同先有近宅借紹，紹頗欲爲言。順勃然曰：「盧同終將無罪！」太后曰：「何得如侍中之言？」順曰：「同有好宅與要勢侍中，豈慮罪也。」紹慚，不敢復言。靈太后頗事妝飾，數出遊幸。順面諍曰：「禮，婦人夫喪，自稱未亡人，首去珠玉，衣不被綵。陛下母臨天下，年垂不惑，過甚修飾，何以示後世？」靈太后慚而不出。還入宮，責順曰：「千里相徵，豈欲衆中見辱也！」順曰：「陛下盛服炫容，不畏天下所笑，何恥臣之一言乎？」

初，城陽王徽慕順才名，偏相結納。而廣陽王淵姦徽妻于氏，大爲嫌隙。及淵自定州被徵，入爲吏部尚書，兼中領軍。順爲詔書，辭頗優美。徽疑順爲淵左右，由是與徐紇間順於靈太后，出順爲護軍將軍、太常卿。順奉辭於西遊園，徽、紇侍側，順指之謂靈太后曰：「此人魏之宰嚭，魏國不滅，終不死亡。」紇脅肩而出。順遂抗聲叱之曰：「爾刀筆小人，正堪爲机案之吏，寧應忝茲執戟，虧我彝倫！」遂振衣而起。靈太后嘿而不言。時追論順父顧託之功，增任城王彝邑二千户，又析彝邑五百户以封順，爲東阿縣開國公。

順疾徽等間之，遂爲蠅賦曰：

余以仲秋休沐，端坐衡門，寄想琴書，託情紙翰，而蒼蠅小蟲，往來牀几，疾其變白，聊爲賦云：

遐哉大道，廓矣洪氛。肇立秋夏，爰啓冬春。既含育於萬性，又芻狗而不仁。隨因緣以授體，齊美惡而無分。生茲穢類，靡益於人。名備羣品，聲損衆倫。歊脛纖翼，紫首蒼身。飛不能迥，聲若遠聞。點緇成素，變白爲黑。寡愛蘭芳，偏貪穢食。集桓公之屍，居平叔之側。亂鷄鳴之響，毁皇宫之飾。習習户庭，營營榛棘。反覆往還，譬彼讒賊。膚受既通，譖潤罔極。緝緝幡幡，交亂四國。於是妖姬進，邪士來，聖賢擁，忠孝摧。周昌拘於牖里，天乙囚於夏臺。伯奇爲之痛結，申生爲之蒙災。鴟鴞悲其室，採葛懼其懷。小弁隕其涕，靈均表其哀。自古明哲猶如此，何況中庸與凡才。

若夫天生地養，各有所親。獸必依地，鳥亦憑雲。或來儀以呈祉，或自擾而見文。或負圖而歸德，或銜書以告真。或夭胎而奉味，或殘軀以獻珍。或主皮而興禮，或牢豢以供神。雖死生之異質，俱有益於國人。非如蒼蠅之無用，唯構亂於蒸民。

遂屬疾在家，杜絶慶弔。

後除吏部尚書，兼右僕射。及上省，登階向榻，見榻甚故，問都令史徐仵起。仵起曰：「此榻曾經先王坐。」順即哽塞，涕泗交流，久而不能言，遂令換之。時三公曹令史朱暉素事録尚書、高陽王雍，雍欲以爲廷尉評，頻請託順，順不爲用。雍遂下命用之，順投之於地。雍聞之，大怒，昧爽坐都廳，召尚書及丞郎畢集，欲待順至，於衆挫之。順日高方至，雍攘袂撫几而言曰：「身，天子之子，天子之弟，天子之叔，天子之相，四海之内，親尊莫二，元順何人，以身成命，投棄於地！」順鬚鬢俱張，仰面看屋，憤氣奔涌，長歔而不言。久之，摇一白羽扇，徐而謂雍曰：「高祖遷宅中土，刱定九流，官方清濁，軌儀萬古。而朱暉小子，身爲省吏，何合爲廷尉清官！殿下既先皇同氣，宜遵成旨，自有短垣而復踰之也。」雍曰：「身爲丞相、録尚書，如何不得用一人爲官？」順曰：「庖人雖不治庖，尸祝不得越樽俎而代之。未聞有别旨，令殿下參選事。」順又厲聲曰：「殿下必如是，順當依事奏聞！」雍遂笑而言曰：「豈可以朱暉小人，便相忿恨。」遂起，呼順入室，與之極飲。順之亢毅不撓，皆此類也。

後除征南將軍、右光禄大夫，轉兼左僕射。尒朱榮之奉莊帝，召百官悉至河陰，素聞順數諫諍，惜其亮直，謂朱瑞曰：「可語元僕射，但在省，不須來。」順不達其旨，聞害衣冠，遂便出走，爲陵戶鮮于康奴所害。家徒四壁，無物斂屍，止有書數千卷而已。門下通事令史王才達裂裳覆之。莊帝還宫，遣黄門侍郎山偉巡喻京邑。偉臨順喪，悲慟無已。既還，莊帝怪而問曰：「黄門何爲聲散？」偉以狀對。莊帝敕侍中元祉曰：「宗室喪亡非一，不可周贍。元僕射清苦之節，死乃益彰，特贈絹百匹，餘不得例。」贈驃騎大將軍、尚書令、司徒公、定州刺史，謚曰文烈。順撰帝録二十卷，詩賦表頌數十篇，今多亡失。

長子朗，時年十七。枕戈潛伏積年，乃手刃康奴，以首祭於順墓，然後詣闕請罪。朝廷嘉而不問。朗涉歷書記，爲司徒屬。天平中，爲奴所害。贈都督瀛冀二州諸軍事、□□將軍、尚書右僕射、冀州刺史。

順弟淑，淑弟悲，並早卒。

悲弟紀，字子綱。永熙中，給事黄門侍郎。隨出帝没於關中。

澄弟嵩，字道岳。高祖時，自中大夫遷員外常侍，轉步兵校尉。大司馬、安定王休薨，未及卒哭，嵩便遊田。高祖聞而大怒，詔曰：「嵩不能克己復禮，企心典憲，大司馬薨殂甫爾，便以鷹鷂自娱。有如父之痛，無猶子之情，捐心棄禮，何其太速！便可免官。」後從平沔北，累有戰功，除左中郎將，兼武衛將軍。

高祖南伐，蕭寶卷將陳顯達率衆拒戰。嵩身備三仗，免胄直前，將士從之，顯達奔潰，斬獲萬計。嵩於爾日勇冠三軍。高祖大悦而言曰：「任城康王大有福德，文武頓出其門。」以功賜爵高平縣侯，賚帛二千五百匹。

初，高祖之發洛也，馮皇后以罪幽於宮內。既平顯達，回次穀唐原，高祖疾甚，將賜后死，曰：「使人不易可得。」顧謂任城王澄曰：「任城必不負我，嵩亦當不負任城，可使嵩也。」於是引嵩入內，親詔遣之。

世宗即位，以武衞將軍兼侍中，出爲平南將軍、荆州刺史。嵩表曰：「蕭寶卷骨肉相殘，忠良先戮，臣下囂然，莫不離背，君臣攜貳，干戈日尋。流聞寶卷雍州刺史蕭衍兄懿於建業阻兵，與寶卷相持，荆郢二州刺史並是寶卷之弟，必有圖衍之志。臣若遣書相聞，迎其本謀，冀獲同心，并力除衍。平衍之後[二〇]，彼必旋師赴救丹陽，當不能復經營疆陲，全固襄沔。臣之軍威已得臨據，則沔南之地可一舉而收。緣漢曜兵，示以威德，思歸有道者則引而納之，受疑告危者則援而接之。總兵竚鋭，觀釁伺隙，若其零落之形已彰，怠懈之勢已著，便可順流摧鋒[二一]，長驅席卷。」詔曰：「所陳嘉謀，深是良計。如當機形可進，任將軍裁之。」既而蕭衍尋克建業，乃止。除平北將軍、恒州刺史。轉平東將軍、徐州刺史。又轉安南將軍、揚州刺史。

蕭衍湘州刺史楊公則率衆二萬，屯軍洛口，姜慶真領卒五千，據於首陂，又遣其左軍將軍騫小眼，軍主何天祚、張俊興等率衆七千，攻圍陸城，嵩乃遣統軍封邁、王會等步騎八千討之。邁達陸城，賊皆夜遁，追擊破之，斬獲數千，公則、慶真退還馬頭。衍徐州刺史昌義之屯據高皇，遣三軍潛寇陰陵，以淮水淺竭，不通船艦，屯於馬頭。衍將田道龍、何景先等領卒三千已至衡山，規寇陸城。寇並充逼。嵩遣兼統軍李叔仁等援合肥、小峴、楊石，頻戰破之。衍征虜將軍趙草屯於黃口〔三〕，嵩遣軍司趙熾等往討之，先遣統軍安伯醜潛師夜渡，伏兵下蔡。草率卒四千，逆來拒戰，伯醜與下蔡戍主王虎等前後夾擊，大敗之，俘斬溺死四千餘人。統軍李叔仁等夜襲硤石之賊，又破之。衍將姜慶真專據肥汭，冠軍將軍曹天寶屯於鷄口，軍主尹明世屯東硤石。嵩遣別將羊引次于淮西，去賊營十里，司馬趙熾率兵一萬爲表裏聲勢。衆軍既會，分擊賊之四壘。四壘之賊，戰敗奔走，斬獲數千，溺死萬數。統軍牛敬賓攻硤石，明世宵遁。慶真合餘燼浮淮下，下蔡戍主王略截流擊之，俘斬太半。於是威名大振。

後爲蒼頭李太伯等同謀害嵩，并妻穆氏及子世賢。世宗爲嵩舉哀於東堂，賻絹一千匹，贈車騎將軍、領軍，謚曰剛侯。

第二子世儁，頗有幹用，而無行業。襲爵，除給事中、東宮舍人。伯父澄表求轉階授之，於是除員外散騎常侍。肅宗時，追論嵩勳，封世儁衞縣開國男，食邑二百户。遷冠軍將軍、宗正少卿，又爲散騎常侍、安南將軍、武衞將軍、河南尹。尋除鎮東將軍、青州刺史，轉征東將軍，加散騎常侍。邢杲之亂，圍逼州城，世儁憑城拒守，遂得保全。孝莊時，除衞將軍、吏部尚書。尒朱兆寇京師，詔世儁以本官爲都督，防守河橋。及兆至河，世儁初無拒守意，便隔岸遥拜，時論疾之。前廢帝世，爲驃騎將軍，仍加尚書，尤爲尒朱世隆所昵。出帝初，加儀同三司，改封武陽縣開國子，食邑五百户。世儁居選曹，不能厲心，多所受納，爲中尉彈糾，坐免官。尋復本職。孝靜初，加侍中、尚書右僕射，遷尚書令。世儁輕薄，好去就，詔送晉陽。興和中，薨。贈侍中、都督冀定瀛殷四州諸軍事、驃騎大將軍、太傅、定州刺史，尚書令、開國公如故，謚曰躁戾。子景遠襲，散騎侍郎。

世賢弟世哲，武定中，吏部郎。

嵩弟贍，字道周。高祖時，自□大夫稍遷宗正少卿、龍驤將軍、光州刺史、散騎常侍、左將軍，遷平東將軍、兗州刺史。頗愛書史，而貪暴好殺。澄深恥忿之，絶其往來。有四子。長子遠，尚書郎。

史臣曰：顯祖之將禪讓，可謂國之大節。康王毅然庭諍，德音孔昭，一言興邦，其斯之謂歟？文宣貞固俊遠，鬱爲宗傑，身因累朝，寧濟夷險，既社稷是任，其梁棟之望也。順謇諤俶儻，有汲黯之風，不用於時，横招非命，惜矣。嵩有行陳之氣，儁則裂冠之徒歟？

校勘記

〔一〕若欲捨儲　册府卷二八八作「若或欲捨儲宫」。

〔二〕雲以太妃蓋氏薨　「蓋氏」，本書卷一九上景穆十二王傳序敍景穆諸子母氏，稱「孟椒房生任城康王雲」，張森楷云：「『孟』『蓋』形近，未詳孰是。」按北史卷一八任城王雲傳、册府卷二六七亦稱「太妃蓋氏」。

〔三〕合州請户輸絹五尺　御覽卷八四〇引後魏書作「合城長吏請輸絹五尺」。

〔四〕道鎮　北史卷一八任城王雲傳附元澄傳、御覽卷一五一引後魏書、册府卷二六七、通志卷八四下並作「道鏡」，疑是。按「鏡」與「澄」，名、字相應。

〔五〕世爲凶狡　「凶狡」，原作「山狡」，據北監本、殿本、局本改。按「凶狡」爲當時常用語，本書卷二太祖紀：「數革官號，一欲防塞凶狡，二欲消災應變。」卷四七盧玄傳附盧昶傳：「荆蠻凶狡，王師薄伐。」

〔六〕叱盤固道鎮副將　「叱盤」，原作「叱槃」，據南監本改。按上文即作「叱盤」。

〔七〕乘馬一匹　「乘馬」，北史卷一八任城王雲傳附元澄傳作「乘黄馬」，疑是。按北魏本出北族遊牧者，馬、乘馬皆是平常物事，不足爲珍奇。本書卷二七穆崇傳附穆乙九傳稱其曾爲内乘黄令，卷六二李彪傳記其「輒駕乘黄」，爲罪行之一。卷七下高祖紀下太和十五年十一月丁亥「詔二千石考在上上者，假四品將軍，賜乘黄馬一匹」。

〔八〕今曰卜征　「今曰」，御覽卷七二八引後魏書，册府卷一三、卷二七三，北史卷一八任城王雲傳附元澄傳作「今日」，疑是。

〔九〕陛下徙御瀍洛經殷墟而弔比干　「瀍洛」，原作「殷洛」；「殷墟」，原作「瀍墟」，據册府卷八九三改。按北史卷一八任城王雲傳附元澄傳無上句，下句也作「殷墟」。孝文帝遷都洛陽，不得謂之「殷洛」。金石萃編卷二七載孝文帝弔比干墓文稱「路經商區，轄届衞壤」，本書卷一〇六上地形志上汲郡汲縣下有「比干墓」，弔比干和瀍水全不相干。「殷」「瀍」二字顯然誤倒。

〔一〇〕臣等正以徒御草挒　「徒御」，疑爲「徙御」之訛。按「徒御」謂隨從僕隸，與此文義不合，本書例稱孝文帝遷洛爲「徙御」，上文即見「徙御瀍洛」。

〔一一〕内而應者未審　通鑑卷一三九齊紀五建武元年十一月作「爲内應者未得審諦」。此處「内而應者」疑爲「而内應者」之誤倒。

〔一二〕任許一羣婦人輩奇事　北史卷一八任城王雲傳附元澄傳作「任一羣婦女輩」，語較明白。此處疑有衍訛。

〔三〕蕭衍將張囂之寇陷夷陵戍　「夷陵戍」，通鑑卷一四五梁紀一天監元年十二月作「木陵戍」，疑是。按諸本並作「夷陵戍」，司馬光引作「木陵戍」，考異無文，或所見本書舊本作「木陵戍」。胡注：「水經注木陵山在黄水西南，有木陵關。」據水經注卷三〇淮水，此傳下文之陰山戍，即木陵東之陰山關。

〔四〕長史韋纘坐免官　「韋纘」，原作「韋績」。按本書卷九二列女任城國太妃孟氏傳見長史韋纘，即此人。韋纘，附本書卷四五韋閬傳，記免官事與此傳合。今據改。

〔五〕請準封回　「封回」，册府卷四七二作「回康」，疑原文當作「回匡」。按上文舉封回、元匡二人，此不應只以封回一人爲例。宋人避諱，册府改「匡」作「康」。

〔六〕五調之外一不煩民　「五調」，疑爲「正調」之訛。按「五調」别無所見，本書卷八世宗紀景明二年三月乙未詔稱「正調之外，諸妨害（疑爲「官」之訛）損民一時蠲罷」，可證。

〔七〕詔百寮會喪　「會」，原作「興」，據册府卷二七七改。按「興喪」無義。

〔八〕王羲之小學篇　張森楷云：「王羲之無小學篇。隋書經籍志小學類有小學篇一卷，署下邳内史王羲撰，『羲』亦作『義』，後人又妄添『之』之於下。」按張説似是，然顔氏家訓書證篇，兩唐書經籍志、藝文志載此書都作「王羲之」，或北魏末已有托名「羲之」所撰之本。

〔九〕魏頌　北史卷一八任城王雲傳附元澄傳作「魏道頌」。

〔二〇〕平衍之後　「平衍」，原作「一衍」，不可通。宋本册府卷三六四作「平衍」，明本倒作「衍平」，但卷三八九同宋本，今據改。

〔二一〕順流摧鋒　「摧鋒」，疑當作「推鋒」。文選卷六左太沖魏都賦「推鋒積紀」，晉書卷六二祖逖傳「推鋒越河」，文苑英華卷九〇五庾信紇干弘碑「推鋒直上」，可證。

〔二二〕趙草　原作「趙革」，據册府卷二九〇改。按梁書卷九曹景宗傳見「別將趙草」，所守之壘名「趙草城」。下「草率卒四千」之「草」，同改。

魏書卷十九下

景穆十二王列傳第七下

南安王　城陽王　章武王　樂陵王　安定王

南安王楨，皇興二年封，加征南大將軍、中都大官，尋遷内都大官。高祖即位，除涼州鎮都大將。尋以綏撫有能，加都督西戎諸軍事、征西大將軍、領護西域校尉、儀同三司、涼州刺史。徵爲内都大官，出爲使持節、侍中、本將軍、開府、長安鎮都大將、雍州刺史。楨性忠謹，事母以孝聞，賜帛千匹以褒之。

徵赴講武，高祖引見於皇信堂，戒之曰：「翁孝行著於私庭，令問彰於邦國，每欽忠懿，思一言展，故因講武，遠徵赴闕。仰戀仁慈，情在未已。但長安鎮年饑民儉，理須綏撫，不容久留，翁今還州，其勤隱恤，無令境内有飢餒之民。翁既國之懿親，終無貧賤之慮。所宜慎者，略有三事：一者，恃親驕矜，違禮僭度；二者，傲慢貪奢，不恤政事；三者，飲酒遊逸，不擇交友。三者不去，患禍將生，但能慎此，足以全身遠害〔一〕，光國榮家，終始之德成矣。」而楨不能遵奉，後乃聚斂肆情。文明太后、高祖並臨皇信堂，引見王公，太后令曰：「汝陰王天賜、南安王楨不順法度，黷貨聚斂，依犯論坐，將至不測。卿等爲當存親以毀令，爲欲滅親以明法？」羣臣咸以二王託體先皇，宜蒙矜恕。太后不答。高祖乃詔曰：「南安王楨以懿戚之貴，作鎮關右，不能潔己奉公，助宣皇度，方肆貪欲，殖貨私庭，放縱姦囚，壅絶訴訟，貨遺諸使，邀求虚稱，二三之狀，皆犯刑書。昔魏武翦髮以齊衆，叔向戮弟以明法，克己忍親，以率天下。夫豈不懷，有爲而然耳。今者所犯，事重疇日，循古推刑，實在難恕。皇太后天慈寬篤，恩矜國屬，每一尋惟高宗孔懷之近，發言哽塞，悲慟于懷；且以南安王孝養之名，聞於内外，特一原恕，削除封爵，以庶人歸第，禁錮終身。」

後高祖南伐，楨從至洛，及議遷都，首從大計，高祖甚悦。楨母劉太妃薨，高祖親幸臨慰。及葬，贈布帛綵五百段。又以楨議定遷都，復封南安王，食邑一千户。出爲鎮北大將軍、相州刺史。高祖餞楨於華林都亭。詔曰：「從祖南安，既之蕃任，將曠違千里，豫懷惘戀。然今者之集，雖曰分歧，實爲曲宴，並可賦詩申意。射者可以觀德，不能賦詩者，可聽射也。當使武士彎弓，文人下筆。」高祖送楨於階下，流涕而别。

太和二十年五月至鄴，入治日，暴風大雨，凍死者十數人。楨又以旱祈雨于羣神。鄴城有石虎廟，人奉祀之。楨告虎神像云：「三日不雨，當加鞭罸。」請雨不驗，遂鞭像一百。是月疽發背，薨。謚曰惠，贈帛一千匹，及葬，又賜帛千匹，遣黄門郎監護喪事。及恒州刺史穆泰謀反，楨知而不告，雖薨，猶追奪爵封，國除。有五子。

子英，字虎兒。性識聰敏，博聞彊記，便弓馬，解吹笛，微曉醫術。高祖時，爲平北將軍、武川鎮都大將、假魏公。未幾，遷都督梁益寧三州諸軍事、安南將軍、領護西戎校尉、仇池鎮都大將、梁州刺史。

高祖南伐，爲梁漢别道都將。後大駕臨鍾離，詔英率衆備寇境上。英以大駕親動，勢傾東南，漢中有可乘之會，表求進討，高祖許之。師次沮水，蕭鸞將蕭懿遣將尹紹祖、梁季羣等領衆二萬，徼山立栅，分爲數處，居高視下，隔水爲營。英乃謀曰：「彼帥賤民慢，莫能相服，衆而無上，罔知適從。若選精卒，并攻一營，彼不相救，我克必矣。若克一軍，四營自拔。」於是簡兵三面騰上，果不相救。既破一處，四營俱潰，生擒梁季羣，斬三千餘級，俘七百人。鸞白馬戍將其夜逃潰。乘勝長驅，將逼南鄭，漢川之民，以爲神也，相率歸附。

梁州民李天幹等詣英降，待以國士之禮。天幹等家在南鄭之西，請師迎接，英遣迎之。蕭懿聞而遣將姜脩率衆追襲，逮夜交戰，頗有殺傷。脩後屢敗，復更請軍。懿遣衆赴之，迎者告急。英率騎一千，倍道赴救。未至，賊以退還。英恐其入城，別遣統軍元拔以隨其後，英徼其前，合擊之，盡俘其衆。懿續遣軍，英不虞賊至，且衆力已疲，軍少人懼，咸欲奔走。英乃緩騎徐行，神色自若，登高望賊，東西指麾，狀似處分，然後整列而前。賊謂有伏兵。俄然賊退，乘勢追殄，遂圍南鄭。禁止三軍，一無所犯，遠近皆供租運。

先是，英未至也，蕭懿遣軍主范潔領三千餘人伐獠。潔聞大軍圍城，欲還救援。英遣統軍李平敵、李鐵騎等收合巴西、晉壽土人，以斷其路。潔以死決戰，遂敗平敵之軍。英候其稍近，以奇兵掩之，盡皆擒獲。攻圍九十餘日，戰無不克。被敕班師。英於是先遣老弱，身勒精卒留後，遣使與懿告别。懿以爲詐也，英還一日，猶閉門不開。二日之後，懿乃遣將追英。英親自殿後，與士卒下馬交戰，賊衆莫敢逼之。四日四夜，然後賊退，全軍而還。會山氏並反，斷英歸路。英勒衆奮擊，且戰且行，爲流矢所中，軍人莫有知者。以功遷安南大將軍，賜爵廣武伯。在仇池六載，甚有威惠之稱。父憂，解任。

高祖討漢陽，起英爲左衞將軍，加前將軍，尋還大宗正，又轉尚書，仍本將軍，鎮荆州。蕭寶卷將陳顯達等寇荆州，英連戰失利。車駕至南陽，免英官爵。世宗即位，行徐州，還復尚書、廣武伯。蕭寶卷遣將軍陳伯之寇淮南，司徒、彭城王勰鎮壽春，以英爲鎮南將軍，率衆討之。英未至，賊已引退。勰還，詔英行揚州。

後英還京師，上表曰：「臣聞取亂侮亡，有國之常道；陳師鞠旅，因機而致發。竊以區區寶卷，罔顧天常，憑恃山河，敢抗中國。今妖逆數亡，驕縱日甚，威侮五行，怠棄三正，淫刑以逞，虐害無辜。其雍州刺史蕭衍東伐秣陵，掃土興兵，順流而下，唯有孤城，更無重衞。此則皇天授我之日，曠載一逢之秋，事易走丸，理同拾芥，此而不乘，將欲何待。臣乞躬率步騎三萬，直指沔陰，據襄陽之城，斷黑水之路。昏虐君臣，自相魚肉。我居上流，威震遐邇，長驅南出，進拔江陵。其路既近，不盈五百，則三楚之地，一朝可收，岷蜀之道，自成斷絕。又命揚徐二州，聲言俱舉，緣江焚毀，靡使所遺。建業窮蹙，魚遊釜內。士治之師再興，孫皓之縛重至，齊文軌而大同，混天地而爲一。伏惟陛下暫闢旒纊，少垂聽覽，獨決聖心，無取疑議，此期脫爽，并吞未日。」事寢不報。英又奏曰：「臣聞乘虛討弱，事在速舉，因危攻昧，徼捷可期。今寶卷亂常，骨肉相賊，蕃戍鼎立，莫知所歸。義陽孤絕，密邇天境，外靡糧援之期，內無兵儲之固。此乃臨焚之鳥，不可去薪；授首之寇，何容緩斧。若此行有果，則江右之地，斯爲經略之基；如脫否也，非直後舉難圖，亦或居安生疾〔三〕。今豫州刺史司馬悅已戒嚴垂邁，而東豫州刺史田益宗方擬守三關，請遣軍司爲之節度。」

世宗遣直寢羊靈引爲軍司。以軍功拜吏部尚書，以前後軍功進爵常山侯。

英奏：「謹案學令：諸州郡學生，三年一校所通經數，因正使列之，然後遣使就郡練考。臣伏惟聖明，崇道顯成均之風，藴義光膠序之美，是以太學之館久置於下國，四門之教方構於京瀍。計習訓淹年，聽受累紀，然儁造之流應問於魏闕，不革之輩宜返於齊民，使就郡練考，覈其最殿。頃以皇都遷構，江揚未一，故鄉校之訓，弗遑正試。致使薰蕕之質，均誨學庭；蘭蕭之體，等教文肆。今外宰京官，銓考向訖，求遣四門博士明通五經者，道別校練，依令黜陟。」詔曰：「學業墮廢，爲日已久，非一使能勸，比當別敕。」

尋詔英使持節、假鎮南將軍、都督征義陽諸軍事，率衆南討。蕭衍司州刺史蔡道恭聞英將至，遣其驍騎將軍楊由率城外居民三千餘家，於城西南十里賢首山即嶺爲三栅，作表裏之勢。英勒諸軍圍賢首壘，焚其栅門。楊由乃驅水牛，從營而出，繼之以兵。軍人避牛，師遂退下。尋分兵圍守。其夜，栅民任馬駒斬由以降。三軍館穀，降民安堵。蕭衍遣其平西將軍曹景宗、後將軍王僧炳等率步騎三萬來救義陽。僧炳統衆二萬據鑿峴，景宗率一萬繼後。英遣冠軍將軍元逞、揚烈將軍曹文敬進據樊城以抗之。英部勒將士，掎角討之，大破僧炳軍，俘斬四千餘人。英又於士雅山結壘，與景宗相抗，分遣諸統，伏於四山，示之以弱。衍將馬仙琕率衆萬餘，來掩英營。英命諸軍僞北誘之，既至平地，統軍傅永等三軍擊之，賊便奔退。進擊潰之，斬首二千三百級，斬賊羽林監軍鄧終年。仙琕又率一萬餘人，重來決戰。英勒諸將，隨便分擊，又破之，復斬賊將陳秀之。統軍王買奴別破東嶺之陣，斬首五百。道恭憂死，驍騎將軍、行州事蔡靈恩復憑窮城，短兵日接。景宗、仙琕知城將拔，盡鋭決戰，一日三交，皆大敗而返。靈恩勢窘，遂降。三關戍聞之，亦棄城而走。詔曰：「知賊城已下，復克三關，展威闢境，聲略宣振，公私稱泰，良以欣然。將軍淵規内斷，忠謨外舉，受律揚旌，克申廟筭，雖方叔之制蠻荆，邵虎之掃淮浦，匹茲蔑如也。新州初附，宜廣經略，想善加檢督，必令周固，有所委付，然後凱旋耳。」初，高祖之平漢陽，英有戰功，許復其封，反爲顯達所敗，遂寢。是役也，世宗大悦，乃復之，改封中山王，食邑一千户，遣大使、鴻臚少卿睦延吉持節就拜。英送蔡靈恩及衍尚書郎蔡僧勰，前軍將軍、義陽太守馮道要，游擊將軍鮑懷慎，天門太守王承伯，平北府司馬宗象，平北府諮議參軍伏粲，給事中、寧朔將軍蔡道基，中兵參軍龐脩等數十人。詔曰：「會平江南，此等便可放歸也。」英既還，世宗引見，深嘉勞之，後增封一千户。

蕭衍遣將軍寇肥梁，詔英使持節，加散騎常侍，征南將軍、都督揚徐二道諸軍事，率衆十萬討之，所在皆以便宜從事。詔英曰：「賊勢滋甚，圍逼肥梁，邊將後規，以至於此。故有斯舉，必期勝捷，而出軍淹滯，肥梁已陷。聞之惋懣，實乖本圖。今衆軍雲集，十有五萬，進取之方，其筭安在？克殄之期，復當遠近？竟以幾日可至賊所？必勝之規，何者爲先？故遣步兵校尉、領中書舍人王雲指取機要。」英表陳事機。乃擊破陰陵，斬衍將二十五人及虜首五千餘級。又頻破賊軍於梁城，斬其支將四十二人，殺獲及溺死者將五萬。衍中軍大將軍、臨川王蕭宏，尚書右僕射柳惔等大將五人沿淮南走〔三〕，凡收米三十萬石。詔勞英曰：「知大摧鯨寇，威振南海，江浦無塵，三楚卷壒，聲被荒隅，同軌斯始，公私慶慰，良副朕懷。便當乘威藉響，長驅吴會，翦拉遺燼，截彼東南也。」

英追至于馬頭，衍馬頭戍主委城遁走，遂圍鍾離。詔曰：「師行已久，士馬疲瘠，賊城險固，卒難攻屠。冬春之交，稍非勝便，十萬之衆，日費無貲。方圖後舉，不待今事。且可密裝徐嚴，爲振旅之意，整疆完土，開示威略。左右蠻楚，素應逃亡，或竄山湖，或難制掠。若凶渠黠黨，有須翦除者，便可撲掃，以清疆界。如其彊狡憑阻，未易致力者，亦不煩肆兵。凱旋遲近，不復委曲。」英表曰：「臣奉辭伐罪，志殄逋寇，想敵量攻，期至二月將末三月之初，理在必克。但自此月一日以來，霖雨連併，可謂天違人願。然王者行師，舉動不易，不可以少致睽淹，便生異議。臣亦諦思。若入三月已後，天晴地燥，憑陵是常。如其連雨仍接，不得進攻者，臣已更高邵陽之橋，防其汎突。意外洪長，慮其破橋，臣亦部分造船，復於鍾離城隨水狹處，營造浮橋，至三月中旬，橋必克成。晴則攻騰，雨則圍守，水陸二圖，以得爲限。實願朝廷特開遠略，少復賜寬，假以日月，無使爲山之功，中途而廢。」詔曰：「大軍野次，已成勞久，攻守之方，理可豫見。比頻得啓，制勝不過暮春，及省後表，復期孟夏之末。彼土蒸濕，無宜久淹。勢雖必取，乃將軍之深計；兵久力殆，亦朝廷之所憂。故遣主書曹道往觀軍勢，使還，三具聞〔四〕。」及道還，英猶表云「可克」。

四月，水盛破橋，英及諸將狼狽奔走，士衆没者十有五六。英至揚州，遣使送節及衣冠、貂蟬、章綬。詔以付典。有司奏英經筭失圖，案劾處死，詔恕死爲民。

後京兆王愉反，英復王封，邑一千户，除使持節，假征東將軍、都督冀州諸軍事。英未發而冀州已平。時郢州治中督榮祖潛引蕭衍軍，以義陽應之，三關之戍，並據城降衍。郢州刺史婁悦嬰城自守。懸瓠城民白早生等殺豫州刺史司馬悦，據城南叛。衍將齊苟仁率衆守懸瓠。悦子尚華陽公主，并爲所劫。詔英使持節、都督南征諸軍事、假征南將軍，出自汝南。世宗引英謂之曰：「婁悦綏御失和，銓衡闇於簡授，故使郢民引寇，關戍外奔，義陽孤窘，有倒懸之切。王，國之邵虎，威名宿震，故屈王親總元戎，掃清氛穢。昔衞霍以匈奴之故，居無寧歲，今南疆不靖，王不得以屢勞爲辭也。」英對曰：「臣才非韓白，識闇孫吴，徒以宗室之長，頻荷推轂之寄。規略淺短，失律喪師，宜章子反之戮，以謝天下。陛下慈深念履，愛等鍾牛，使臣得同荀伯，再生明世，誓追孟氏，以報復爲期。關郢微寇，何足平殄，滅賊方略，已在臣目中，願陛下勿勞聖慮也。」世宗曰：「截彼東南，再清隨楚，所望於將軍。鍾離一眚，豈足以損大德。今王董彼三軍，朕無憂矣。」

世宗以邢巒頻破早生，詔英南赴義陽。英以衆少，累表請軍，世宗弗許。而英輒與邢巒分兵共攻懸瓠，克之，乃引軍而進。初荀仁之據懸瓠，衍寧朔將軍張道凝等率衆據楚城，聞英將至，棄城南走。英追擊，斬道凝及衍虎賁中郎曹苦生，盡俘其衆。既次義陽，將取三關，英策之曰：「三關相須如左右手，若克一關，兩關不待攻而定。攻難不如攻易，東關易攻，宜須先取，即黃石公所謂戰如風發，攻如河決。」英恐其并力於東，乃使長史李華率五統向西關，分其兵勢。身督諸軍向東關。先是，馬仙琕使雲騎將軍馬廣率衆拒屯於長薄，軍主胡文超別屯松峴。英至長薄，馬廣夜遁入於武陽，英進師攻之。聞衍遣其冠軍將軍彭瓮生、驃騎將軍徐超秀援武陽。英乃緩軍，曰：「縱之使入此城，吾先曾觀其形勢，易攻耳，吾取之如拾遺也。」諸將未之信。瓮生等既入武陽，英促圍攻之，六日而廣等降。於是進擊黃峴，衍太子左衛率李元履棄城奔竄。又討西關，衍司州刺史馬仙琕亦即退走，果如英策。凡擒其大將六人，支將二十人，卒七千，米四十萬石，軍資稱是。

還朝，除尚書僕射。永平三年，英薨，給東園祕器、朝服一具、帛七百匹，贈司徒公，謚曰獻武王。英五子。

攸，字玄興，東宮洗馬。早卒，贈散騎侍郎。

攸弟熙，字真興。好學，俊爽有文才，聲著於世，然輕躁浮動。英深慮非保家之主，常欲廢之，立第四子略爲世子，宗議不聽，略又固請，乃止。起家祕書郎，延昌二年襲封，累遷兼將作大匠，拜太常少卿、給事黄門侍郎，尋轉光禄勳。時領軍于忠執政。熙，忠之壻也，故歲中驟遷。尋除平西將軍、東秦州刺史，進號安西將軍，祕書監。尋以本將軍授相州刺史。熙以七月入治，其日大風寒雨，凍死者二十餘人，驢馬數十匹。熙聞其祖父前事，心惡之。又有蛆生其庭。

初，熙兄弟並爲清河王懌所昵，及劉騰、元叉隔絶二宫，矯詔殺懌，熙乃起兵，上表曰：「臣聞安危無常，時有休否。臣早屬休明，晚逢多難。自皇基綿茂，九葉承光，高祖、世宗，徽明相襲。皇太后聖敬自天，德同馬鄧；至尊神叡纂御，神鑒燭遠。四海晏如，八表歸化。而領軍將軍元叉寵藉外親，叨榮左右，豺狼爲心，飽便反噬。遂使二宫阻隔，温清闕禮，又太傅清河王横被屠害。致使忠臣烈士，喪氣闕庭；親賢宗戚，憤恨内外。安指鹿馬，孰能踰之；王董權逼，方此非譬。臣仰瞻雲闕，泣血而生，以細草不除，將爲爛漫。況叉悖逆如此，孰可忍之！臣忝籍枝蕚，思盡力命，碎首屠肝，甘之若薺。今輒起義兵，實甲八萬，大徒既進，文武爭先，與并州刺史、城陽王徽，恒州刺史、廣陽王淵，徐州刺史、齊王蕭寶夤等，同以今月十四日俱發。庶仰憑祖宗之靈，俯罄義夫之命，掃翦兇醜，更清京邑。臣親總三軍，星邁赴難，置兵温城，伏聽天旨。王公宰輔，或世著忠烈，或宿佩恩顧，如能同力，翦除元叉，使太后至尊忻然奉對者，臣即解甲散兵，赴謝朝闕。臣雖才乖昔人，位居蕃屏，寧容坐觀姦醜，虛受榮禄哉！」熙兵起甫十日，爲其長史柳元章、別駕游荆、魏郡太守李孝怡率諸城人，鼓譟而入，殺熙左右四十餘人，執熙，置之高樓，并其子弟。叉遣尚書左丞盧同斬之於鄴街，傳首京師。

始熙妃于氏知熙必敗，不從其謀，自初哭泣不絕，至於熙死。熙臨刑爲五言詩，示其寮吏曰：「義實動君子，主辱死忠臣。何以明是節，將解七尺身。」與知友別曰：「平生方寸心，殷勤屬知己。從今一銷化，悲傷無極已。」

熙既蕃王之貴，加有文學，好奇愛異，交結偉俊，風氣甚高，名美當世，先達後進，多造其門。始熙之鎮鄴也，知友才學之士袁翻、李琰、李神儁、王誦兄弟、裴敬憲等咸餞於河梁，賦詩告別。及熙將死，復與知故書曰：「吾與弟並蒙皇太后知遇，兄據大州，弟則入侍，殷勤言色，恩同慈母。今皇太后見廢北宮，太傅清河王横受屠酷，主上幼年，獨在前殿。君親如此，無以自安，故率兵民建大義於天下。但智力淺短，旋見囚執，上慚朝廷，下愧相知。本以名義干心，不得不爾，流腸碎首，復何言哉！昔李斯憶上蔡黄犬，陸機想華亭鶴唳，豈不以恍惚無際，一去不還者乎？今欲對秋月，臨春風，藉芳草，蔭花樹，廣召名勝，賦詩洛濱，其可得乎？凡百君子，各敬爾宜，爲國爲身，善勗名節，立功立事，爲身而已，吾何言哉！」時人憐之。

又熙於任城王澄薨前，夢有人告之曰：「任城當死。死後二百日外，君亦不免。若其不信，試看任城家。」熙夢中顧瞻任城第舍，四面牆崩，無遺堵焉。熙惡之，覺而以告所親。及熙之死也，果如所夢。兄弟三人，每從英征伐，在軍貪暴，或因迎降逐北，至有斬殺無辜，多增首級，以爲功狀。又于忠之誣郭祚、裴植也，忠意未決害之，由熙勸奬，遂至極法，世以爲寃。及熙之禍，議者以爲有報應焉。

靈太后反政，贈使持節、都督冀定瀛相幽五州諸軍事、大將軍、太尉公、冀州刺史，增本封一千户，謚曰文莊王。

長子景獻，次仲獻，次叔獻，並與熙同被害。後贈景獻中軍將軍、青州刺史，葬以王禮；仲獻左將軍、兖州刺史；叔獻右將軍、齊州刺史。

叔獻弟叔仁，以年幼獲全，與母于氏徙朔州。孝昌初，靈太后詔叔仁歸京師，還其財宅，襲先爵。除征虜將軍、通直散騎常侍。孝莊初，遇害於河陰，贈衞大將軍、儀同三司、并州刺史。

子琳，襲。齊受禪，爵例降。

熙弟誘，字惠興。自員外郎稍遷通直郎、太子中庶子、征虜將軍、衞尉少卿，出爲右將軍、南秦州刺史。乂斬之於岐州，妻子得不坐。追贈車騎大將軍、雍州刺史，後贈儀同三司，追封都昌縣開國伯，食邑八百户，謚曰恭。

子始伯，襲。給事中。齊受禪，爵例降。

誘弟略，字儁興。才氣劣於熙，而有和邃之譽。自員外郎稍遷羽林監、通直散騎常侍、冠軍將軍、給事黄門侍郎。

清河王懌死後，乂黜略爲懷朔鎮副將。未及赴任，會熙起兵，與略書來去。尋値熙敗，略遂潛行，自託舊識河内司馬始賓。始賓便爲荻筏，夜與略俱渡盟津，詣上黨屯留縣栗法光。法光素敦信義，忻而納之。略舊識刁雙時爲西河太守，略復歸之。停止經年，雙乃令從子昌送略潛遁江左。蕭衍甚禮敬之，封略爲中山王，邑一千户，宣城太守。

俄而徐州刺史元法僧據城南叛，州内士庶皆爲法僧擁逼。衍乃以略爲大都督，令詣彭城，接誘初附。略至，屯於河南，爲安樂王鑒所破，略唯數十騎入城。衍尋遣其豫章王綜鎮徐州，徵略與法僧同還。略雖在江南，自以家禍，晨夜哭泣，身若居喪。又惡法僧爲人，與法僧言，未嘗一笑。衍復除略衡州刺史，未行。會綜以城歸國，綜長史江革、司馬祖暅、將士五千人悉見擒虜。肅宗敕有司悉遣革等還南，因以徵略。衍乃備禮遣之。

略之將還也，衍爲置酒餞別，賜金銀百斤，衍之百官，悉送別江上，遣其右衛徐確率百餘人送至京師。肅宗詔光禄大夫刁雙境首勞問，又敕徐州賜絹布各一千匹。除略侍中、義陽王，食邑一千户。還達石人驛亭，詔宗室、親黨、内外百官先相識者，聽迎之近郊。賜帛三千匹，宅一區，粟五千石，奴婢三十人。其司馬始賓除給事中、領直後，栗法光本縣令，刁昌東平太守，刁雙西兗州刺史。其略所至，一餐一宿之處，無不霑賞。

尋改封東平王，又拜車騎大將軍、左光禄大夫、儀同三司、領左衛將軍，侍中如故。又本官領國子祭酒，遷大將軍、尚書令[五]。靈太后甚寵任之，其見委信，殆與元徽相埒。於時天下多事，軍國萬端，略守常自保，無他裨益，唯唯具臣而已。

尒朱榮，略之姑夫，略素所輕忽，略又黨於鄭儼、徐紇，榮兼銜之。榮入洛也，見害於河陰。贈以本官，加太保、司空、徐州刺史，謚曰文貞。

子景式，襲。武定中，北廣平太守。齊受禪，爵例降。

略弟纂，字紹興，頗有將略。爲司徒祭酒。聞熙舉兵，因逃奔於鄴，至即見擒，與熙俱死。追封北平縣公，贈安北將軍、恒州刺史，改封高唐縣開國侯，食邑八百户。

子子獻，襲。卒於涇州司馬。

熙異母弟義興，出後叔父並洛。肅宗初，除員外散騎侍郎。及熙之遇害也，義興以别後，故得不坐。稍遷輔國將軍、通直散騎常侍。孝莊初，於河陰遇害。贈中軍將軍、瀛州刺史。後贈散騎常侍、征東將軍，餘如故。義興妻，趙郡李氏。李頗有婦工，爲尒朱榮妻所親昵。永安中，追封義興燕郡王，邑五百户，尋改封鉅鹿王，又改封武邑王。

子述，襲。天平中，通直郎。齊受禪，爵例降。

英弟怡，起家步兵校尉，轉城門校尉，遷鄯善鎮將。所在貪暴，爲有司所糾，逃竄得免。延昌中，卒。莊帝初，以尒朱榮婦兄，超贈驃騎大將軍、太尉公、雍州刺史、扶風王。長子肅，起家員外散騎侍郎，轉直寢。莊帝初，封肅魯郡王，邑千户。除散騎常侍，出爲後將軍、廣州刺史。後除衛將軍、肆州刺史。其弟曄僭立，拜肅侍中、太師、録尚書事。尋改除使持節、都督青膠光齊南青五州諸軍事、驃騎大將軍、東南道大行臺、青州刺史，不行。永熙二年薨。贈使持節、侍中、都督并恒二州諸軍事、本將軍、司徒公、并州刺史。

子道興，襲。除前將軍。齊受禪，爵例降。

曄字華興，小字盆子。性輕躁，有膂力。起家祕書郎，稍遷通直散騎常侍。莊帝初，封長廣王，邑一千户。出爲太原太守，行并州事。尒朱榮之死也，世隆等奔還并州，與尒朱兆會於建興，乃推曄爲主，大赦所部，號年建明。尋爲世隆等所廢。前廢帝立，封曄爲東海王，邑萬户。出帝初，坐事賜死於第。無子，爵除。

城陽王長壽，皇興二年封，拜征西大將軍、外都大官。出爲沃野鎮都大將。性聰惠，善撫接，在鎮甚有威名。延興五年薨，謚康王。

長子多侯，早卒。

次子鸞，字宣明。始繼叔章武敬王，及兄卒，還襲父爵。身長八尺，腰帶十圍，以武藝著稱。頻爲北都大將〔六〕。高祖時，拜外都大官，又出爲持節、都督河西諸軍事、征西大將軍、領護西戎校尉、涼州鎮都大將。改鎮立州，以鸞爲涼州刺史，姑臧鎮都大將，餘如故。後朝于京師。會車駕南討，領鎮軍將軍。定都洛陽，高祖幸鄴，詔鸞留守。及開建五等，食邑一千户。除使持節、征南大將軍，都督豫荆郢三州、河内山陽東郡諸軍事，與安南將軍盧淵、李佐攻赭陽，不克，敗退而還。時高祖幸瑕丘，鸞請罪行宮。高祖引見鸞等，責之曰：「卿等總率戎徒，義應奮節，而進不能夷拔賊城，退不能殄茲小寇，虧損王威，罪應大辟。朕革變之始，事從寬貸，今捨卿等死罪，城陽降爲定襄縣王，削户五百。古者，軍行必載廟社之主，所以示其威惠各有攸歸，今徵卿等敗軍之罪於社主之前，以彰厥咎。」後以留守之功，還復本封，增邑二百户。除冠軍將軍、河內太守，轉并州刺史。世宗初，除平東將軍、青州刺史。後轉安北將軍、定州刺史。

鸞愛樂佛道，脩持五戒，不飲酒食肉，積歲長齋。繕起佛寺，勸率百姓，共爲土木之勞，公私費擾，頗爲民患。世宗聞而詔曰：「鸞親唯宗懿，作牧大州，民物殷繁，綏寧所屬，宜克己厲誠，崇清樹惠，而乃驟相徵發，專爲煩擾，編户嗷嗷，家懷嗟怨。北州土廣，姦亂是由，準法尋愆，應加肅黜。以鸞戚屬，情有未忍，可遣使者，以義督責，奪禄一周，微示威罰也。」

正始二年薨，時年三十八。贈帛六百匹，詔中書舍人王雲宣旨臨弔，贈鎮北將軍、冀州刺史，謚懷王。

子徽，字顯順。粗涉書史，頗有吏才。世宗時，襲封。除游擊將軍，出爲河內太守。

在郡清整，有民譽。徽拜長兼散騎常侍。

肅宗時，除右將軍、涼州刺史。徽以徑途阻遠，固請不行。除散騎常侍。其年，除後將軍、并州刺史。先是，州界夏霜，禾稼不熟，民庶逃散，安業者少。徽輒開倉賑之，文武咸共諫止。徽曰：「昔汲長孺，郡守耳，尚輒開倉，救民災弊，況我皇家親近，受委大藩，豈可拘法而不救民困也。」先給後表。肅宗嘉之。加安北將軍。後拜安西將軍、秦州刺史。詔書旦至夕發。徽以將之秦部，請詣闕恭授，仍表啓固陳，請不之職。改授輔國將軍，加度支尚書，進號鎮軍將軍。于時，戎馬在郊，王師屢敗，徽以軍旅之費，上國封絹二千匹、粟一萬石以助軍用。肅宗不納。又以本官兼吏部尚書，加侍中、征東將軍，遷衞將軍、右光禄大夫。拜尚書左僕射，轉車騎將軍、儀同三司，固辭不拜，聽解侍中，然後受詔。尋除尚書令，加開府、西道行臺，不行。

時靈太后專制，朝綱頹褫。徽既居寵任，無所匡弼，與鄭儼之徒更相阿黨。外似柔謹，内多猜忌，睚眦之忿，必思報復。識者嫉之。又不能防閑其妻于氏，遂與廣陽王淵姦通。及淵受任軍府，每有表啓，論徽罪過，雖涉誣毁，頗亦實焉。

莊帝踐阼，拜司州牧，尋除司徒，仍領牧。元顥入洛，徽從莊帝北巡，及車駕還宫，以與謀之功，除侍中、大司馬、太尉公，加羽葆、鼓吹，增邑通前二萬户，餘官如故。徽表辭官封，前後屢上。又啓云：「河上之功，將士之力，求回所封，加諸勳義。」徽爲莊帝親待，內懼榮寵，故有此辭，以防外議。莊帝識其意，聽其辭封，不許讓官。

徽後妻，莊帝舅女。侍中李彧，帝之姊婿。徽性佞媚，善自取容，挾內外之意，宗室親戚莫與比焉。遂與彧等勸帝圖榮，莊帝亦先有意。榮死，世隆等屯據不解。除徽太保，仍大司馬、宗師、録尚書事，總統內外。徽本意謂榮死後，枝葉自應散亡。及尒朱宗族聚結謀難，徽筭略無出，憂怖而已。性多嫉妬，不欲人居其前。每入參謀議，獨與帝決。朝臣有上軍國籌策者，並勸帝不納，乃云小賊何慮不除。又悋惜財用，自家及國。於是有所賞錫，咸出薄少，或多而中減，與而復追。徒有糜費，恩不感物。莊帝雅自約狹，尤亦徽所贊成。太府少卿李苗，徽司徒時司馬也，徽待之頗厚。苗每致忠言，徽自得志，多不採納。苗謂人曰：「城陽本自蜂目，而豺聲復將露也。」

及尒朱兆之入，禁衞奔散，莊帝步出雲龍門。徽乘馬奔度，帝頻呼之，徽不顧而去。遂走山南，至故吏寇彌宅。彌外雖容納，內不自安，乃怖徽云官捕將至，令其避他所。使人於路邀害，送屍於尒朱兆。

出帝初，贈使持節、侍中、太師、大司馬、録尚書事、司州牧，謚曰文獻。

子延，襲爵。武定末，官至太子中庶子。齊受禪，爵例降。

徽兄顯魏，給事中、司徒掾。卒，贈輔國將軍、東豫州刺史。徽次兄顯恭，字懷忠。揚州別駕，以軍功封平陽縣開國子，邑三百户。孝莊初，除北中郎將，遷左將軍、東徐州刺史。入爲安東將軍、大司農卿。尋除中軍將軍、荆州刺史。莊帝既殺尒朱榮，乃除顯恭使持節、都督晉建南汾三州諸軍事、鎮西將軍、兼尚書左僕射、西北道行臺、晉州刺史。尒朱兆入洛後，死於晉陽。出帝初，贈衞大將軍、并州刺史，重贈車騎大將軍、儀同三司。

子彦昭，襲。武定中，漁陽太守。齊受禪，爵例降。

顯恭弟旭，字顯和。莊帝時，封襄城郡王，邑一千户。武定末，位至大司馬。齊受禪，爵例降。

章武王太洛，皇興二年薨。追贈征北大將軍、章武郡王，謚曰敬。無子。高祖初，以南安惠王第二子彬爲後。

彬，字豹兒，襲爵。勇健有武用。出爲使持節、都督東秦豳夏三州諸軍事、鎮西大將軍、西戎校尉、統萬鎮都大將、朔州刺史〔七〕。以貪惏削封。是時吐京胡反，詔彬持節，假平北將軍，行汾州事，率并肆之衆往討之。胡平，仍除征虜將軍、汾州刺史。胡民去居等六百餘人保險謀反，扇動徒類。彬請兵二萬，有司奏許之。高祖大怒曰：「何有動兵馬理也！可隨宜肅治，若不能權方靜帖，必須大衆者，則先斬刺史，然後發兵。」彬奉詔大懼，而率州兵，身先將士，討胡平之。太和二十三年卒。賜錢十萬、絹二百匹，贈以本官，加散騎常侍。彬有五子。

長子融，字永興。儀貌壯麗，衣冠甚偉，性通率，有豪氣。高祖時，拜祕書郎。世宗初，復先爵，除驍騎將軍。

蕭衍遣將，寇逼淮陽，梁城陷没，詔融假節、征虜將軍、別將南討，大摧賊衆，還復梁城。于時，揚州刺史元嵩爲奴所害，敕融行揚州事。尋除假節、征虜將軍、并州刺史。及世宗崩，兼司空，營陪景陵。拜宗正卿，以本官行瀛州事，遇疾不行。未幾，除散騎常侍、平東將軍、青州刺史。還爲祕書監，遷中護軍，進號撫軍將軍，領河南尹，加征東將軍。性尤貪殘，恣情聚斂，爲中尉糾彈，削除官爵。汾夏山胡叛逆，連結正平、平陽，詔復融前封，征東將軍、持節、都督以討之。融寡於經略，爲胡所敗。久之，加散騎常侍、衞將軍、左光禄大夫。

後賊帥鮮于脩禮寇暴瀛定二州，長孫稚等討之，失利。除融車騎將軍，爲前驅左軍都督，與廣陽王淵等共討脩禮。師渡交津，葛榮殺脩禮而自立。轉營至白牛邏，輕騎擊融。融苦戰終日，更無外援，遂大奔敗，於陳見殺。肅宗爲舉哀於東堂，賜東園祕器、朝服一具、綵二千八百段，贈侍中、都督雍華岐三州諸軍事、本將軍、司空、雍州刺史。尋以融死王事，進贈司徒，加前後部鼓吹。謚曰莊武。

子景哲，襲。武定中，開府儀同三司。齊受禪，爵例降。

景哲弟朗，即後廢帝，語在帝紀。

子黄頭，襲。封安定王，改封安平王。齊受禪，爵例降。

融弟凝，字定興。起家恒州征虜録事參軍，累遷護軍長史。凝姑，尒朱榮妻。莊帝初，封東安王，食邑五百户。除持節、安東將軍、兗州刺史，轉濟州刺史，仍本將軍。永熙二年薨，贈持節、都督滄瀛冀三州諸軍事、驃騎大將軍、冀州刺史。

子彦友，襲。武定中，光禄大夫。齊受禪，爵例降。

凝弟湛，字鎮興〔八〕。起家祕書郎，轉尚書左司郎中〔九〕，遷廷尉少卿。莊帝初，遇害河陰。贈征東將軍、青州刺史，追封漁陽王，食邑五百户。

子俊，襲。齊受禪，爵例降。

湛弟晏，字俊興。卒於祕書丞。贈平東將軍、祕書監、豫州刺史。

樂陵王胡兒，和平四年薨。追封樂陵王，贈征北大將軍，謚曰康。無子。顯祖詔胡兒兄汝陰王天賜之第二子永全後之，襲封，後改名思譽。高祖初，蠕蠕犯塞，以思譽爲鎮北大將軍、北征大都將。後除使持節、本將軍、領護匈奴校尉、都督、中軍都將。出爲使持節、鎮東大將軍、和龍鎮都大將、營州刺史，加領護東夷校尉，轉爲鎮北將軍，行鎮北大將軍。高祖引見百官於光極堂，謂思譽曰：「恒代路懸，舊都意重，故屈叔父遠臨此任，不可不敬慎所臨，以副朕望。」及穆泰陰謀不軌，思譽知而不告，恕死，削封爲庶人。太和末，還復其王封。正始四年薨〔一〇〕。贈光州刺史，謚曰密王。

子景略，字世彥。世宗時，襲封。拜驍騎將軍，除持節、冠軍將軍、幽州刺史〔一一〕。熙平元年薨。贈本將軍、豫州刺史，賜帛四百匹，謚曰惠王。

子霸，字休邦，襲。武定中，鉅鹿太守。齊受禪，爵例降。

景略弟慶略，散騎侍郎。

子子政，通直散騎常侍。

慶略弟洪略，恒農太守、中軍將軍、行東雍州刺史。

洪略弟子業，平原太守。

安定王休，皇興二年封，拜征南大將軍、外都大官。休少而聰慧，治斷有稱。高祖初，庫莫奚寇邊，以休爲使持節、侍中、都督諸軍事、征東大將軍、領護東夷校尉、儀同三司、和龍鎮將。休撫防有方，賊乃款附。入爲中都大官。蠕蠕犯塞，出爲使持節、征北大將軍、撫冥鎮大將。休身先將士，擊虜退之。入爲内都大官，遷太傅。及開建五等，食邑二千户。

車駕南伐，領大司馬。高祖親行諸軍，遇休以三盜人徇於六軍，將斬之，有詔赦之。休執曰：「陛下將遠清衡霍，故親御六師，跋涉野次，軍行始爾，已有姦竊，如其不斬，何以息盜，請必行刑，以肅姦慝。」詔曰：「大司馬執憲，誠應如是。但因緣會，朕聞王者之體，亦時有非常之澤，雖違軍法，可特原之。」休乃奉詔。高祖謂司徒馮誕曰：「大司馬嚴而秉法，諸軍不可不慎。」於是六軍肅然。定都洛邑，休從駕幸鄴。命休率從駕文武，迎家于平城。高祖親餞休於漳水之北。

十八年，休寢疾，高祖幸其第，流涕問疾，中使醫藥，相望於路。薨，賵帛三千匹。自薨至殯，車駕三臨。高祖至其門，改服錫衰〔三〕，素弁加絰。皇太子、百官皆從行弔禮。及將葬，又贈布帛二千匹，謚曰靖王。詔假黄鉞，加羽葆、鼓吹、虎賁、班劍六十三人，悉準三老尉元之儀。高祖親送出郊，慟哭而返，諸王恩禮莫比焉。世宗世，配饗廟庭。

長子安，幼年早卒。

次子燮，除下大夫。世宗初，襲，拜太中大夫，除征虜將軍、華州刺史。燮表曰：「謹惟州治李潤堡，雖是少梁舊地，晉、芮錫壤，然胡夷内附，遂爲戎落。城非舊邑先代之名，爰自國初，護羌小戍。及改鎮立郡，依岳立州，因籍倉府，未刊名實。竊見馮翊古城，羌魏兩民之交，許洛水陸之際，先漢之左輔，皇魏之右翼，形勝名都，實惟西蕃奥府。今州之所在，豈唯非舊，至乃居岡飲澗，井谷穢雜，昇降劬勞，往還數里。譖諸明昏，有虧禮教。未若馮翊，面華渭，包原澤，井淺池平，樵牧饒廣。採材華陰，陸運七十；伐木龍門，順流而下。陪削舊雉，功省力易，人各爲己，不以爲勞。昔宋民無井，穿井而忻得人；況合城無水，得水而不家慶。竊聞前政刺史，非是無意，或值兵舉，或遇年災，緣此契闊，稽延至此。去歲已熟，秋方大登，四境晏安，京師無事。丁不十錢之費，人無八旬之勤。損輕益重，乞垂昭鑒。」遂詔曰：「一勞永逸，便可聽移。」後除征虜將軍、豳州刺史。延昌四年薨。贈本將軍、朔州刺史。

子超，字化生。肅宗初，襲。時以胡國珍封安定公，改封北平王。拜城門校尉、通直散騎常侍、東中郎將。尋除光禄大夫，領將作大匠。後復本封。尒朱榮之入洛，超避難洛南，遇寇見害〔一三〕。莊帝初，贈車騎大將軍、儀同三司、岐州刺史。

子孝景，襲。武定中，通直郎。齊受禪，爵例降。

燮弟願平，清狂無行。高祖末，拜員外郎。世宗初，遷給事中。悖惡日甚，殺人劫盜，公私成患〔一四〕。世宗以其戚近，未忍致之於法，乃免官，禁之別館。館名愁思堂，冀其克念。世宗崩，願平乃得出。靈太后臨朝，以其暴亂不悛，詔曰：「願平志行輕疎，每乖憲典，可還於別館，依前禁錮。」久之，解禁還家，付宗師嚴加誨獎〔一五〕。後拜通直散騎常侍、前將軍。坐裸其妻王氏於其男女之前，又彊姦妻妹於妻母之側。御史中丞侯剛案以不道，處死，絞刑，會赦免，黜爲員外常侍。孝昌中，卒。

子緒，幽州安西府功曹參軍。莊帝初，直閤將軍。尋爲持節、兼武衞將軍、關右慰勞十二州大使，遂没吐谷渾。

子長春，員外散騎侍郎。武定初，封南郡王，邑五百户。齊受禪，爵例降。

願平弟永平，征虜將軍、南州刺史〔一六〕。爲城民華延明所害。太昌初，追贈使持節、侍中、都督定瀛幽三州諸軍事、衛將軍、定州刺史。

子叔遵，員外散騎常侍。

永平弟珍平，司州治中。

珍平弟貴平，羽林監、轉射聲校尉。莊帝初，除散騎常侍、宗正少卿，封東萊王，邑百户。除平北將軍、南相州刺史。莊帝既殺尒朱榮，加武衛將軍，兼侍中，爲河北、山東慰勞大使。至定州東北，爲幽州大都督侯淵所執，送於晉陽。後還洛。

前廢帝時，以本官行青州事，屬土民崔祖螭作逆，賊徒甚盛，圍逼東陽一百餘日。貴平率城民固守，又令將士開門交戰。大軍救至，遂擒祖螭等，斬之。還，除車騎將軍，加散騎常侍，遷左衛將軍、宗師，又遷車騎大將軍、左光禄大夫、儀同三司。

貴平人才險薄，爲出帝所信。出爲青州刺史，又加驃騎大將軍、開府儀同三司，爲幽州大都督侯淵所害。

史臣曰：南安原始要終，善不掩惡。英將帥之用，有聲於時。熙、略兄弟，早播民譽，或才疎志大，或器狹任廣，咸不能就其功名，俱至非命，惜也。康王不永，鸞起家聲。徽飾智矯情，外諂内忌，永安之禍，誰任其責？宛其死也，固其宜哉。章武、樂陵，蓋不足數。靖王聰斷威重，見稱太和，美矣。

校勘記

〔一〕足以全身遠害　「足以」，原作「是以」，據南監本、局本、宋本册府卷一五六改。

〔二〕居安生疾　原作「居要生疾」，文義不洽，據册府卷三八九改。

〔三〕右僕射柳惔等大將五人沿淮南走　「右僕射」，原作「左僕射」，據册府卷二九〇改。按本書卷八世宗紀正始三年九月己丑記此事作「右僕射柳惔」。柳惔爲右僕射事亦見梁書卷二武帝紀中天監三年正月戊申及卷一二本傳。「沿淮南走」，北史卷一八中山王英傳、本書卷八世宗紀正始三年九月乙丑、卷九八島夷蕭衍傳記此事並作「沿淮東走」。

〔四〕三具聞　南監本、局本作「王具聞」，册府卷四三九作「一一具聞」，疑並是「一二具聞」之訛。按「一二」意即一一、詳盡。本書卷五四高閭傳載詔云：「覽表，具卿安邊之策。比當與卿面論一二。」卷六六崔亮傳載靈太后璽書末稱「一二往使別宣」。即當時用例。

〔五〕遷大將軍尚書令　「大將軍」上疑脱「驃騎」二字。按北魏大將軍位在三公上，元略軍號本是車騎大將軍，似不得超遷大將軍。建義元年元略墓誌稱「尋遷驃騎大將軍、儀同三司，加國子祭酒，俄陟尚書令」。

〔六〕北都大將　「北」下疑脱「鎮」字。按此述孝文帝即位前事，其時尚未有「北都」之稱，且遷洛後亦不見有北都大將。本書卷一一三官氏志：「舊制，緣邊皆置鎮都大將，統兵備禦，與刺史同。」

〔七〕統萬鎮都大將朔州刺史　「朔州」，張森楷云：「北史卷一八『朔』作『夏』。據上文『爲統萬鎮都大將』，統萬在夏州，不在朔州，疑魏書誤。又刺史例不在所督州之外，上文『都督東秦豳夏三州』，無朔州，尤確證也。」按太和二十三年元彬墓誌正稱彬爲「統萬突鎮都大將、夏州刺史」。又傳記彬此次所授軍號「鎮西」，誌作「征西」。

〔八〕字鎮興　建義元年元湛墓誌作「字珍興」。

〔九〕尚書左司郎中　建義元年元湛墓誌作「尚書左士郎中」，疑是。按通典卷二二職官四「左右司郎中」條，隋煬帝始於尚書都省置尚書左、右司郎，至唐稱左、右司郎中，北魏尚無其官職。本書卷一〇八之四禮志四記熙平元年議車輿制度，與議者有「兼尚書左士郎中朱元旭」，可證北魏沿晉制，尚書諸曹有左、右士曹。

〔一〇〕正始四年薨　正始四年元思墓誌稱其卒於「正始三年歲次丙戌」五月十二日丙子，葬於「歲次丁亥三月庚申朔廿五日甲申」。則元思譽（誌作「思」，當是雙名單稱）卒於正始三年，葬於四年。此傳誤記葬年爲卒年。

〔一一〕除持節冠軍將軍幽州刺史　「幽州」，熙平元年元彥墓誌作「豳州」。誌且云「剋莅西蕃」，「西蕃」與豳州地望相合。又誌稱「君諱彥，字景略」，則景略爲字，世彥爲名，與傳異。

〔二〕改服錫衰　「錫衰」，原作「裼衰」，據百衲本北史卷一八安定王休傳改。按「錫衰」見禮記喪服小記，「錫」爲細布。

〔三〕後復本封尒朱榮之入洛超避難洛南遇寇見害　按本書卷一〇孝莊紀武泰元年四月庚子記河陰被殺諸王有「北平王超」，同月甲辰又記「以北平王超還復爲安定王」。傳稱生前已復本封，疑誤。又，紀以超死於河陰之禍，與傳亦異。

〔四〕公私成患　「成」，北監本、汲本、殿本、局本、北史卷一八安定王休傳附元願平傳並作「咸」。

〔五〕付宗師嚴加誨獎　「宗」字原闕，據北史卷一八安定王休傳附元願平傳、册府卷二九七補。按本書卷一一三官氏志記魏初「宗室立宗師」，以「辨其宗黨，品舉人才」。卷二一下彭城王勰傳記孝文帝命勰爲宗師，「專主宗制，糾舉非違」。元願平正屬宗師管教範圍。周一良魏晉南北朝史札記魏書札記「宗師」條舉以證此「師」當作「宗師」。其説是。

〔六〕南州刺史　「南」下疑有脱字。按本書卷一〇六地形志無「南州」。北周置南州，見隋書卷二九地理志上巴東郡武寧縣，事在後。

魏書卷二十〔一〕

文成五王列傳第八

安樂王　廣川王　齊郡王　河間王　安豐王

文成皇帝七男。孝元皇后生獻文皇帝〔二〕。李夫人生安樂厲王長樂。曹夫人生廣川莊王略。沮渠夫人生齊郡順王簡。乙夫人生河間孝王若。悦夫人生安豐匡王猛。玄夫人生韓哀王若安平，王早薨，無傳。

安樂王長樂，皇興四年封建昌王，後改封安樂王。長樂性凝重，顯祖器愛之。承明元年拜太尉，出爲定州刺史。鞭撻豪右，頓辱衣冠，多不奉法，爲人所患。百姓詣闕訟其過。

高祖罰杖三十。貪暴彌甚，以罪徵詣京師。後與內行長乙肆虎謀爲不軌，事發，賜死於家。葬以王禮，謚曰厲。

子詮，字搜賢，襲。世宗初，爲涼州刺史。在州貪穢，政以賄成。後除定州刺史。及京兆王愉之反，詐言國變。在北州鎮，咸疑朝廷有釁，遣使觀詮動靜。詮具以狀告，州鎮帖然。愉奔信都，詮與李平、高植等四面攻燒〔三〕，愉突門而出。尋除侍中，兼以首告之功，除尚書左僕射。薨，謚曰武康。

子鑒，字長文，襲。後除相州刺史、北討大都督，討葛榮。仍兼尚書右僕射、北道行臺尚書令，與都督裴衍共救信都。鑒既庸才，諸弟麤暴，見天下多事，遂謀反，降附葛榮。都督源子邕與裴衍合圍鑒，斬首傳洛，詔改其元氏。莊帝初，許復本族，又特復鑒王爵，贈司空。

鑒弟斌之，字子爽。性險無行，及與鑒反，敗，遂奔葛榮。榮滅，得還。出帝時，封潁川郡王，委以腹心之任。帝入關，斌之奔蕭衍，後還長安。

廣川王略，延興二年封。位中都大官，性明敏，鞫獄稱平。太和四年薨，謚曰莊。

子諧，字仲和，襲。十九年薨。詔曰：「朕宗室多故，從弟諧喪逝，悲痛摧割，不能已已。古者，大臣之喪，有三臨之禮，此蓋三公已上。至於卿司已下，故應。闕自漢已降，多無此禮。朕欲遵古典，哀感從情，雖以尊降伏，私痛寧爽。欲令諸王有朞親者爲之三臨，大功之親者爲之再臨，小功緦麻爲之一臨。廣川王於朕大功，必欲再臨。再臨者，欲於大殮之日，親臨盡哀，成服之後，斷緦衰而弔。既殯之後，脱去緦麻〔四〕，理在無疑，大殮之臨，當否如何？爲須撫柩於始喪，爲應盡哀於闔棺〔五〕？早晚之宜，擇其厥中。」黄門侍郎崔光、宋弁，通直常侍劉芳，典命下大夫李元凱，中書侍郎高聰等議曰〔六〕：「三臨之事，乃自古禮，爰及漢魏，行之者稀。陛下至聖慈仁，方遵前軌，志必哀喪，慮同寧戚。臣等以爲若朞親三臨，大功宜再。始喪之初，哀之至極，既以情降，宜從始喪。大殮之臨，伏如聖旨。」詔曰：「魏晉已來，親臨多闕，至於戚臣，必於東堂哭之。頃大司馬、安定王薨，朕既臨之後，復更受慰於東堂，今日之事，應更哭否？」光等議曰：「東堂之哭，蓋以不臨之故。今陛下躬親撫視，羣臣從駕，臣等參議，以爲不宜復哭。」詔曰：「若大司馬戚尊位重，必哭於東堂，而廣川既是諸王之子，又年位尚幼，卿等議之，朕無異焉。」諧將大殮，高祖素服深衣哭之，入室，哀慟，撫尸而出。有司奏：「廣川王妃薨於代京，未審以新尊從於卑舊，爲宜卑舊來就新尊？」詔曰：「遷洛之人，自茲厥後，悉可歸骸邙嶺，皆不得就塋恒代。其有夫先葬在北，婦今喪在南，婦人從夫，宜還代葬；若欲移父就母，亦得任之。其有妻墳於恒代，夫死於洛，不得以尊就卑；欲移母就父，宜亦從之；若異葬亦從之。若不在葬限，身在代喪，葬之彼此，皆得任之。其户屬恒燕，身官京洛，去留之宜，亦從所擇。其屬諸州者，各得任意。」詔贈諡武衞將軍，諡曰剛。及葬，高祖親臨送之。

子靈道〔七〕，襲。卒，諡悼王。

齊郡王簡，字叔亮。太和五年封，位中都大官。簡母，沮渠牧犍女也。簡性貌特類外祖。後爲內都大官。高祖嘗與簡俱朝文明太后於皇信堂，簡居帝之右，行家人禮。遷太保。高祖仁孝，以諸父零落，存者唯簡。每見，立以待之，俟坐，致敬問起居，停簡拜伏。簡性好酒，不能理公私之事。妻常氏，燕郡公常喜女也，文明太后以賜簡。性幹綜家事，頗節斷簡酒，乃至盜竊，求乞婢侍，卒不能禁。二十三年薨。時高祖不豫，詔曰：「叔父薨背，痛慕摧絶，不自勝任，但虚頓床枕，未堪奉赴，當力疾發哀。」諡曰靈王。世宗時，改諡曰順。

子祐，字伯授〔八〕，襲。母常氏，高祖以納不以禮，不許其爲妃。世宗以母從子貴，詔特拜爲齊國太妃。祐位涇州刺史。薨，謚曰敬。

河間王若，字叔儒。年十六，未封而薨，追封河間，謚曰孝。詔京兆康王子太安爲後。太安於若爲從弟，非相後之義，廢之，以齊郡王子琛繼。

琛字曇寶，幼而敏慧，高祖愛之。世宗時，拜定州刺史。琛妃，世宗舅女，高皇后妹。琛憑恃内外，多所受納，貪惏之極。及還朝，靈太后詔曰：「琛在定州，惟不將中山宫來，自餘無所不致，何可更復敍用。」由是遂廢于家。琛以肅宗始學，獻金字孝經。又無方自達，乃與劉騰爲養息，賂騰金寶巨萬計。騰屢爲之言，乃得兼都官尚書，出爲秦州刺史。在州聚斂，百姓吁嗟。屬東益、南秦二州氐反，詔琛爲行臺，仍充都督，還攝州事。琛性貪暴，既總軍省，求欲無厭，百姓患害，有甚狼虎。進討氐羌，大被摧破，士卒死者千數，率衆走還。内侍劉騰，無所畏憚，爲中尉糾彈，會赦，除名爲民。尋復王爵，後討鮮于脩禮，敗，免官爵。後討汾晉胡、蜀，卒於軍，追復王爵。

安豐王猛，字季烈。太和五年封，加侍中。出爲和龍鎮都大將、營州刺史。猛寬仁雄毅，甚有威略，戎夷畏愛之。薨于州。贈太尉，謚曰匡。

子延明，襲。世宗時，授太中大夫。延昌初，歲大饑，延明乃減家財，以拯賓客數十人，并贍其家。至肅宗初，爲豫州刺史，甚有政績，累遷給事黄門侍郎。

延明既博極羣書，兼有文藻，鳩集圖籍萬有餘卷。性清儉，不營産業。與中山王熙及弟臨淮王彧等，並以才學令望有名於世。雖風流造次不及熙、彧，而稽古淳篤過之。尋遷侍中。詔與侍中崔光撰定服制。後兼尚書右僕射。以延明博識多聞，敕監金石事。

及元法僧反，詔爲東道行臺、徐州大都督，節度諸軍事，與都督臨淮王彧、尚書李憲等討法僧。蕭衍遣其豫章王綜鎮徐州。延明先牧徐方，甚得民譽，招懷舊土，遠近歸之。綜既降，延明因以軍乘之，復東南之境，至宿豫而還。遷都督、徐州刺史。頻經師旅，人物凋弊，延明招攜新故，人悉安業，百姓咸附。

莊帝時，兼尚書令、大司馬。及元顥入洛，延明受顥委寄，率衆守河橋。顥敗，遂將妻子奔蕭衍，死於江南。莊帝末，喪還。出帝初，贈太保，王如故，謚曰文宣。所著詩賦讚頌銘誄三百餘篇，又撰五經宗略、詩禮别義，注帝王世紀及列仙傳。又以河間人信都芳工算術，引之在館。其撰古今樂事，九章十二圖，又集器準九篇，芳別爲之注，皆行於世。

校勘記

〔一〕魏書卷二十　目録此卷原注「闕」，卷後闕宋人校語。殿本考證云：「魏收書闕，後人所補。」檢傳文，與北史卷一九文成五王傳同，間有溢出字句。

〔二〕孝元皇后生獻文皇帝　「孝」，疑爲「李」字之訛。按本書卷一三皇后傳文成元皇后李氏單謚「元」，卷八三上外戚傳上李峻傳、卷八九酷吏李洪之傳也作「元皇后」，唯延昌元年元顯妃李元姜墓誌作「元恭皇后」，未見有「孝元」之號。元皇后姓李，得稱「李元皇后」，如本書卷一七明元六王傳序杜密皇后、卷二一上獻文六王傳序李思皇后例。

〔三〕高植　原作「高殖」。張森楷北史校勘記云：「高肇傳『殖』作『植』。」按本書卷八三下外戚傳下高肇傳稱肇子高植以濟州刺史「率州軍討破元愉，別將有功」，顯與此「高殖」爲同一人。神龜年間高植墓誌，雖傳拓漫漶不可識，但「君諱植字子建勃海蓨人」諸字清晰可辨。今據改。

〔四〕成服之後斷緦衰而弔既殯之後脱去緦麻　「斷」「後脱去」四字原闕，致難通曉，據册府卷五八〇補。

〔五〕闔棺　「闔」，原作「閲」，據三朝本、南監本、殿本改。

〔六〕高聰　原作「高敏」，據北史卷一九廣川王略傳附元諧傳、册府卷五八〇改。按高聰太和中自中書博士爲侍郎，見本書卷六八本傳。

〔七〕靈道　孝昌元年元焕墓誌作「靈遵」。

〔八〕子祐字伯授　「伯授」，神龜二年元祐墓誌作「伯援」。

魏書卷二十一上

獻文六王列傳第九上

咸陽王　趙郡王　廣陵王　高陽王　北海王

獻文皇帝七男。李思皇后生孝文皇帝。封昭儀生咸陽王禧。韓貴人生趙郡靈王幹、高陽文穆王雍。孟椒房生廣陵惠王羽。潘貴人生彭城武宣王勰。高椒房生北海平王詳。勰別有傳。

咸陽王禧，字永壽。太和九年封，加侍中、驃騎大將軍、中都大官。文明太后令曰：「自非生知，皆由學誨，皇子皇孫，訓教不立，温故求新，蓋有闕矣。可於閒靜之所，別置學館，選忠信博聞之士爲之師傅，以匠成之。」高祖以諸弟典三都，誡禧等曰：「汝等國之至親，皆幼年任重，三都折獄，特宜用心。夫未能操刀而使割錦，非傷錦之尤，寔授刀之責。皆可修身慎行，勿有乖爽。」文明太后亦誡禧等曰：「汝兄繼承先業，統御萬機，戰戰兢兢，恒恐不稱。汝所治雖小，亦宜克念。」高祖又曰：「周文王小心翼翼，聿懷多福。如有周公之才，使驕且吝，其餘不足觀。汝等宜小心畏慎，勿自驕怠。」出爲使持節、開府、冀州刺史，高祖餞於南郊。又以濟陰王鬱枉法賜死之事，遣使告禧，因而誡之。

後禧朝京師，高祖謂王公曰：「皇太后平日以朝儀闕然，遂命百官更欲撰緝，今將畢修遺志，卿等謂可行不？當各盡對，無以面從。」禧對曰：「儀制之事，用捨各隨其時，而人可使由之，不可使知之。臣謂宜述元志[一]，備行朝式。」高祖然之。詔曰：「仲尼在鄉黨，猶尚恂恂，周文王爲世子，卑躬求道，禧等雖連蕚宸暉，得不尊尚師傅也？故爲置之，以加令德。廷尉卿李沖可咸陽王師。」禧將還州，高祖親餞之，賦詩敍意，加禧都督冀相兗東兗南豫東荆六州諸軍事。

於時，王國舍人應取八族及清修之門，禧取任城王隸户爲之，深爲高祖所責。詔曰：「夫婚姻之義，曩葉攸崇，求賢擇偶，緜代斯慎，故剛柔著於易經，鵲巢載于詩典，所以重夫婦之道，美尸鳩之德，作配君子，流芳後昆者也。然則婚者，合二姓之好，結他族之親，上以事宗廟，下以繼後世，必敬慎重正而後親之。夫婦既親，然後父子君臣、禮義忠孝，於斯備矣。太祖龍飛九五，始稽遠則，而撥亂創業，日昃不暇。至於諸王娉合之儀，宗室婚姻之戒，或得賢淑，或乖好逑。自茲以後，其風漸缺，皆人乏窈窕，族非百兩，擬匹卑濫，舅氏輕微，違典滯俗，深用爲歎。以皇子茂年，宜簡令正，前者所納，可爲妾媵。將以此年爲六弟娉室。長弟咸陽王禧可娉故潁川太守隴西李輔女，次弟河南王幹可娉故中散代郡穆明樂女，次弟廣陵王羽可娉驃騎諮議參軍滎陽鄭平城女，次弟潁川王雍可娉故中書博士范陽盧神寶女，次弟始平王勰可娉廷尉卿隴西李沖女，季弟北海王詳可娉吏部郎中滎陽鄭懿女。」

有司奏，冀州人蘇僧瓘等三千人稱禧清明有惠政，請世胙冀州。詔曰：「利建雖古，未必今宜；經野由君，理非下請。邑采之封，自有別式。」入除司州牧、都督司豫荆郢洛東荆六州諸軍事，開府如故，賜帛二千匹、粟五千斛。詔以禧元弟之重，食邑三千户，自餘五王皆食邑二千户。

高祖引見朝臣，詔之曰：「卿等欲令魏朝齊美於殷周，爲令漢晉獨擅於上代？」禧曰：「陛下聖明御運，實願邁迹前王。」高祖曰：「若然，將以何事致之？爲欲修身改俗，爲欲仍染前事？」禧對曰：「宜應改舊，以成日新之美。」高祖曰：「爲欲止在一身，爲欲傳之子孫？」禧對曰：「既卜世靈長，願欲傳之來葉〔一〕。」高祖曰：「若然，必須改作，卿等當各從之，不得違也。」禧對曰：「上命下從，如風靡草。」高祖曰：「自上古以來及諸經籍，焉有不先正名，而得行禮乎？今欲斷諸北語，一從正音。年三十以上，習性已久，容或不可卒革；三十以下，見在朝廷之人，語音不聽仍舊。若有故爲，當降爵黜官。各宜深戒。如此漸習，風化可新。若仍舊俗，恐數世之後，伊洛之下復成被髮之人。王公卿士，咸以然不？」禧對曰：「實如聖旨，宜應改易。」高祖曰：「朕嘗與李沖論此，沖言：『四方之語，竟知誰是〔二〕？帝者言之，即爲正矣，何必改舊從新。』沖之此言，應合死罪。」乃謂沖曰：「卿實負社稷，合令御史牽下。」沖免冠陳謝。又引見王公卿士，責留京之官曰：「昨望見婦女之服，仍爲夾領小袖。我徂東山，雖不三年，既離寒暑，卿等何爲而違前詔？」禧對曰：「陛下聖過堯舜，光化中原，臣雖仰禀明規，每事乖互，將何以宣布皇經，敷贊帝則。舛違之罪，實合刑憲。」高祖曰：「若朕言非，卿等當須庭論，如何入則順旨，退有不從。昔舜語禹，『汝無面從，退有後言』，其卿等之謂乎？」

尋以禧長兼太尉公。後高祖幸禧第，謂司空穆亮、僕射李沖曰：「既有天地，又有君臣，太尉位居台鉉，在冢宰之上，三槐九棘，不可久空。元弟禧雖在事不長，而戚連皇極，且長兼太尉，以和飪鼎。朕常恐君有空授之名，臣貽彼已之刺，今幸其宅，徒屈二賓，良以爲愧。」

高祖有事於方澤，質明，羣臣問起居。高祖曰：「昨日方澤，殊自大暑，遇天雲蔭密，行人差得無弊。」禧對曰：「陛下德感天地，故雲物凝彩，雖復雨師灑埽，風伯清塵，豈過於此。」高祖曰：「伊洛南北之中，此乃天地氤氳，陰陽風雨之所交會，自然之應，非寡德所能致此。」

高祖篤於兄弟，以禧次長，禮遇優隆，然亦知其性貪，每加切誡，雖當時遵奉，而終不改操。禧表曰：「國朝偃武崇文，偏捨來久，州鎮兵人，或有雄勇，不閑武藝。今取歲暮之暇，番上之日，訓其兵法。弓矢干矟，三分並教，使人閑其能，臨事無闕。」詔曰：「雖云教武，未練其方，既逼北行，卒聞教武〔四〕，脫生羣惑，且可停之。」後從平漢陽，以剋南陽之勳，加侍中，正太尉。

及高祖崩，禧受遺輔政。雖爲宰輔之首，而從容推委，無所是非，而潛受賄賂，陰爲威惠者，禧特甚焉。是年，八座奏增邑千户，世宗從之，固辭不受。禧性驕奢，貪淫財色，姬妾數十，意尚不已，衣被繡綺，車乘鮮麗，猶遠有簡娉，以恣其情。由是昧求貨賄，奴婢千數，田業鹽鐵徧於遠近，臣吏僮隸，相繼經營。世宗頗惡之。

景明二年春，禧等爲將礿祭入齋，世宗詔領軍于烈，率左右召禧等入於光極殿。詔曰：「恪雖寡昧，忝承寶曆，比纏尩疹，實憑諸父，苟延視息，奄涉三齡。父等歸遜殷勤，今便親攝百揆，且還府司，當別處分。」尋詔曰：「朕以寡昧，夙罹閔凶，憂煢在疚，罔知攸濟。寔賴先帝聖德，遺澤所覃，宰輔忠賢，劬勞王室，用能撫和上下，肅清內外。乃式遵復子，歸政告遜，辭理懇至，邈然難奪。便當勵茲空乏，親覽機務。王尊惟元叔，道性淵凝，可進位太保，領太尉；司空北海王季父英明，聲略茂舉，可大將軍、録尚書事。」

世宗既覽政，禧意不安。而其國齋帥劉小苟，每稱左右言欲誅禧。禧聞而歎曰：「我不負心，天家豈應如此！」由是常懷憂懼。加以趙脩專寵，王公罕得進見。禧遂與其妃兄兼給事黄門侍郎李伯尚謀反。時世宗幸小平津，禧在城西小宅。初欲勒兵直入金墉，衆懷沮異，禧心因緩。自旦達晡，計不能決，遂約不洩而散。武興王楊集始出便馳告，而禧意不疑。乃與臣妾向洪池別墅，遣小苟奉啓，云「檢行田牧」。小苟至邙嶺，已逢軍人，怪小苟赤衣，將欲殺害。小苟困迫，言欲告反，乃緩之。禧是夜宿於洪池，大風暴雨，拔樹折木。禧不知事露。其夜，或説禧曰：「殿下集衆圖事，見意而停，恐必漏洩，今夕何宜自寬。恐危禍將至。」禧曰：「有此軀命，應知自惜，豈待人言。」又説曰：「殿下兒婦已渡河，兩頭不相知，今俛眉自安，不其危乎！」禧曰：「初遣去日，令如行人渡河，聽我動靜。我久已遣人追之，計今應還。」而尹仵期與禧長子通已入河内郡，列兵仗，放囚徒。而將士所在追禧。

禧自洪池東南走，僮僕不過數人，左右從禧者，唯兼防閤尹龍虎。禧憂迫不知所爲，謂龍虎曰：「吾憒憒不能堪，試作一謎，當思解之，以釋毒悶。」龍虎欻憶舊謎云：「眠則俱眠，起則俱起，貪如豺狼，贓不入己。」都不有心於規刺也。禧亦不以爲諷己，因解之曰：「此是眼也。」而龍虎謂之是箸。渡洛水，至栢谷塢，從者唯禧二舅及龍虎而已。顧謂龍虎曰：「凡夫尚有節義，相爲取死，汝可勉心作與太尉公同死計。」龍虎曰：「龍虎東野常人，遭殿下寬明，接處左右。今屬危難，恨無遠計，匡濟聖躬，若與殿下同命，雖死猶生。」俄而禧被擒獲，送華林都亭。世宗親問事源，著千斤鏁格龍虎，羽林掌衞之。

初，高祖閑宴，從容言於禧等：「我後子孫邂逅不逮，汝等觀望輔取之理，無令他人有也。」禧臨盡，雖言不次第，猶尚泣涕，追述先旨，然畏迫喪志，不能慷慨有所感激也。及與諸妹公主等訣，言及一二愛妾。公主哭且罵之云：「坐多取此婢輩，貪逐財物，畏罪作反，致今日之事，何復囑問此等！」禧愧而無言，遂賜死私第。其宮人歌曰：「可憐咸陽王，奈何作事悞。金床玉几不能眠，夜蹋霜與露。洛水湛湛彌岸長，行人那得度。」其歌遂流至江表，北人在南者，雖富貴，絃管奏之，莫不灑泣。同謀誅斬者數十人，潛瘞禧於北邙。絶其諸子屬籍。禧之諸女，微給資産奴婢，自餘家財，悉以分賚高肇、趙脩二家。其餘賜内外百官，逮于流外，多者百餘匹，下至十匹。於後，禧諸子每乏衣食，獨彭城王勰歲中再三賑給之。禧有子八人。

長子通，字曇和。竊入河内，太守陸琇初與通情，既聞禧敗，乃殺之。

通弟翼，字仲和。後會赦，詣闕上書，求葬其父。頻年泣請，世宗不許。翼乃與弟昌、曄奔於蕭衍。翼與昌，申屠氏出。曄，李妃所生也。翼容貌魁壯，風制可觀，衍甚重之，封爲咸陽王。翼讓其嫡弟曄，衍不許。後以爲信武將軍、青冀二州刺史，鎮郁州。翼謀舉州入國，爲衍所移。昌爲衍直閣將軍。

翼弟顯和，昌弟樹，後亦奔於衍。顯和卒於江南。

樹，字秀和。美姿貌，善吐納，兼有將略。衍尤器之，封爲魏郡王，後改封鄴王，數爲將領，窺覦邊服。時揚州降衍，兵武既衆，衍將湛僧珍慮其翻異，盡欲殺之。樹以家國，遂皆聽還。衍以樹爲鎮西將軍、郢州刺史。

尒朱榮之害百官也，樹聞之，乃請衍討榮。衍乃資其士馬，侵擾境上。前廢帝時，竊據譙城。出帝初，詔御史中尉樊子鵠爲行臺，率徐州刺史、大都督杜德以討之。樹城守不下，子鵠使金紫光禄大夫張安期往説之，樹乃請委城還南，子鵠許之。樹恃誓約，不爲戰備，杜德襲擊之，擒樹送京師，禁於永寧佛寺，未幾賜死。

孝静時，其子貞自建業赴鄴，啓求葬樹，許之。詔贈樹侍中、都督青徐兗揚豫五州諸軍事、太師、司徒公、尚書令、揚州刺史。貞既葬，還於江南。

曄，字世茂。衍封爲桑乾王，拜散騎常侍。卒於秣陵。

初，正光中詔曰：「周德崇厚，蔡仲享國；漢道仁恕，淮南畢王。皆所以申恩懿戚，蠲盪舊釁，義彰曩葉，詠流前史。頃者，咸陽、京兆王自貽禍敗，事由間惑，猶有可矜。兩門諸子，並可聽附屬籍。」後復禧王爵，葬以王禮。詔曄弟坦襲，改封敷城王，邑八百户。坦傲佷兇蠢，從叔安豐王延明責之曰：「汝兇悖性與身而長，昔有宋東海王褘志性凡劣，時人號曰『驢王』，我熟觀汝所作，亦恐不免驢號。」莊帝初，還復本封。武定中，爲太師。齊受禪，爵例降。

坦弟昶，起家通直散騎常侍、琅邪縣開國公，邑五百户。莊帝初，特封太原王。累遷鴻臚卿，超拜車騎大將軍、儀同三司。天平二年薨，贈太尉公。

子善慧，襲。齊受禪，爵例降。

趙郡王幹，字思直。太和九年，封河南王，加衞大將軍〔五〕，除侍中、中都大官。尋授車騎將軍、左光禄大夫，領吏部尚書。

所生母薨，高祖詔曰：「太妃韓氏薨逝，情以傷慟。太妃先朝之世，位擬九嬪，豫班上族，誕我同氣。念此孤稚，但用感惻，明當暫往臨哭，可勅外備辦。」遣侍御史假節監護喪事，贈綵八百匹。詔曰：「季世多務，情緣理奪。幹既居要任，銓衡是荷，豈容遂其私志，致曠所司。可遣黄門郎敦諭，令勉從王事，朕尋當與之相見。」拜使持節、都督南豫郢東荆三州諸軍事、征南大將軍、開府、豫州刺史。

及車駕南伐，以幹爲使持節、車騎大將軍、都督關右諸軍事，給銅虎符十，别賜詩書。高祖篤愛諸弟，以幹總戎别道，誡之曰：「司空穆亮年器可師，散騎常侍盧淵才堪詢訪，汝其師之。」尋以蕭賾死，班師。

遷洛，改封趙郡王，除都督冀定瀛三州諸軍事、征東大將軍、冀州刺史，開府如故，賜雜物五百段，又密賜黄金十斤。高祖親餞於近郊，詔幹曰：「夫刑獄之理，先哲所難，然既有邦國，得不自勵也。汝，我之懿弟，當聿修厥德，光崇有魏，深思遠圖，如臨深履薄。若恃親重，不務世政，國有常憲，方增悲感。」高祖詔以李憑爲長史、唐茂爲司馬、盧尚之爲諮議參軍以匡弼之。而憑等諫諍，幹殊不納。州表斬盜馬人，於律過重，而尚書以幹初臨，縱而不劾。詔曰：「夫刑以節人，罪必無濫，故刑罰不中，民無措足。若必以威殺爲良，則應汎通衆牧。苟須有禁，何得不稽之正典？又律令條憲，無聽新君加戮之文，典禮舊章，不著始臨專威之美。尚書曲阿朕意，實傷皇度。幹闇於治理，律外重刑，並可推聞。」

後轉特進、司州牧。車駕南討，詔幹都督中外諸軍事，給鼓吹一部、甲士三百人，出入殿門。幹貪淫不遵典法，御史中尉李彪將糾劾之。會遇幹於尚書下舍，因屏左右而謂幹曰：「殿下，比有風聞，即欲起彈，恐損聖明委託之旨，若改往修來，彪當不言，脱不悛改，夕聞旦發。」而幹悠然不以爲意，彪乃表彈之。高祖省之忿惋，詔幹與北海王詳俱隨太子詣行在所。既至，詳獨得朝見，幹不蒙引接。密令左右察其意色，知無憂悔，乃親數其過，杖之一百，免所居官，以王還第。

二十三年薨，年三十一。給東園祕器、斂服十五稱，賵帛三千匹，謚曰靈王，陪葬長陵。

子謐，世宗初襲封。幹妃穆氏表謐母趙等悖禮愆常，不遜日甚，尊卑義阻，母子道絕。詔曰：「妾之於女君，猶婦人事舅姑，君臣之禮，義無乖二。妾子之於君母，禮加如子之恭，何得黷我風政！可付宗正，依禮治罪。」謐在母喪，聽音聲飲戲，爲御史中尉李平所彈。遇赦，復封。除通直散騎常侍，加龍驤將軍，遷太子中庶子，出爲冠軍將軍、岐州刺史。

謐性嚴，暴虐下人。肅宗初，臺使元延到其州界，以驛邏無兵，攝帥檢覈。隊主高保願列言：「所有之兵，王皆私役。」謐聞而大怒，鞭保願等五人各二百。數日之間，謐召近州夫，閉城四門，内外嚴固，搜掩城中，楚掠備至。又無事而斬六人。合城兇懼，衆遂大呼屯門。謐怖，登樓毁梯以自固。土人散走，城人分守四門。靈太后遣游擊將軍王靖馳馹諭之。城人既見靖至，開門謝罪，奉送管籥。乃罷謐州。還，除大司農卿。又除散騎常侍、平北將軍、幽州刺史。謐妃胡氏，靈太后從女也。未發，坐毆其妃免官。後除都官尚書，加安南將軍。

正光四年薨。給東園祕器、朝服一具、衣一襲，賵帛五百匹。高陽王雍，幹之母弟，啓論謐，故超贈假侍中、征南將軍、司州牧，謚曰貞景。

子毓，字子春，襲。莊帝初，河陰遇害，贈衛大將軍、儀同三司、青州刺史，謚曰宣恭。無子，詔以謐弟讞子寘字景融爲後，襲爵。及寘伯諶復封趙郡，改封平昌王。齊受禪，爵例降。

謐兄諶，字興伯，性平和。自通直正員郎，遷太子庶子、司空司馬、鴻臚少卿。遷後將軍、肆州刺史，固辭不拜。改授平南將軍、光禄少卿。轉黄門侍郎，進號安南將軍、光禄大夫。出爲散騎常侍、中軍將軍、相州刺史。罷州，除宗正卿、都官尚書。以親例封上蔡縣開國公，食邑四百户，讓而不受。莊帝初，拜車騎將軍、儀同三司、尚書左僕射；封魏郡王，食邑一千户。又加侍中。諶本年長，應襲王封，其父靈王寵愛其弟謐，以爲世子。莊帝詔復諶封趙郡王。進號驃騎大將軍，加開府，遷司空公。出帝時，轉太保、司州牧、太尉公，又遷太師，録尚書事。孝静初，爲大司馬，三年薨，贈假黄鉞、侍中、都督、冀州刺史，謚曰孝懿。諶無他才識，歷位雖重，時人忽之。

子熚，襲。齊受禪，爵例降。

謐弟譚，頗强立，少爲宗室所推敬。自羽林監出爲高陽太守，爲政嚴斷，豪右畏之。肅宗初，入爲直閤將軍，歷太僕、宗正少卿，加冠軍將軍。元法僧外叛，詔譚爲持節、假左將軍、别將以討之。徐州平，遷光禄少卿、行南兖州事、征虜將軍、涇州刺史。入爲武衛將軍。尋詔譚爲都督以討杜洛周，次於軍都，爲洛周所敗。還，除安西將軍、秦州刺史。卒，贈撫軍將軍、儀同三司、青州刺史〔六〕。

諶弟讞，爲人貪暴無禮。自羽林監遷司徒主簿。肅宗時，除正員郎，稍遷左將軍、太中大夫；封平鄉縣開國男，邑二百户。莊帝初，河陰遇害。贈車騎大將軍、儀同三司、定州刺史。

子景暄，直閤將軍。從出帝没於關西。

讞弟讜，羽林監、直閤將軍。早卒，賵帛五百匹，贈鎮遠將軍、恒州刺史。

廣陵王羽，字叔翻。太和九年封，加侍中、征東大將軍，爲外都大官。羽少而聰慧，有斷獄之稱。後罷三都，羽爲大理，加衞將軍，典決京師獄訟，微有聲譽。遷特進、尚書左僕射，又爲太子太保、録尚書事。

高祖將南討，遣羽持節安撫六鎮，發其突騎，夷人寧悦〔七〕。還領廷尉卿。車駕既發，羽與太尉丕留守，加使持節，語在丕傳。高祖友愛諸弟，及將別，不忍早分，詔羽從至雁門，乃令羽歸。望其稱効，故賜如意以表心。

遷都議定，詔羽兼太尉，告于廟社。還京之後，北蕃人夷多有未悟。羽鎮撫代京，內外肅然，高祖嘉之。十八年春，羽表辭廷尉，不許。

羽奏：「外考令文，每歲終，州鎮列牧守治狀。及至再考，隨其品第，以彰黜陟。去十五年中，在京百寮盡已經考爲三等。此年便是三載，雖外有成令，而內令未班。內外考察，理應同等。臣輒推準外考，以定京官治行。」詔曰：「雖内考未宣，績已久著，故明堂、月令載公卿大夫論考屬官之治，職區分著。三公。疑尚書三載殿最之義，此之考内，已爲明矣。但論考之事，理在不輕，問績之方，應關朕聽，輒爾輕發，殊爲躁也。每考之義，應在年終，既云此年，何得春初也！今始維夏，且待至秋後。」

高祖臨朝堂議政事，謂羽曰：「遷都洛陽，事格天地，但汝之迷，徒未開沈鄣耳〔八〕。朕家有四海，往來何難。朕初發洛陽，教示永壽，皆謂分別。比自來後，諸處分之事，已差前敕。今舉大功，寧爲虚費？且朕無周召之弟，豈容晏安日逸。今便北巡，遷留之事，當稱朕懷〔九〕。」

後高祖臨朝堂，謂羣臣曰：「兩儀既闢，人生其間，故上天不言，樹君以代。是以書稱三考之績，禮云考成之章。自皇王以降，斯道靡易。朕以寡德，猥荷洪基，思與百辟，允釐庶務。然朕識乏知人，不能使朝絶素餐之譏，野無考盤之刺，夙宵寤寐，載懷怵惕。卿等皆是朝賢國彦，匡弼是寄，各率乃心，以旌考績之義。如乖忠正，國有常刑。賢者雖疎必進，不肖者雖親必黜。」顧謂羽曰：「上下二等，可爲三品，中等但爲一品。所以然者，上下是黜陟之科，故旌絲髮之美，中等守本，事可大通。」

羽先呈廷尉五局司直。高祖曰：「夫刑獄之難，實惟自古，必也斷訟，夫子所稱。然五局所司，專主刑獄，比聞諸風聽，多論五局不精。知人之難，朕豈獨決，當與羣臣同之。卿等各陳所聞。」高祖謂羽及少卿鄧述曰：「五局司直，卿等以何爲品？」羽對曰：「諸司直並簡聖心。往者，百官初置，擢爲獄官，聽訟察辭，無大差越。所以爲二等者，或以視事甫爾〔一〇〕，或以見機遲速，朝廷既有九品之制，故計其絲髮之差，以爲品第。統論所得，大都相似。」高祖曰：「朕頃年以其人識見可取，故簡司獄官，小優劣不足爲差。然廷尉所司，人命之本事〔一一〕，須心平性正、抑彊哀弱、不避貴勢、直情折獄者可爲上等。今正欲聽採風謡，虛實難悉；正欲不採，事無所據。然人言惡者未必是惡，言善者不必是善。所以然者，或斷訟不避豪貴，故人以爲惡；或將勢抑賤，貴人以爲好。然關朕之聽，皆貴者言，是以遲迴三復，良由於此。局事須冰清玉潔，明揚褒貶。卿等既是親典，邪正得失，悉所具之，可精辨以聞。」鄧述對曰：「陛下行賞得人，餘者甘心〔一二〕；若實不盡能，無以勸勵〔一三〕。如臣愚見，願不行賞。」高祖曰：「朕昔置此官，許三年考績，必行賞罰。既經今考，若無黜陟，恐正直者莫肯用心，邪曲者無以改肅。自非釋之于公〔一四〕，何能盡其至理。雖不可精其微致，且望粗有殿最。諸尚書更與羣官善量所以。」

高祖謂尚書等曰：「朕仰纂乾構，君臨萬宇。往者稽古典章，樹茲百職。然尚書之任，樞機是司，豈惟總括百揆，緝和人務而已，朕之得失，寔在於斯。自卿等在任，年垂二周，未嘗言朕之一失，獻可否之片規，又不嘗進一賢而退一不肖，此二事罪之大者。」高祖又謂羽曰：「汝之淺薄，固不足以況晉之巨源。考之今世，民斯下矣。汝始爲廷尉，及初作尚書，内外瞻望，以吾有弟。自往秋南旆之後，近小人，遠君子，在公阿黨，虧我皇憲，出入無章，動乖禮則。計汝所行，應在下下之第。」高祖又謂羽曰：「汝既是宸極之弟，而居樞端之任。汝自在職以來，功勤之績不聞於朝，阿黨之音頻干朕聽。汝之過失，已備積於前，不復能別敍。今黜汝録尚書、廷尉，但居特進、太保。」又謂尚書令陸叡曰：「叔翻在省之初，甚有善稱，自近以來，偏頗懈怠。豈不由卿等隨其邪僞之心，不能相導以義，雖不成大責，已致小罰。今奪卿尚書令禄一周。」謂左僕射元贊曰：「卿夙德老成，久居機要，不能光贊物務，奬勵同寮，賊人之謂，豈不在卿！計叔翻之黜，卿應大辟，但以咎歸一人，不復相罪。又爲少師，未允所授，今解卿少師之任，削禄一周。」詔吏部尚書澄曰：「叔父既非端右，又非座元，豈宜濫歸衆過也。然觀叔父神志驕傲，少保之任，似不能存意。可解少保。」謂長兼尚書于果曰〔一五〕：「卿履歷卑淺，超昇名任，不能勤謹夙夜，數辭以疾。長兼之職，位亞正員，今解卿長兼，可光禄大夫、守尚書，削禄一周。」又謂守尚書尉羽曰：「卿在集書，殊無憂存左史之事，今降爲長兼常侍，亦削禄一周。」又謂守尚書盧淵曰：「卿始爲守尚書，未合考績。然卿在集書，雖非高功，爲一省文學之士，嘗不以左史在意，如此之咎，罪無所歸。今降卿長兼王師，守常侍、尚書如故，奪常侍祿一周。」謂左丞公孫良、右丞乞伏義受曰：「二丞之任，所以協贊尚書，光宣出納，而卿等不能正心直言，規佐尚書，論卿之罪，應合大辟。但以尚書之失，事鍾叔翻，故不能別致貶責。二丞可以白衣守本官，冠服祿恤，盡皆削奪。若三年有成，還復本任；如其無成，則永歸南畝。」又謂散騎常侍元景曰：「卿等自任集書，合省逋墮，致使王言遺滯，起居不修，如此之咎，責在於卿。今降爲中大夫、守常侍，奪祿一周。」謂諫議大夫李彥曰：「卿雖處諫議之官，實人不稱職，可去諫議，退爲元士。」又謂中庶子游肇等曰：「自建承華，已經一稔，然東宮之官，無直言之士，雖未經三載，事須考黜。肇及中舍人李平識學可觀，可爲中〔一六〕；安樂王詮可爲下中，解東華之任〔一七〕，退爲員外散騎常侍；馮夙可爲下下，免中庶子，免爵兩任，員外常侍如故；中舍人閭賢保可爲下下，退爲武騎常侍。」又謂公孫良曰：「頃年用人，多乖觀才之授。實是武人，而授以文官，黜同大例，於理未均。諸如此比，黜官如初。」

高祖引陸叡、元贊等於前曰：「北人每言北人何用知書，朕聞此，深用憮然。今知書者甚衆，豈皆聖人。朕自行禮九年，置官三載，正欲開導兆人，致之禮教。朕爲天子，何假中原，欲令卿等子孫博見多知。若永居恒北，值不好文主，卿等子孫不免面墻也。」陸叡對曰：「實如明詔，金氏若不入仕漢朝，七世知名，亦不可得也。」高祖大悅。

及五等開建，羽食渤海之東光二千户。車駕南伐，羽進號衞將軍，除使持節、都督青齊光南青四州諸軍事、征東大將軍、開府、青州刺史。以留守代京之功，增邑五百户。高祖幸羽第，與諸弟言曰：「朕昨親受人訟，始知廣陵之明了。」咸陽王禧對曰：「臣年爲廣陵兄，明爲廣陵弟。」高祖曰：「我爲汝兄，汝爲羽昆，汝復何恨。」又曰：「叔翻沈痾緜惙，遂有辰歲，我每爲深憂，恐其不振。今得痊愈，晚成婚媾，且喜其吉慶，故命駕耳。」高祖親餞之華林園。後詔羽曰：「吾因天歷運，乘時樹功，開荆拓沔，威振楚越。時暨三炎，息駕汝潁。勢臨荆徐，聲遏江外，未容解甲，凱入三川。纂兵修律，俟秋方舉。海服之寄，故惟宗良，善開經策，寧我東夏。敬慎汝儀，勿墜嘉問，唯酒唯田，可不戒歟！」加散騎常侍，進號車騎大將軍，餘如故。

世宗即位，遷司州牧，常侍如故。羽頻表辭牧，至于三四，詔不許。世宗覽政，引羽入内，面授司徒。羽辭曰：「彦和本自不願，而陛下彊與。今新去此官而以臣代之，必招物議。季豫既轉，取之無嫌。請爲司空。」世宗猶彊焉，固辭，乃許之。

羽先淫員外郎馮俊興妻，夜因私遊，爲俊興所擊。積日祕匿，薨於府，年三十二。世宗親臨，哀慟，詔給東園温明祕器、朝服一具、衣一襲、錢六十萬、布一千匹、蠟三百斤，大鴻臚護喪事。大殮，帝親臨之，舉哀都亭。贈使持節、侍中、驃騎大將軍、司徒公、冀州刺史，給羽葆鼓吹、班劍四十人，謚曰惠。及葬，帝親臨送。子恭襲。語在紀。

恭兄欣，字慶樂。性麤率，好鷹犬。肅宗初，除通直散騎常侍、北中郎將。出爲冠軍將軍、荊州刺史，轉征虜將軍、齊州刺史。欣在二州，頗得人和。又爲征東將軍、太僕卿。孝莊初，封沛郡王，邑一千户，後改封淮陽王。出帝時，加太師、開府。復封廣陵王。除太傅、司州牧，尋除大司馬。隨出帝没於關中。

欣弟永業，普泰元年，特封高密郡王，食邑一千户。武定末，金紫光禄大夫。齊受禪，爵例降。

高陽王雍，字思穆，少而倜儻不恒。高祖曰：「吾亦未能測此兒之深淺，然觀其任真率素，或年器晚成也。」太和九年，封潁川王，加侍中、征南大將軍。或説雍曰：「諸王皆待士以營聲譽，王何以獨否？」雍曰：「吾天子之子，位爲諸王，用聲名何爲？」久之，拜中護軍，領鎮北大將軍。改封高陽。奉遷七廟神主於洛陽。五等開建，食邑二千户。

車駕南伐，雍行鎮軍大將軍，總攝留事。遷衞尉，加散騎常侍，除使持節、鎮北將軍、相州刺史，常侍如故。高祖誡雍曰：「相州乃是舊都，自非朝賢德望無由居此，是以使汝作牧。爲牧之道，亦難亦易〔一八〕。其身正，不令而行，故便是易。其身不正，雖令不從，故便是難。又當愛賢士，存信約，無用人言而輕與奪也。」進號征北將軍。

世宗初，還使持節、都督冀相瀛三州諸軍事、征北大將軍、開府、冀州刺史，常侍如故。雍在二州，微有聲稱。入拜驃騎大將軍、司州牧。世宗時幸雍第，皆盡家人之禮。遷司空公，議定律令，雍常入參大議。轉太尉公，加侍中。時雍以旱故，再表遜位，優詔不許。除太保，領太尉，侍中如故。

世宗行考陟之法，雍表曰：

竊惟三載考績，百王通典。今任事上中者，三年昇一階，散官上第者，四載登一級。閑冗之官，本非虛置，或以賢能而進，或因累勤而舉。如其無能，不應忝茲高選。既其以能進之朝伍，或任官外戍〔一九〕，遠使絶域，催督逋懸，察檢州鎮，皆是散官，以充劇使。及於考陟，排同閑伍。檢散官之人，非才皆劣，稱事之輩，未必悉賢。而考閑以多年，課煩以少歲，上乖天澤之均，下生不等之苦。又尋景明之格，無折考之文；正始之奏，有與奪之級。明參差之考，非聖慈之心；改典易常，乃有司之意。又尋考級之奏，委於任事之手；涉議科勤，絶於散官之筆。遂使在事者得展自勤之能，散輩者獨絶披衿之所。抑以上下之閑，限以旨格之判，致使近侍禁職，抱槃屈之辭；禁衛武夫，懷不申之恨。欲剋平四海，何以獲諸。又散官在直，一玷成尤，銜使愆失，差毫即坐。徽纆所逮，未以事閑優之；節慶之賚，不以祿微加賞。罪殿之犯，未殊任事；考陟之機，推年不等。臣聞君舉必書，書而不法，後代何觀。詩云「王事靡盬，不遑啓處」，又曰「豈不懷歸，畏此簡書」。依依楊柳，以敍治兵之役；霏霏雨雪，又申振旅之勤。若折往來日月，便是採薇之詩廢，杕杜之歌罷。又任事之官，吉凶請假，定省掃拜，動歷十旬，或因患重請，動輒經歲。征役在途，勤泰百倍。苦樂之勢，非任事之倫；在家私閑，非理務之日。論優語劇，先宜折之。

武人本挽上格者爲羽林，次格者爲虎賁，下格者爲直從。或累紀征戍，靡所不涉；或帶甲連年，負重千里；或經戰損傷；或年老衰竭。今試以本格，責其如初，有爽於先，退階奪級。此便責以不衰，理未通也。又蕃使之人，必抽朝彥。或歷嶮千餘，或履危萬里，登有死亡之憂，咸懷不返之慼，魂骨奉忠，以尸將命。先朝賞格，酬以爵品；今朝改式，止及階勞。折以代考，有乖使望。非所以奬勵皇華而敦崇四牡者也。

復尋正始之格：汎後任事上中者，三年升一階；汎前任事上中者，六年進一級。三年一考，自古通經。今以汎前六年昇一階，檢無愆犯，倍年成級。以此推之，明以汎代考。新除一日，同霑階榮，下第之人因汎上陟，上第之士由汎而退。

臣又見部尉資品，本居流外，刊諸明令，行之已久。然近爲里巷多盜，以其威輕不肅，欲進品清流，以壓姦宄。甄琛啓云〔二〇〕：「爲法者施而觀之，不便則改。」竊謂斯言有可採用，聖慈昭覽，更高宰尉之秩。

今考格始宣，懷怨者衆，臣竊觀之，亦謂不可，有光國典，改之何難。

世宗乃引雍共論時務。

肅宗初，詔雍入居太極西栢堂，諮決大政，給親信二十人。又詔雍爲宗師，進太傅、侍中，領太尉公，王如故。別敕將作，營國子學寺，給雍居之。領軍于忠擅權專恣，僕射郭祚勸雍出之。忠怒，矯詔殺祚及尚書裴植，廢雍以王歸第。朝有大事，使黄門郎就諮訪之。忠尋復矯詔，將欲殺雍，以問侍中崔光，光拒之，乃止。

未幾，靈太后臨朝，出忠爲冀州刺史。雍表曰：

臣初入栢堂，見詔旨之行，一由門下，而臣出君行，不以悛意。每覽傷矜，視之慘目，深知不可，不能禁制。臣之罪一也。臣近忝内樞，兼尸師傅，宜保護聖躬，温清晨夕。而于忠身居武司，禁勒自在，限以内外，朝謁簡絶。皇居寢食，所在不知，社稷安危，又亦不預，出入栢堂，尸立而已。臣之罪二也。忠規欲殺臣，賴在事執拒。又令僕卿相，任情進黜，遷官授職，多不經旬，斥退賢良，專納心腹，威振百寮，勢傾朝野。臣見其如此，欲出忠爲雍州刺史，鎮撫關右，在心未行，反爲忠廢。忝官尸禄，孤負恩私。臣之罪三也。先帝昇遐，儲宫纂統，斯乃君父之恒謨，臣子之永則，加賞之義，自古無之。忠既人臣，受恩先帝，喪禍之際，竭節是常，迎陛下於東宫，臣下之恒事，如其不爾，更欲何爲？而忠意氣凌雲，坐要封爵。爾日抑之，交恐爲禍。臣以權臣所欲，不敢輒違，即集王公卿士，議其多少。清河王臣懌，先帝懿弟，識度寬明，臨衆唱議，非以勤而賞之，憚違權臣之旨，望顔而授。臣知不可，因而從之。臣之罪四也。忠秉權門下，且居宰執，又總禁旅，爲崇訓衛尉，身兼内外，横干宫掖。臣之罪五也。古者重罪，必令三公會，期至旬日，所以重死刑也。先帝登極，十有七年，細人犯刑，猶寬憲墨，朝廷貴仕，不戮一人。今陛下踐阼，年未半周，殺僕射、尚書，如芟一草，是忠秉權矯旨，擅行誅戮。臣知不能救，臣之罪六也。臣位荷師相，年未及終，難恕之罪，顯露非一，何情以處，何顔以生，雖經恩宥，猶有餘責，謹反私門，伏聽司敗。

靈太后感忠保護之勳，不問其罪，增雍封一千户，除侍中、太師，又加使持節，以本官領司州牧。

雍表請：王公以下賤妾，悉不聽用織成錦繡、金玉珠璣，違者以違旨論；奴婢悉不得衣綾綺纈，止於縵繒而已，奴則布服，並不得以金銀爲釵帶，犯者鞭一百。太后從之，而不能久行也。詔雍乘步挽出入掖門。又以本官録尚書事。雍頻表辭遜，優答不許，詔侍中敦諭。詔雍朝夕侍講。

肅宗覽政，除使持節、司州牧、侍中、太師、録尚書如故。肅宗加元服，雍兼太保，與兼太尉崔光攝行冠禮。詔雍乘車出入大司馬門，進位丞相，給羽葆鼓吹，倍加班劍，餘悉如故。又賜帛八百匹，與一千人供具，催令速拜。詔雍依齊郡順王簡太和故事，朝訖引坐，特優拜伏之禮。總攝內外，與元叉同決庶政。歲禄萬餘，粟至四萬，伎侍盈房，諸子璠晃，榮貴之盛，昆弟莫及焉。

元妃盧氏薨後，更納博陵崔顯妹，甚有色寵，欲以爲妃。世宗初以崔氏世號「東崔」，地寒望劣，難之，久乃聽許。延昌已後，多幸妓侍，近百許人，而疎棄崔氏，別房幽禁，不得關豫內政，僅給衣食而已。至乃左右無復婢使，子女欲省其母，必啓聞，許乃得見。未幾，崔暴薨，多云雍毆殺之也。靈太后許賜其女妓，未及送之，雍遣其閹豎丁鵝自至宮內，料簡四口，冒以還第〔二〕。太后責其專擅，追停之。

孝昌初，詔曰：「比相府弗開，陰陽未變〔三〕。王秉哲居宗，勳望隆重，道庇蒼生，威被華裔，體國猶家，匪躬在節，可開府置佐史。」尋罷司徒，以爲丞相府。

孝莊初，尒朱榮欲害朝士，遂云雍將謀逆，於河陰遇害。贈假黃鉞、相國，謚文穆王。

雍識懷短淺，又無學業，雖位居朝首，不爲時情所推。既以親尊，地當宰輔，自熙平以後，朝政褫落，不能守正匡弼，唯唯而已。及清河王懌之死，元叉專政，天下大責歸焉。

嫡子泰，字昌，頗有時譽。爲中書侍郎，尋遷通直散騎常侍、鎮東將軍、太常卿。與雍同時遇害。追贈侍中、特進、驃騎大將軍、太尉公、武州刺史、高陽王，謚曰文孝。

子斌，襲。武定中，官至尚書右僕射。齊受禪，爵例降。

泰兄端，字宣雅。美容貌，頗涉書史。起家散騎侍郎。累遷通直常侍、鴻臚、太常少卿、散騎常侍。出爲安東將軍、青州刺史。是時蕭衍遣將寇逼徐揚，除端撫軍將軍、金紫光禄大夫、使持節、東南道大使，處分軍機。賊平，拜鎮軍將軍、兗州刺史。俄而衍將復寇徐兗，圍逼州城。端率在州文武拒守，得全。以功封安德縣開國公〔三〕，食邑五百户。還，除都官尚書。與雍俱遇害。贈車騎大將軍、儀同三司、相州刺史。

子峻，襲爵。齊受禪，例降。

泰弟叡，字子哲。輕忽榮利，愛翫琴書。起家拜通直散騎侍郎，遷衛尉少卿，轉光禄少卿，封濟北郡王。與雍俱遇害。贈車騎大將軍、司空公、雍州刺史。

子徽，普泰中，襲爵。起家通直郎。武定五年，坐與元瑾等謀反，伏法。

叡弟誕，字文發。少聰惠，有風儀。起家通直郎，遷中書侍郎、通直散騎常侍。封新陽縣開國伯，食邑三百户。加龍驤將軍。進封昌樂王，食邑七百户。遷平南將軍、散騎常侍、黄門侍郎。孝静初，拜侍中、車騎大將軍、儀同三司、司州牧。天平三年薨，贈使持節、侍中、太保、司徒公、尚書令，將軍、牧如故，謚曰文獻。無子，以斌第二子亮爲後。

誕弟勒叉，勒叉弟亘，亘弟伏陀，伏陀弟彌陀，彌陀弟僧育，僧育弟居羅。出帝初，勒叉封陽平縣，亘封濮陽縣，伏陀封武陽縣，彌陀封新陽縣，僧育封頓丘縣，居羅封衞縣，並開國伯，食邑四百户。天平中，並除鎮遠將軍、散騎侍郎。僧育走關西，國除。其餘齊受禪，爵例降。

北海王詳，字季豫。美姿容，善舉止。太和九年封，加侍中、征北大將軍。後拜光禄大夫，解侍中、將軍。又兼侍中。

從高祖南伐，爲散騎常侍。高祖自洛北巡，詳常與侍中、彭城王勰並在輿輦，陪侍左右。至高宗射銘之所，高祖停駕，詔諸弟及侍臣，皆試射遠近，唯詳箭不及高宗箭所十餘步[二四]。高祖嘉之，拊掌欣笑，遂詔勒銘，親自爲制。五等開建，食邑二千户。遷侍中，轉祕書監。

車駕南伐，詳行中領軍，留守，給鼓吹一部，甲仗三百人，兼督營構之務。高祖賜詳璽書曰：「比遊神何業也？丘墳六籍，何事非娱，善正風猷，肅是禁旅。」詳後朝於行宮，高祖引見之。詳慶平沔北，高祖曰：「朕以畿南未清，神麾暫動，沔北數城，並皆柔服，此乃將士之効，非朕之功。」詳對曰：「陛下德邁唐虞，功徽周漢[二五]，自南之風，於是乎始。」詳還洛，高祖餞之，詔詳曰：「昔者，淮夷叛命，故有三年之舉；鬼方不令，乃致淹載之師。况江吴竊命，于今十紀，朕必欲蕩滌南海，然後言歸。今夏停此，故與汝相見，善守京邑，副我所懷。」趙郡王幹薨，以詳行司州牧。除護軍將軍，兼尚書左僕射。

高祖臨崩，顧命詳爲司空輔政。世宗即位，以詳有營構之勤，增邑一千户。詳以帝居諒闇，不受。世宗覽政，遷侍中、大將軍、録尚書事。咸陽王禧之謀反也，詳表求解任。詔曰：「一人之身，愆不累德，形乖性别，忠逆固殊。是以父殛子興，義高唐世；弟戮兄登，迹顯周魯。禧之與國，異體同氣，既肆無君之逆，安顧弟友之親。叔父忠顯二朝，誠貫廟社，寔勗贊沖昧，保乂鴻猷，豈容以微介之慮，忘阿衡之重，貂章即已敕還，願不再述。祚屬眇躬，言及斯事，臨紙慚恨，惋慨兼深。」詳重表陳解，詔復不許。除太傅，領司徒，侍中、録尚書事如故。詳固辭，詔遣敦勸，乃受。

詳與八座奏曰：「竊惟姦劫難除，爲蠹日久，羣盜作患，有國攸病。故五刑爲用，猶陷觸綱之誅；道幾勝殘，寧息狗竊之響。是以班制垂式，名爲治本，整綱提目，政之大要。謹尋奪禄事條，班已周歲。然京邑尹、令，善惡易聞；邊州遠守，或難聽審，皆上下同情，迭相掩没。設有賊發，隱而不言，或以劫爲偷，或遏掠成盜，更令賊發難知，攘竊惟甚。臣等參議，若依制削奪，則縣無朞月之宰；附條貶黜，郡靡歲稔之守。此制必行，所謂法令滋章，盜賊多有。昔黄龔變風，不由削禄；張趙稱美，豈憚貶退。然綏導之體，得失在人。乃可重選慎官，依律劾禁，不宜輕改法令，削黜羣司。今請改制條，還附律處。其勵己公清，賞有常典，風謡黷賄，案爲考第。」世宗從之。

詳之拜命，其夜暴風震電，拔其庭中桐樹大十圍，倒立本處。初，世宗之覽政也，詳聞彭城王勰有震主之慮，而欲奪其司徒，大懼物議，故爲大將軍，至是乃居之。天威如此，識者知其不終。世宗講武於鄴，詳與右僕射高肇、領軍于勁留守京師。

初，太和末，詳以少弟延愛，景明初，復以季父崇寵，位望兼極，百寮憚之。而貪冒無厭，多所取納；公私營販，侵剥遠近；嬖狎羣小，所在請託。珍麗充盈，聲色侈縱，建飾第宇，開起山池，所費巨萬矣。又於東掖門外，大路之南，驅逼細人，規占第宅。至有喪柩在堂，請延至葬而不見許，乃令輿櫬巷次，行路哀嗟。詳母高太妃，頗亦助爲威虐，親命歐擊，怨響噭噭。妃，宋王劉昶女，不見答禮。寵妾范氏，愛等伉儷，及其死也，痛不自勝，乃至葬訖，猶毁瘞視之。表請贈平昌縣君。詳又蒸於安定王燮妃高氏，高氏即茹皓妻姊。嚴禁左右，閉密始末。詳既素附於皓，又緣淫好，往來綢密。皓之取妻也，詳親至其家，忻飲極醉。

詳雖貪侈聚斂，朝野所聞，而世宗禮敬尚隆，憑寄無替，軍國大事，總而裁決。每所敷奏，事皆協允。詳常別住華林園之西隅，與都亭、宫館密邇相接，亦通後門。世宗每潛幸其所，肆飲終日，其寵如此。又詳拜受，因其私慶，啓請世宗。世宗頻幸南第，御其後堂，與高太妃相見，呼爲阿母，伏而上酒，禮若家人。臨出，高每拜送，舉觴祝言：「願官家千萬歲壽，歲歲一至妾母子舍也。」初，世宗之親政也，詳與咸陽王禧、彭城王勰並被召入，共乘犢車，防衞嚴固。高時惶迫，以爲詳必死，亦乘車傍路，哭而送至金墉。及詳得免，高云：「自今而後，不願富貴，但令母子相保，共汝埽市作活也。」至此貴寵崇盛，不復言有禍敗之理。

後爲高肇所譖，云詳與皓等謀爲逆亂。于時詳在南第，世宗召中尉崔亮入禁，敕糾詳貪淫，及茹皓、劉胄、常季賢、陳掃靜等專恣之狀。亮乃奏詳：「貪害公私，淫亂典禮。朝廷比以軍國費廣，禁斷諸蕃雜獻，而詳擅作威令，命寺署酬直。驅奪人業，崇侈私第。蒸穢無道，失尊卑之節；塵敗憲章，虧風教之紀。請以見事，免所居官爵，付鴻臚削奪，輒下禁止，付廷尉治罪。」并劾皓等，夜即收禁南臺。又虎賁百人，圍守詳第，慮其驚懼奔越。遣左右郭翼開金墉門，馳出諭之，示以中尉彈狀。詳母高見翼，頓首號泣不自勝。詳言：「審如中尉所糾，何憂也，正恐更有大罪橫至耳。人奉我珍異貨物，我實愛之。果爲取受，吾何憂乎？」私以自寬。至明，皓等皆賜死，引高陽王雍等五王入議詳罪。單車防守，還華林之館。母妻相與哭，入所居，小奴弱婢數人隨從。官防甚嚴，終夜擊柝，列坐圍守，外内不通。世宗爲此不幸園十餘日。徙詳就太府寺，圍禁彌切。詔曰：「王位兼台輔，親懿莫二，朝野屬賴，具瞻所歸。不能勵德存道，宣融軌訓，方乃肆茲貪靦，穢暴顯聞。遠負先朝友愛之寄，近乖家國推敬所期，理官執憲，寔合刑典，天下爲公，豈容私抑。但朕諸父傾落，存者無幾，便極逮坐，情有未安。可免爲庶人，別營坊館，如法禁衞，限以終身。邦家不造，言尋感慨。」遂別營館於洛陽縣東北隅，二旬而成，將徙詳居之。會其家奴數人，陰結黨輩，欲以劫出詳，密抄名字，潛託侍婢通於詳。詳始得執省，而門防主司遥見，突入，就詳手中攬得，呈奏。至夜，守者以聞。詳哭數聲而暴死〔二六〕。詳自至太府，令其母妻還居南宅，五日一來，與其相見。此夜，母妻不在，死於婢手中。至明，告其凶問。詔曰：

「北海叔奄至傾背，痛慕抽慟，情不自任。明便舉哀，可敕備辦喪還南宅，諸王皇宗，悉令奔赴。給東園祕器，賵物之數一依廣陵故事。」

詳之初禁也，乃以蒸高事告母。母大怒，詈之苦切，曰：「汝自有妻妾侍婢，少盛如花，何忽共許高麗婢姦通，令致此罪。我得高麗，當噉其肉。」乃杖詳背及兩脚百餘下，自行杖，力疲乃令奴代。高氏素嚴，詳每有微罪，常加責罰，以絮裹杖。至是，去絮，皆至瘡膿。詳苦杖，十餘日乃能立。又杖其妃劉氏數十，云：「新婦大家女，門户匹敵，何所畏也，而不檢校夫婿。婦人皆妬，獨不妬也！」劉笑而受罰，卒無所言。

詳貪淫之失，雖聞遠近，而死之日，罪無定名，遠近歎怪之。停殯五載。永平元年十月，詔曰：「故太傅北海王體自先皇，特鍾友愛，受遺訓輔，沖昧攸託。不圖暮節晦德，終缺哀榮，便可追復王封，剋日營厝，少慰幽魂，以旌陰疑戚。」謚曰平王。

子顥，字子明，襲。少慷慨，有壯氣。除龍驤將軍、通直散騎常侍。轉宗正卿、光禄大夫、長兼宗正卿、散騎常侍、平東將軍。轉都官尚書，加安南將軍。出除散騎常侍、撫軍將軍、徐州刺史。尋爲御史彈劾除名。

其後，賊帥宿勤明達、叱干騏驎等寇亂豳華諸州，乃復顥王爵，以本將軍加使持節、假征西將軍、都督華豳東秦諸軍事、兼左僕射、西道行臺，以討明達。顥轉戰而前，頻破賊衆，解豳華之圍。以功增封八百户，進號征西將軍。又除尚書右僕射，持節、行臺、都督如故。尋遷車騎大將軍、儀同三司，餘如故。值蕭寶夤等大敗於平涼，顥亦奔還京師。

於時，葛榮南進，稍逼鄴城。武泰初，以顥爲侍中、驃騎大將軍、開府儀同三司、相州刺史以禦榮。顥至汲郡，屬尒朱榮入洛，推奉莊帝，詔授顥太傅，開府、侍中、刺史、王並如故。顥以葛榮南侵，尒朱縱害，遂盤桓顧望，圖自安之策。先是，顥啓其舅范遵爲殷州刺史，遵以葛榮充逼，未得行。顥令遵權停於鄴。顥既懷異謀，乃遣遵行相州事，代前刺史李神，爲己表裏之援。相州行臺甄密先受朝旨〔一七〕，委其守鄴。知顥異圖，恐遵爲變，遂相率廢遵，還推李神攝理州事，然後遣軍候顥逆順之勢。

顥以事意不諧，遂與子冠受率左右奔於蕭衍。顥見衍，泣涕自陳，言辭壯烈，衍奇之。遂以顥爲魏主，假之兵將，令其北入。永安二年四月，於梁國城南登壇燔燎，號孝基元年。莊帝詔濟陰王暉業爲都督，於考城拒之，爲顥所擒。又剋行臺楊昱於滎陽。尒朱世隆自虎牢走退，莊帝北幸。顥遂入洛，改稱建武元年。

顥以數千之衆，轉戰輒剋，據有都邑，號令自己，天下人情，想其風政。而自謂天之所授，頗懷驕怠。宿昔賓客近習之徒咸見寵待，干擾政事，又日夜縱酒，不恤軍國。所統南兵，凌竊市里。朝野莫不失望。時又酷斂，公私不安。莊帝與尒朱榮還師討顥。自於河梁拒戰，王師渡於馬渚，冠受戰敗被擒，因相繼而敗。顥率帳下數百騎及南兵勇健者，自轘轅而出。至臨潁，顥部騎分散，爲臨潁縣卒所斬。出帝初，贈使持節、侍中、都督冀定相殷四州諸軍事、驃騎大將軍、大司馬、冀州刺史。武定中，子娑羅襲。齊受禪，爵例降。

顥弟頊，字寶意〔二八〕。起家爲通直郎，轉中書郎，歷武衞將軍、光祿少卿、黄門郎。出除平北將軍、相州刺史。爲大宗正卿。封平樂縣開國公，食邑八百户。莊帝初，拜侍中、車騎將軍，封東海王，食邑千户。俄遷中書監、左光祿大夫，兼尚書右僕射。又拜車騎大將軍，加侍中。頊無他才幹，以親屬早居重任。兄顥入洛，成敗未分，便以意氣自得，爲時人所笑。顥敗，潛竄，爲人執送，斬於都市。出帝初，贈侍中、都督雍華岐三州諸軍事、驃騎大將軍、太尉公、尚書令、雍州刺史。

子衍，襲爵。武定中，通直散騎侍郎。齊受禪，爵例降。

史臣曰：顯祖諸子，俱聞道於太和之日。咸陽望重位隆，自猜謀亂。趙郡愆於王度，終謚曰靈。廣陵夙稱明察，不幸中夭，惜矣。高陽器術缺然，終荷棟幹，孝昌之叛，蓋不足以責之。北海義昧鶺鴒，奢淫自喪，雖禍由間言，亦自貽伊戚。顥取若拾遺，亡不旋踵，豈守之無術，其天將覆之。

校勘記

〔一〕宜述元志　册府卷二七三作「宜述先志」，疑是。

〔二〕願欲傳之來葉　「來葉」，原作「來業」，據册府卷五七改。按「來業」乃佛教用語，於此文義不洽。

〔三〕四方之語竟知誰是　「竟」，原作「音」，據三朝本、南監本、殿本、北史卷一九咸陽王禧傳、册府卷五七改。

〔四〕卒聞教武　「卒」，原作「臣」，北監本、汲本、殿本、局本注「疑」，今據册府卷三一二改。

〔五〕加衞大將軍　按下云「尋授車騎將軍、左光禄大夫」，據本書卷一一三官氏志，衞大將軍班在車騎將軍上，似是貶降。但下文廣陵王羽以征東大將軍爲衞將軍；高陽王雍先是征南大將軍，改鎮北大將軍，後爲相州刺史，所帶軍號卻止是鎮北將軍。與此同例，當是孝文帝時制度改易所致。諸如此類，不復出校。

〔六〕卒贈撫軍將軍儀同三司青州刺史　按建義元年元譚墓誌：「建義元年，歲次戊申，四月十三日，龍飛之會，横離大禍。」則元譚於河陰遇禍，傳止稱「卒」，似善終。疑誤。

〔七〕夷人寧悦　北史卷一九廣陵王羽傳、御覽卷七〇三引後魏書作「夷夏寧悦」。

〔八〕但汝之迷徒未開沈鄣耳　「徒」，册府卷一五六作「途」，屬上讀。

〔九〕遷留之事當稱朕懷　「稱」，册府卷一五六作「任」，疑是。按上孝文帝斥元羽於遷洛之舉「未開沉鄣」，又稱「朕無周召之弟」，則「遷留之事」自當全由自己作主。

〔一〇〕或以視事甫爾　册府卷六九作「或以親事利鈍」。

〔一一〕人命之本事　「本事」，册府卷六九作「大事」，疑是。

〔一二〕行賞得人餘者甘心　「者」，册府卷六九作「皆」，文義相貫，疑是。

〔一三〕若賓不盡能無以勸勵　「賓」，册府卷六九作「賞」，文義相貫，疑是。

〔一四〕自非釋之于公　「釋」，册府卷六九作「擇」，疑是。按此處議論本是選官擇人。

〔一五〕于果　原作「于杲」，據北史卷一九廣陵王羽傳、本書卷三一于栗磾傳附于果傳改。

〔一六〕可爲中　李慈銘云：「北史卷一九『中』下有『第』字，此脱。」

〔一七〕解東華之任　「東華」，疑爲「承華」之訛。按此處黜陟太子官屬，即上文所謂「承華」宫之官屬，本書卷一四河間公齊傳附元志傳稱御史中尉「避承華車蓋，駐論道劍鼓」，知上文「承華」不誤，則此「東華」當訛。

〔一八〕爲牧之道亦難亦易　「亦難亦易」，原作「非難亦易」，據册府卷一五六改。按北史卷一九高陽王雍傳、御覽卷二五四引後魏書作「亦易亦難」，雖亦通，然御覽此段雖標「後魏書」，實出北史，如作「帝誡曰」不作「高祖誡曰」，又無下「又當愛賢士」云云，可證。

〔一九〕或任官外戍　「任官」，通典卷一五選舉三載元雍表、册府卷六三五、文獻通考卷三九選舉考一二並作「征官」，疑是。按「征官」指征行之官，故與「外戍」連文。

〔二〇〕甄琛　原作「甄深」，按語見本書卷六八甄琛傳，今據改。

〔二一〕冒以還第　「冒」，原作「置」，據三朝本、南監本、殿本、北史卷一九高陽王雍傳、册府卷二一九七改。

〔二二〕比相府弗開陰陽未變　「變」，疑爲「燮」字之訛。按此處作「變」語澀，古人認爲，宰相之職，助天子燮理陰陽。

〔二三〕安德縣開國公　「安德縣」，原作「安得縣」，建義元年元端墓誌作「安德郡」。按本書卷一〇六上地形志上冀州安德郡注云「太和中置，尋併勃海，中興中復」，郡下屬有安德縣。「安得」顯爲「安德」之訛，今據改。據地形志，元端受封爵，在此郡併入勃海郡後，復郡前，當時並無安德郡。傳作「縣公」未必誤。

〔二四〕唯詳箭不及高宗箭所十餘步　北史卷一九北海王詳傳、册府卷二七七並作「諸人皆去一二十步唯詳箭及之」。

〔二五〕德邁唐虞功徽周漢　「徽」，原作「微」，於文義不洽，據册府卷四八改。

〔二六〕至夜守者以聞詳哭數聲而暴死　李慈銘云：「『守者以聞』，『以』字衍。上既云『呈奏』矣，不得又言『以聞』。且方『以聞』，不言害詳事，何得便言『詳哭數聲而死』？北史『攬得呈奏』

下云：『帝密令害之。』此傳當脱一句，故下云：『至夜，守者聞詳哭數聲而死。』蓋莫知其死狀也。」

〔二七〕相州行臺甄密先受朝旨　「甄密」，「密」字原闕，據通鑑卷一五二梁紀八大通二年四月補。按「甄」下不應不書名，甄密爲相州行臺，見本書卷六八甄琛傳附甄密傳。

〔二八〕顥弟項字寶意　「項」，原作「瑱」，據北史卷一九北海王詳傳附元項傳、册府卷二八一、太昌元年元項墓誌改。「寶意」，太昌元年元項墓誌作「幼明」。

魏書卷二十一下

獻文六王列傳第九下

彭城王

彭城王勰，字彦和。少而岐嶷，姿性不羣。太和九年，封始平王，加侍中、征西大將軍。勰生而母潘氏卒，其年顯祖崩。及有所知，啓求追服。文明太后不許，乃毁瘠三年，弗參吉慶。高祖大奇之。敏而耽學，不捨晝夜，博綜經史，雅好屬文。高祖革創，解侍中、將軍，拜光禄大夫。復除侍中，長直禁内，參決軍國大政，萬機之事，無不預焉。及車駕南伐，以勰行撫軍將軍，領宗子軍，宿衞左右。開建五等，食邑二千户，轉中書令，侍中如故，改封彭城王。

高祖與侍臣昇金墉城，顧見堂後梧桐、竹曰：「鳳皇非梧桐不栖，非竹實不食，今梧桐、竹並茂，詎能降鳳乎？」勰對曰：「鳳皇應德而來，豈竹、梧桐能降？」高祖曰：「何以言之？」勰曰：「昔在虞舜，鳳皇來儀；周之興也，鸑鷟鳴於岐山。未聞降桐食竹。」高祖笑曰：「朕亦未望降之也。」後宴侍臣於清徽堂。日晏，移於流化池芳林之下。高祖曰：「向宴之始，君臣肅然，及將末也，觴情始暢，而流景將頹，竟不盡適，戀戀餘光，故重引卿等。」因仰觀桐葉之茂，曰：「『其桐其椅，其實離離，愷悌君子，莫不令儀』，今林下諸賢，足敷歌詠。」遂令黃門侍郎崔光讀暮春羣臣應詔詩。至勰詩，高祖仍爲之改一字，曰：「昔祁奚舉子，天下謂之至公，今見勰詩，始知中令之舉非私也。」勰對曰：「臣露此拙，方見聖朝之私，賴蒙神筆賜刊，得有令譽。」高祖曰：「雖琢一字，猶是王之本體〔一〕。」勰曰：「臣聞詩三百，一言可蔽。今陛下賜刊一字，足以價等連城。」

勰表解侍中，詔曰：「蟬貂之美，待汝而光，人乏之秋，何容方退也。克念作聖，庶必有資耳。」後幸代都〔二〕，次于上黨之銅鞮山。路旁有大松樹十數根。時高祖進纖，遂行而賦詩，令人示勰曰：「吾始作此詩，雖不七步，亦不言遠。汝可作之，比至吾所，令就之也。」時勰去帝十餘步，遂且行且作，未至帝所而就。詩曰：「問松林，松林經幾冬？山川何如昔，風雲與古同？」高祖大笑曰：「汝此詩亦調責吾耳。」詔曰：「弟勰所生母潘早齡謝世，顯號未加，勰禍與身具，痛隨形起，今因其展思，有足悲矜，可贈彭城國太妃，以慰存亡。」又除中書監，侍中如故。

高祖南討漢陽，假勰中軍大將軍，加鼓吹一部。勰以寵受頻煩，乃面陳曰：「臣聞兼親疏而兩，並異同而建，此既成文於昔，臣願誦之於後。陳思求而不允，愚臣不請而得。豈但今古云殊，遇否大異，非獨曹植遠羨於臣，是亦陛下踐魏文而不顧。」高祖大笑，執勰手曰：「二曹才名相忌，吾與汝以道德相親，緣此而言，無慚前烈。汝但克己復禮，更何多及。」

高祖親講喪服於清徽堂，從容謂羣臣曰：「彥和、季豫等年在蒙稚，早登纓紱，失過庭之訓，並未習禮，每欲令我一解喪服。自審義解浮疏，抑而不許。頃因酒醉坐，脱爾言從，故屈朝彥，遂親傳説。將臨講坐，慚戰交情。」御史中尉李彪對曰：「自古及今，未有天子講禮。陛下聖叡淵明，事超百代，臣得親承音旨，千載一時。」

從征沔北，賜帛三千匹。除使持節、都督南征諸軍事、中軍大將軍、開府。又詔曰：「明便交敵，可敕將士肅爾軍儀。」勰於是親勒大衆。須臾，有二大鳥從南而來，一向行宮，一向府幕，各爲人所獲。勰言於高祖曰：「始有一鳥，望旗顛仆，臣謂大吉。」高祖戲之曰：「鳥之畏威，豈獨中軍之略也，吾亦分其一爾。此乃大善，兵法咸説。」至明，便大破崔慧景、蕭衍。其夜大雨，高祖曰：「昔聞國軍獲勝，每逢雲雨。今破新野、南陽及摧此賊，果降時潤。誠哉斯言。」勰對曰：「水德之應，遠稱天心。」高祖令勰爲露布，勰辭曰：「臣聞露布者，布於四海，露之耳目，必須宣揚威略，以示天下。臣小才，豈足大用。」高祖曰：「汝豈獨親詔〔三〕，亦爲才達〔四〕，但可爲之。」及就，尤類帝文，有人見者，咸謂御筆。高祖曰：「汝所爲者，人謂吾製，非兄則弟，誰能辨之。」勰對曰：「子夏被嗤於先聖，臣又荷責於來今。」

及至豫州，高祖爲家人書於勰曰：「教風密微，禮政嚴嚴，若不深心日勸，何以敬諸。每欲立一宗師，肅我元族。汝親則宸極，位乃中監，風標才器，實足師範。屢有口敕，仍執沖遜，難違清挹，荏苒至今。宗制之重，捨汝誰寄？便委以宗儀，責成汝躬，有不遵教典，隨事以聞，吾別肅治之。若宗室有愆，隱而不舉，鍾罰汝躬。綱維相厲，庶有勸改。吾朝聞夕逝，不爲恨也。」勰翌日面陳曰：「奉詔令專主宗制，糾舉非違。臣聞『其身正不令而行，其身不正雖令不從』。臣處宗乏長幼之順，接物無國士之禮，每因啓請，已蒙哀借。不謂今詔，終不矜免。猶願聖慈，賜垂蠲遂。」高祖曰：「汝諧，往欽哉。」勰表以一歲國秩、職俸、親恤以裨軍國，詔曰：「割身存國，理爲遠矣。但汝以我親〔五〕，乃減己助國。職俸便停，親、國二事，聽三分受一。」

高祖不豫，勰內侍醫藥，外總軍國之務，遐邇肅然，人無異議。徐謇，當世之上醫也，先是，假還洛陽，及召至，勰引之別所，泣涕執手而謂之曰：「君今世元化，至尊氣力危惙，願君竭心，專思方治。若聖體日康，令四海有賴，當獲意外之賞；不然，便有不測之誅，非但榮辱，乃存亡由此。君其勉之！」左右見者，莫不嗚咽。及引入，謇便欲進治。勰以高祖神力虛弱，唯令以食味消息。勰乃密爲壇於汝水之濱，依周公故事，告天地、顯祖請命，乞以身代。高祖翊日有瘳損。自懸瓠幸鄴，勰常侍坐輿輦，晝夜不離於側，飲食必先嘗之，而後手自進御。

車駕還京，會百寮於宣極堂，行飲至策勳之禮。命舍人宣旨：「勰翼弼六師，纂戎荆楚，沔北之勳，每毗廟算。從討新野，有克城之謀；受命鄧城，致大捷之效。功爲羣將之最也。別當授賞，不替厥庸。」高祖謂勰曰：「吾與汝等，早罹艱苦，中逢契闊，每謂情義隨事而疎。比纏患經歲，危如寒葉，非汝孔懷，情敦忠孝，孰能動止躬親，必先藥膳。每尋此事，感思殊遠。」勰悲泣對曰：「臣等宿遭不天，酷恨長世，賴陛下撫育，得參人伍。豈謂上靈無鑒，復使聖躬違和，萬國所懸，蒼生繫氣。寢興之勞，豈申荼蓼。」以破慧景等勳，增邑五百户。又詔曰：「朕形疲稚年，心勞長歲，積思成痾，頓發汝潁。第六弟勰，孝均周弟，感侔姬旦，遺食捨寐，動止必親，敦醫勸膳，誠力俱竭，致茲保康，寔賴同氣。又秉務緝政，百司是憑，綱維折衷，萬揆獲濟。撫師於霖浩之辰，處戎於薦逼之日。安外靜内，功臣大道。侍省之績，可以孔懷無褒；翼亮之勤，實乃勳存社稷。宜有酬賞，以旌國功，可增邑一千户。」勰辭曰：「臣受遇緣親，榮枯事等，以此獲賞，殊乖情願，乞追成旨，用息謗言。」詔曰：「汝在私能孝，處公必忠，比來勤憂，足布朝野，但可祗膺。」尋以勰爲司徒、太子太傅，侍中如故。

俄而蕭寶卷將陳顯達内寇，高祖復親討之。詔勰使持節、都督中外諸軍事，總攝六師。是時，高祖不豫。勰辭曰：「臣侍疾無暇，六軍須有所託，事不兩興，情力又竭。更請一王總當軍要。」高祖曰：「戎務、侍疾，皆憑於汝。牽痾如此，吾深慮不濟。安六軍、保社稷者，捨汝而誰？何容方便請人，以違心寄。宗祏所賴，唯在於汝。諸葛孔明、霍子孟異姓受託，而況汝乎！」行次淯陽，高祖謂勰曰：「吾患轉惡，汝其努力。」車駕至馬圈，去賊營數里，顯達等出戰，諸將大破之。勰部分諸軍，將攻賊壘，其夜奔退。高祖疾甚，謂勰曰：「脩短命也，死生大分，今吾氣力危惙，當成不濟矣。雖敗顯達，國家安危，在此一舉，社稷所仗，唯在汝身。霍子孟以異姓受付，況汝親賢，可不勉也！」勰泣曰：「士於布衣，猶爲知己盡命，況臣託靈先皇，聯暉陛下，誠應竭股肱之力，加之以忠貞。但臣出入喉膂，每跨時要，及於寵靈輝赫，聞之遐邇。復參宰匠，機政畢歸，震主之聲，見忌必矣。此乃周旦遁逃，成王疑惑，陛下愛臣，便爲未盡始終之美。臣非所以惡華捐勢，非所以辭勤請逸，正希仰成陛下日鏡之明，下念愚臣忘退之禍。」高祖久之曰：「吾尋思汝言，理實難奪。」乃手詔世宗曰：「汝第六叔父勰，清規懋賞，與白雲俱潔；厭榮捨紱，以松竹爲心。吾少與綢繆，提攜道趣。每請解朝纓，恬真丘壑，吾以長兄之重，未忍離遠。何容仍屈素業，長嬰世網。吾百年之後，其聽勰辭蟬捨冕，遂其沖挹之性。無使成王之朝，翻疑姬旦之聖，不亦善乎。汝爲孝子，勿違吾敕。」

及高祖崩于行宮，遏祕喪事，獨與右僕射、任城王澄及左右數人爲計，奉遷高祖於安車中，勰等出入如平常，視疾進膳，可決外奏。累日達宛城，乃夜進安車於郡廳事，得加斂櫬，還載臥輿。六軍内外莫有知者。遣中書舍人張儒奉詔徵世宗會駕。梓宮至魯陽，乃發喪行服。

世宗即位，勰跪授高祖遺敕數紙。咸陽王禧疑勰爲變，停在魯陽郡外，久之乃入。謂勰曰：「汝非但辛勤，亦危險至極。」勰恨之，對曰：「兄識高年長，故知有夷險，彦和握蛇騎虎，不覺艱難。」禧曰：「汝恨吾後至耳！」自高祖不豫，勰常居中，親侍醫藥，夙夜不離左右，至於衣帶罕解，亂首垢面。帝患久多忿，因之以遷怒。勰每被誚詈，言至厲切，威責近侍，動將誅斬。勰承顔悉心，多所匡濟。及高祖昇遐，陳顯達奔遁始爾，慮凶問洩漏，致有逼迫。勰内雖悲慟，外示吉容，出入俯仰，神貌無異。及至魯陽也，東宮官屬，多疑勰有異志，竊懷防懼。而勰推誠盡禮，卒無纖介。勰上高祖謚議：「謹案謚法，協時肇享曰『孝』，五宗安之曰『孝』，道德博聞曰『文』，經緯天地曰『文』，仰惟大行皇帝，義實該之，宜上尊號爲孝文皇帝，廟曰高祖，陵曰長陵。」世宗從之。

既葬，世宗固以勰爲宰輔。勰頻口陳遺旨，請遂素懷。世宗對勰悲慟，每不許之。勰頻煩表聞，辭義懇切。世宗難違遺敕，遂其雅情，猶逼以外任，乃以勰爲使持節、侍中、都督冀定幽瀛營安平七州諸軍事、驃騎大將軍、開府、定州刺史。勰仍陳讓，又面申前意，世宗固執不許，乃述職。

尚書令王肅等奏：「臣等聞旌功表德，道貴前王；庸勳親親，義高盛典。是故姬旦翼周，光宅曲阜；東平宰漢，寵絶列蕃。彭城王勰景思内昭，英風外發，協廓乾規，埽氛漢沔。屬先帝在天，鳳旌旋旆，靜一六師，肅寧南服。登聖皇於天衢，開有魏之靈祐，論道中鉉，王猷以穆，七德丕宣，九功在詠。臣等參詳，宜增邑一千五百户。」詔曰：「覽奏，倍增崩絶，未足以上酬勳德，且可如奏。」勰頻表固讓，世宗許之。世宗與勰書曰：「恪奉辭暨今，悲戀哽咽，歲月易遠，便迫暮冬，每思聞道，奉承風教。父既辭榮閑外，無容頓違至德。出蕃累朔，荒馳寔深。今遣主書劉道斌奉宣悲戀，願父來望，必當屆京。展洩哀窮，指不云遠。」勰乃朝於京師。

景明初，蕭寶卷豫州刺史裴叔業以壽春内屬，詔勰都督南征諸軍事，餘官如故，與尚書令王肅迎接壽春。詔曰：「五教治樞，古難其選，自非親賢兼切，莫應斯舉。王以明德懋親，任屬保傅，出居蕃陜，入御衮章，内外克諧，民神攸屬。今董率戎麾，威號宜重，可復授司徒，以光望實。」又詔勰以本官領揚州刺史。勰簡刑導禮，與民休息，州境無虞，遐邇安静。揚州所統建安戍主胡景略猶爲寶卷拒守不下，勰水陸討之，景略面縛出降。自勰之至壽春，東定城戍，至於陽石，西降建安，山蠻順命，斬首獲生，以數萬計。進位大司馬，領司徒，餘如故。增邑八百户。又寶卷遣將陳伯之屯於肥口，胡松又據梁城，水軍相繼二百餘里。勰部分將士，分攻諸營，伯之、胡松率衆出戰，諸將擊之，斬首九千，俘獲一萬。伯之等僅以身免，屯於烽火。勰又分命諸將頻戰，伯之計窮宵遁。淮南平，詔曰：「王戚尊上輔，德勳莫二，孤心昧識，訓保攸憑。比以壽春初開，鎮壓任重，故令王親董元戎，遠撫淮外。冒兹炎蒸，衡蓋飄飖，經略踰時，必有虧損。淹違詣覲，夙夜係情。兼制勝宣規，威效兼著，公私允稱，義所欽嘉。雖凱旋有期，無申延屬，可遣給事黄門侍郎鄭道昭就彼祗勞。」徵勰還朝。

勰政崇寬裕，絲毫不犯，淮南士庶，追其餘惠，至今思之。初，勰之定壽春也，獲蕭寶卷汝陰太守王果、豫州治中庾稷等數人，勰傾衿禮之，常參坐席。果承間進曰：「果等契闊生平，皓首播越，顧瞻西夕，餘光幾何。今遭聖化，正應力茲愚老，申展尺寸，但在南百口，生死分張，乞還江外，以申德澤。」勰矜而許之。果又謝曰：「殿下賜處，有過國士。果等今還，仰負慈澤，請聽仁駕振旅，反跡江外。」至此乃還。其爲遠人所懷如此。

勰至京師，世宗臨東堂引見，詔勰曰：「比鳳皇未至〔六〕，蒼黎二化，故仰屈尊謨，綏懷邊附，而寇豎昏迷，敢鬬淮楚。叔父英略高明，應機殄定，凱旋令辰，伏慰悲佇。」勰謝曰：「臣忝充戎帥，撫安新故，而不能宣武導恩，威懷遐邇。致小豎伯之，驅率蟻徒，侵擾邊堡。非唯仰慚天顏，實亦俯愧朝列。春秋責帥，臣實當之。賴陛下慈深捨過，故使愚臣獲免罪責。」勰頻表辭大司馬、領司徒及所增邑，乞還中山。有詔不許。乃除録尚書、侍中，司徒如故。固辭不免。勰雅好恬素，不以勢利嬰心。高祖重其事幹，縶維不許。雖臨崩遺詔，復世宗留連，每乖情願。常悽然歎息，以詔旨殷勤，僶俛應命。

時咸陽王禧漸以憍矜，頗有不法，北海王詳陰言於世宗，世宗深忌之。又言勰大得人情，不宜久在宰輔，勸世宗遵高祖遺敕。禧等又出領軍于烈爲恒州，非烈情願，固彊之，烈深以爲忿。烈子忠嘗在左右，密令忠言於世宗云：「諸王等意不可測，宜廢之，早自覽政。」時將礿祭，王公並齋於廟東坊。世宗遣于烈將宿衞壯士六十餘人召禧、勰、詳等，引入〔七〕，見之於光極殿。世宗謂勰曰：「頃來南北務殷，不容仰遂沖操。恪是何人，而敢久違先敕，今遂叔父高蹈之意。」勰謝曰：「先帝不以臣虛薄，曲垂罔己之澤，出入綢繆，公私無捨。自陛下龍飛九五，屢求解落，既爲宰輔所抑，亦不爲陛下所許。先歲夏中，重塵天聽，時蒙優借，出爲定州。往年還洛陽，敕總戎淮肥，雖無功效，幸免罪戾。云歸未幾，復委臣以非據之任。臣頻煩干請，具簡聖聽。陛下孝深無改，仰遵先詔，上成睿明之美，下遂微臣之志，感惟今往，悲喜交深。」乃詔曰：「王宿尚閑靜，志捐世務，先帝愛亮之至，弗奪此情，遺敕炳然，許遂沖退。雅操不移，朕亦未敢違奪。今乃釋位歸第，丘園是營，高尚之節，確爾貞固，賁、履之操，邈焉難追。而王宅初構，財力多闕，成立之期，歲月莫就。可量遣工役，分給材瓦，稟王所好，速令制辦，務從簡素，以稱王心。」勰因是作蠅賦以諭懷，惡讒構也。

又以勰爲太師，勰遂固辭。詔曰：「蓋二儀分象，君臣之位形焉；上下既位，唱和之義生焉。自古統天位主，曷常不賴明師，仗賢輔，而後燮和陰陽，彝倫民物者哉？往而不返者，先民誠有之，斯所謂獨善其身而亂大倫，山林之士耳。賢人君子則不然也。屈己以安民，艱身以濟物，所謂以先知覺後知，同塵而與天下俱潔者也。朕猥以沖年，纂臨寶曆，實賴叔父匡濟之功，誠宜永兼將相，以綱維內外。但逼奪先旨，憚違沖挹，俛志割心，以遂高素。自比水旱乖和，陰陽失序，是以屈王論道，庶燮茲玉燭。且師宰從容，無廢清尚。

故周旦復辟而居之，尚父期頤以終位。王義兼家國，理絕獨高，可遣侍中敦諭。」世宗又修家人書於勰曰：「恪言：奉還告承，猶執沖遜，恪實闇寡，政術多粃，匡弼之寄，仰屬親尊。父德望兼重，師訓所歸，豈得近遺家國，遠崇清尚也。便願紆降，時副傾注之心。」勰不得已而應命。

世宗後頻幸勰第。及京兆、廣平暴虐不法，詔宿衞隊主率羽林虎賁，幽守諸王於其第。勰上表切諫，世宗不納。勰既無山水之適，又絕知己之遊，唯對妻子，鬱鬱不樂。議定律令，勰與高陽王雍、八座、朝士有才學者每旦集〔八〕，參論軌制應否之宜。而勰夙侍高祖，兼聰達博聞，凡所裁決，時彥歸仰。加以美容貌，善風儀，端嚴若神，折旋合度，出入言笑，觀者忘疲。又加侍中。勰敦尚文史，物務之暇，披覽不輟。撰自古帝王賢達至於魏世子孫，三十卷，名曰要略。小心謹慎，初無過失，雖閑居宴處，亦無慢色惰容。愛敬儒彥，傾心禮待。清正儉素，門無私謁。

性仁孝，言於朝廷，以其舅潘僧固爲冀州樂陵太守〔九〕。京兆王愉構逆，僧固見逼從之。尚書令高肇性既凶愎，賊害賢俊。又肇之兄女，入爲夫人，順皇后崩，世宗欲以爲后，勰固執以爲不可。肇於是屢譖勰於世宗，世宗不納。因僧固之同愉逆，肇誣勰北與愉通，南招蠻賊。勰國郎中令魏偃、前防閤高祖珍希肇提攜，構成其事。肇初令侍中元暉以奏世宗，暉不從，令左衞元珍言之。世宗訪之於暉，暉明勰無此。世宗更以問肇，肇以魏偃、祖珍爲證，世宗乃信之。

永平元年九月，召勰及高陽王雍、廣陽王嘉、清河王懌、廣平王懷及高肇等入。時勰妃方產，勰乃固辭不赴。中使相繼，不得已乃令命駕，意甚憂懼，與妃訣而登車。入東掖門，度一小橋，牛不肯進，遂擊之，良久。更有使者責勰來遲，乃令去牛，人挽而進，宴於禁中。至夜皆醉，各就別所消息。俄而元珍將武士齎毒酒而至。勰曰：「吾忠於朝廷，何罪見殺！一見至尊，死無恨也。」珍曰：「至尊何可復見！王但飲酒。」勰曰：「至尊聖明，不應無事殺我，求與告我罪者一對曲直。」武士以刀鐶築勰二下。勰大言曰：「皇天！忠而見殺。」武士又以刀鐶築勰。勰乃飲毒酒，武士就殺之。向晨，以褥裹屍，輿從屏門而出，載屍歸第，云王因飲而薨。勰妃李氏，司空沖之女也，號哭大言曰：「高肇枉理殺人，天道有靈，汝還當惡死。」及肇以罪見殺，論者知有報應焉。世宗爲舉哀於東堂，給東園第一祕器、朝服一襲、賻錢八十萬、布二千匹、蠟五百斤，大鴻臚護喪事。

勰既有大功於國，無罪見害，百姓冤之。行路士女，流涕而言曰：「高令公枉殺如此賢王！」在朝貴賤，莫不喪氣。追崇假黃鉞、使持節、都督中外諸軍事，司徒公、侍中、太師、王如故。給鑾輅九旒、虎賁班劍百人、前後部羽葆鼓吹、轀輬車。有司奏太常卿劉芳議緦謚曰：「王挺德弱齡，誕資至孝，睿性過人，學不師授。卓爾之操，發自天然；不羣之美，幼而獨出。及入參政務，綸綍有光；爰登中鉉，敷明五教。漢北告危，皇赫問罪，王內親藥膳，外總六師。及宮車晏駕，上下哀慘。奮猛銜戚，英略潛通，翼衞靈輿，整戎振旆。歷次宛謝，迄于魯陽，送往奉居，無慚周霍，稟遺作輔，遠至邇安。分陝恒方，流詠燕趙；廓靖江西，威懾南越。入釐百揆，庶績咸熙，履勤不憚，在功愈挹。温恭愷悌，忠雅寬仁，興居有度，善終篤始。高尚厥心，功成身退。義亮聖衷，美光世典。依謚法，保大定功曰『武』，善問周達曰『宣』，謚曰武宣王。」及莊帝即位，追號文穆皇帝，妃李氏爲文穆皇后，遷神主於太廟，廟稱肅祖。語在臨淮王彧傳。前廢帝時，去其神主。

嫡子劭，字子訥，襲封。善武藝，少有氣節。肅宗初，蕭衍遣將犯邊，劭上表曰：「僞豎遊魂，闚覦邊境，勞兵兼時，日有千金之費。臣仰籍先資，紹饗厚秩，思以埃塵，用裨山海。臣國封徐州，去軍差近，謹奉粟九千斛、絹六百匹、國吏二百人，以充軍用。」靈太后嘉其至意，而不許之。起家宗正少卿。又除使持節、假散騎常侍、平東將軍、青州刺史。于時，齊州民劉均、房頃等〔一〇〕，扇動三齊。蕭衍遣將彭羣、王辯等搔擾邊陲〔一一〕，劭頻有防拒之效。孝昌末，靈太后失德，四方紛擾，劭遂有異志。爲安豐王延明所啓，乃徵入爲御史中尉。莊帝即位，尊爲無上王。尋遇害河陰。追謚曰孝宣皇帝，妻李氏爲文恭皇后。有二子。

韶字世胄，襲。武定末，司州牧。齊受禪，爵例降。

韶弟襲，字世紹。武定初，封武安王，邑一千户。武定末，中書侍郎。齊受禪，爵例降。

劭兄子直，字方言。少知名，爲清河文獻王所賞愛。起家除散騎侍郎，轉中書侍郎。後除通直散騎常侍，遷給事黄門侍郎。靈太后詔曰：「故太師、彭城武宣王道隆德盛，功高微管，協契先朝，導揚末命。扶痾濟難，效漢北之誠；送往奉居，盡魯南之節。宗社賴之以安，皇基由之永固。而謙光守約，屢撝增邑之賞；辭多受少，終保初錫之封。非所謂追舊報恩、念勳酬德者也。可以前後所封户，别封三子爲縣公，食邑各一千户，庶以少慰仁魂，微申朝典。」子直封真定縣開國公。出爲冠軍將軍、梁州刺史。未幾遇患，優遊南鄭，無他政績。徵還京師，病卒。贈散騎常侍、安南將軍、都官尚書、冀州刺史。孝莊踐阼，追封陳留王，邑二千户，贈假黄鉞、太師、大司馬、太尉，加前後部羽葆鼓吹。

子寬，字思猛，襲王爵。除散騎常侍、平南將軍。尋除侍中、撫軍將軍。永安三年，尒朱兆害之於晉陽。無後，國除。出帝初，追贈使持節、散騎常侍、都督青齊濟三州諸軍事、衞大將軍、青州刺史，重贈司徒公。

弟剛，字金明。莊帝初，封浮陽王，邑千户。武定末，宗正少卿。齊受禪，爵例降。

剛弟質〔一二〕，莊帝初，林慮王，邑千户。永安三年薨。出帝時，贈車騎大將軍、左光禄大夫、儀同三司。

劭弟子正，美貌，性寬和。肅宗初，封霸城縣公，邑一千户。歷散騎侍郎、太常少卿。莊帝即位，除尚書令，封始平王。與兄劭俱遇害。贈假黄鉞、侍中、都督中外諸軍事、大將軍、録尚書事、相〔一三〕，王如故，鑾輅九旒、黄屋左纛、前後部羽葆鼓吹、虎賁班劍一百人，謚曰貞。

子欽，字世道，襲。武定中，散騎侍郎。齊受禪，爵例降。

史臣曰：武宣王孝以爲質，忠而樹行，文謀武略，自得懷抱，綢繆太和之世，豈徒然哉！至夫在安處危之操，送往事居之節，周旦匪他之義，霍光異姓之誠，事兼之矣。功高震主，德隆動俗，間言一入，卒不全志。烏呼！周成、漢昭亦未易遇也。

校勘記

〔一〕雖琢一字猶是王之本體　「王」，三朝本、南監本、北監本、殿本、局本、北史卷一九彭城王勰傳、册府卷二七七並作「玉」。

〔二〕後幸代都　「後」，御覽卷九五三引後魏書作「從」，疑是。按元勰不得徑言「幸」，北史卷一九彭城王勰傳云「後從幸代都」。

〔三〕豈獨親詔　北史卷一九彭城王勰傳、御覽卷五九七引後魏書、册府卷二七〇無此四字。按此句語澀，疑有衍脱。

〔四〕亦爲才達　「達」，原作「遠」，據三朝本、南監本、殿本、北史卷一九彭城王勰傳、御覽卷五九七引後魏書、册府卷二七〇改。

〔五〕但汝以我親　「以我親」，原作「亦我」，語不可解，據宋本册府卷二八六改補。

〔六〕比鳳皇未至　「至」，原作「一」，下注「疑」字。今據册府卷二六九改，並删所注「疑」字。

〔七〕召禧勰詳等引入　「引」，原作「列」，據三朝本、南監本、殿本、局本改。

〔八〕每旦集　他本及北史卷一九彭城王勰傳並作「五日一集」，疑當作「每日一集」。按册府卷二七三亦作「每旦集」，「日一」與「旦」，當有一誤。「日一」豎行易訛作「旦」，但「每」字訛「五」，似無確證。議定律令乃臨時要事，未必守政務五日集議之通規。

〔九〕冀州樂陵太守　「樂陵」，北史卷一九彭城王勰傳作「長樂」，疑是。按冀州屬郡有長樂，見本書卷一〇六上地形志上。樂陵屬青州，見卷一〇六中地形志中。

〔一〇〕房頊　本書卷九肅宗紀孝昌三年三月作「房須」。參見本書卷九校記〔三八〕。

〔一〕彭羣王辯　「彭羣」，原作「彭城郡」，據本書卷九肅宗紀孝昌三年正月、卷七九鹿悆傳、册府卷一二一改。按「彭羣」乃人名，「羣」訛「郡」，後人又誤加「城」字。

〔二〕剛弟質　太昌元年元文墓誌云：「王諱文，字思質。」按本書所記人之名字與墓誌常有差異，魏太和以後，人之名與字多有改易，或傳據官方紀録，誌記私下所改，未必誌是而傳非。

〔三〕録尚書事相　「相」上疑脱「丞」字，或「相」下脱「國」字。

魏書卷二十二〔一〕

孝文五王列傳第十

廢太子　京兆王　清河王　廣平王　汝南王

孝文皇帝七男。林皇后生廢太子恂。文昭皇后生宣武皇帝、廣平武穆王懷〔二〕。袁貴人生京兆王愉。羅夫人生清河文獻王懌、汝南文宣王悅。鄭充華生皇子恌，未封，早夭。

廢太子庶人恂，字元道。生而母死，文明太后撫視之，常置左右。年四歲，太皇太后親爲立名恂，字元道，於是大赦〔三〕。太和十七年七月癸丑，立恂爲皇太子。及冠恂於廟，高祖臨光極東堂，引恂入見，誡以冠義曰：「夫冠禮表之百代，所以正容體，齊顏色，順辭令。容體正，顏色齊，辭令順，故能正君臣，親父子，和長幼。然母見必拜，兄弟必敬，責以成人之禮。字汝元道，所寄不輕。汝當尋名求義，以順吾旨。」二十年，改字宣道。

遷洛，詔恂詣代都。其進止儀禮，高祖皆爲定。及恂入辭，高祖曰：「今汝不應向代，但太師薨於恒壤，朕既居皇極之重，不容輕赴舅氏之喪，欲使汝展哀舅氏，拜汝母墓，一寫爲子之情。汝至彼，太師事畢後日，宜一拜山陵。拜訖，汝族祖南安可一就問訊。在途當温讀經籍。今日親見吾也〔四〕。」後高祖每歲征幸，恂常留守，主執廟祀。

恂不好書學，體貌肥大，深忌河洛暑熱，意每追樂北方。中庶子高道悅數苦言致諫，恂甚銜之。高祖幸崧岳，恂留守金墉，於西掖門内與左右謀，欲召牧馬輕騎奔代，手刃道悅於禁中。領軍元儼勒門防遏，夜得寧靜。厥明，尚書陸琇馳啓高祖於南，高祖聞之駭惋，外寢其事，仍至汴口而還。引恂數罪，與咸陽王禧等親杖恂，又令禧等更代，百餘下，扶曳出外，不起者月餘。拘於城西別館。引見羣臣於清徽堂，議廢之。司空、太子太傅穆亮，尚書僕射、少保李沖，並免冠稽首而謝。高祖曰：「卿所謝者私也，我所議者國也。古人有言，大義滅親。今恂欲違父背尊，跨據恒朔。天下未有無父國，何其包藏，心與身俱。此小兒今日不滅，乃是國家之大禍，脱待我無後，恐有永嘉之亂。」乃廢爲庶人，置之河陽，以兵守之，服食所供，粗免飢寒而已。恂在困躓，頗知咎悔，恒讀佛經，禮拜，歸心於善。高祖幸代，遂如長安。中尉李彪承間密表，告恂復與左右謀逆。高祖在長安，使中書侍郎邢巒與咸陽王禧，奉詔齎椒酒詣河陽，賜恂死，時年十五。殮以麤棺常服，瘞於河陽城。二十二年冬，御史臺令史龍文觀坐法當死，告廷尉，稱恂前被攝左右之日，有手書自理不知狀，而中尉李彪、侍御史賈尚寢不爲聞。賈坐繫廷尉。時彪免歸，高祖在鄴，尚書表收彪赴洛，會赦，遂不窮其本末。賈尚出繫，暴病數日死。

初，高祖將爲恂娶司徒馮誕長女，以女幼，待年長。先爲娉彭城劉長文、滎陽鄭懿女爲左右孺子，時恂年十三四。高祖泛舟天淵池，謂郭祚、崔光、宋弁曰：「人生須自放，不可終朝讀書。我欲使恂旦出省經傳，食後還內，晡時復出，日夕而罷。卿等以爲何如？」光曰：「孔子稱『血氣未定，戒之在色』，傳曰『晝以訪事，夜以安身』。太子以幼年涉學之日，不宜於正晝之時，捨書御內，又非所以安柔弱之體，固永年之命。」高祖以光言爲然，乃不令恂晝入內。無子。

京兆王愉，字宣德。太和二十一年封。拜都督、徐州刺史，以彭城王中軍府長史盧陽烏兼長史，州事巨細，委之陽烏。世宗初，爲護軍將軍。世宗留愛諸弟，愉等常出入宮掖，晨昏寢處，若家人焉。世宗每日華林戲射，衣衫騎從，往來無間。遷中書監。

世宗爲納順皇后妹爲妃，而不見禮答。愉在徐州，納妾李氏，本姓楊，東郡人，夜聞其歌，悅之，遂被寵嬖。罷州還京，欲進貴之，託右中郎將趙郡李恃顯爲之養父，就之禮逆，產子寶月。順皇后召李入宮，毀擊之，彊令爲尼於内，以子付妃養之。歲餘，后父于勁以后久無所誕，乃上表勸廣嬪侍。因令后歸李於愉，舊愛更甚。

愉好文章，頗著詩賦。時引才人宋世景、李神儁、祖瑩、邢晏、王遵業、張始均等共申宴喜，招四方儒學賓客嚴懷真等數十人，館而禮之。所得穀帛，率多散施。又崇信佛道，用度常至不接。與弟廣平王懷頗相夸尚，競慕奢麗，貪縱不法。於是世宗攝愉禁中推案，杖愉五十，出爲冀州刺史。

始愉自以職求侍要〔五〕，既勢劣二弟，潛懷愧恨，頗見言色。又以幸妾屢被頓辱，内外離抑。及在州謀逆，愉遂殺長史羊靈引及司馬李遵，稱得清河王密疏，云高肇謀殺害主上。於是遂爲壇於信都之南，柴燎告天，即皇帝位。赦天下，號建平元年，立李氏爲皇后。世宗詔尚書李平討愉。愉出拒王師，頻敗，遂嬰城自守。愉知事窮，攜李及四子數十騎出門，諸軍追之，見執以送。詔徵赴京師，申以家人之訓。愉每止宿亭傳，必攜李手，盡其私情。雖鏁縶之中，飲食自若，略無愧懼之色。至野王，愉語人曰：「雖主上慈深，不忍殺我，吾亦何面目見於至尊！」於是歔欷流涕，絶氣而死，年二十一。或云高肇令人殺之。斂以小棺，瘞之。諸子至洛，皆赦之。後靈太后令愉之四子皆附屬籍，追封愉臨洮王。子寶月襲。乃改葬父母，追服三年。

寶月弟寶炬，輕躁薄行，耽淫酒色。孝莊時，特封南陽王。從出帝没於關西。宇文黑獺害出帝，寶炬乃僭大號。

清河王懌，字宣仁。幼而敏惠，美姿貌，高祖愛之。彭城王勰甚器異之，並曰：「此兒風神外偉，黄中内潤，若天假之年，比二南矣。」博涉經史，兼綜羣言，有文才，善談理，寬仁容裕，喜怒不形於色。太和二十一年封。世宗初，拜侍中，轉尚書僕射。

懌才長從政，明於斷決，剖判衆務〔六〕，甚有聲名。司空高肇以帝舅寵任，既擅威權，謀去良宗，屢譖懌及愉等。愉不勝其忿怒，遂舉逆冀州。因愉之逆，又構殺勰。懌恐不免。肇又録囚徒，以立私惠。懌因侍宴酒酣，乃謂肇曰：「天子兄弟，詎有幾人，而炎炎不息。昔王莽頭禿，亦藉渭陽之資，遂簒漢室，今君曲形見矣，恐復終成亂階。」又言於世宗曰：「臣聞唯器與名，不可以假人。是故季氏旅泰，宣尼以爲深譏；仲叔軒懸，丘明以爲至誡。諒以天尊地卑，君臣道別，宜杜漸防萌，無相僭越。至於減膳録囚，人君之事，今乃司徒行之，詎是人臣之義？且陛下修政教，解獄訟，則時雨可降，玉燭知和，何使明君失之於上，姦臣竊之於下。長亂之基，於此在矣。」世宗笑而不應。

肅宗初，遷太尉，侍中如故。詔懌裁門下之事。又典經義注。時有沙門惠憐者，自云呪水飲人，能差諸病。病人就之者，日有千數。靈太后詔給衣食，事力優重，使於城西之南，治療百姓病。懌表諫曰：「臣聞律深惑衆之科，禮絶妖淫之禁，皆所以大明居正，防遏姦邪。昔在漢末，有張角者，亦以此術熒惑當時。論其所行，與今不異。遂能誑誘生人，致黄巾之禍，天下塗炭數十年間，角之由也。昔新垣姦，不登於明堂；五利僥，終嬰於顯戮〔七〕。」

靈太后以懌肅宗懿叔，德先具瞻，委以朝政，事擬周霍。懌竭力匡輔，以天下爲己任。領軍元叉，太后之妹夫也，恃寵驕盈。懌裁之以法，每抑黜之，爲叉所疾。叉黨人通直郎宋維希叉旨〔八〕，告懌謀反，禁懌門下，訊問左右及朝貴，貴人分明，乃得雪釋焉。懌以忠而獲謗，乃鳩集昔忠烈之士，爲顯忠録二十卷，以見意焉。

正光元年七月，叉與劉騰逼肅宗於顯陽殿，閉靈太后於後宮，囚懌於門下省，誣懌罪狀，遂害之，時年三十四。朝野貴賤，知與不知，含悲喪氣，驚振遠近。夷人在京及歸，聞懌之喪，爲之剺面者數百人〔九〕。

廣平王懷。闕 有魏諸王。召入華林別館，禁其出入，令四門博士董徵授以經傳。世宗崩，乃得歸。

汝南王悅，好讀佛經，覽書史。爲性不倫，俶儻難測。悅妃閭氏，即東海公之女也，生一子，不見禮答。有崔延夏者，以左道與悅遊，合服仙藥松朮之屬。時輕與出採芝，宿於城外小人之所。遂斷酒肉粟稻，唯食麥飯。又絶房中而更好男色。輕忿妃妾，至加捶撻，同之婢使。悅之出也，妃住於別第。靈太后敕檢問之，引入，窮悅事故。妃病杖伏牀蓐，瘡尚未愈。太后因悅之杖妃，乃下令禁斷。令諸親王及三蕃，其有正妃疾患百日已上，皆遣奏聞。若有猶行捶撻，就削封位。

及清河王懌爲元叉所害，悅了無讎恨之意，乃以桑落酒候伺之，盡其私佞。叉大喜，以悦爲侍中、太尉。臨拜日，就懌子亶求懌服翫之物，不時稱旨。乃召亶，杖之百下。亶居廬未葬，形氣羸弱，暴加威撻，殆至不濟。闕仍呼阿兒，親自循撫〔一〇〕。闕悦爲大剉碓置於州門〔一一〕，盜者便欲斬其手。時人懼其無常，能行異事，姦偷畏之而暫息。

及尒朱榮舉兵向洛。既憶入間。疑俄而聞榮肆毒於河陰，遂南奔蕭衍。衍立爲魏主，號年更興。衍遣其將軍王僧辯送置於境上〔一二〕，以覬侵逼。及齊獻武王既誅榮，以悦高祖子，宜承大業，乃令人示意。悦既至，清狂如故，動爲罪失，不可扶持，乃止。出帝初，除大司馬。卒〔一三〕。

校勘記

〔一〕魏書卷二十二　目録此卷注「闕」，卷後闕宋人校語。殿本考證云：「魏收書闕，後人所補。」檢傳文，係以北史卷一九孝文六王傳補，間有溢出字句。北史也多闕文，如廣平王懷傳只存三十五字，汝南王悦傳也多闕文，此傳亦同。

〔二〕廣平武穆王懷　「武穆」，原作「文穆」，據本書卷一一出帝紀改。按熙平二年元懷墓誌稱「謚曰武穆」。漢魏南北朝墓誌集釋卷四據諸誌及洛陽伽藍記卷二平等寺條、金石録卷二一後魏范陽王碑跋，證「文穆」乃「武穆」之誤。

〔三〕常置左右年四歲太皇太后親爲立名恂字元道於是大赦　「常置左右」下御覽卷一四八引後魏書有如下文字：「詔曰：『昔塗山有育，美名列於夏典；任姒作配，昌發顯於周書。故能輯熙丕緒，祚延八百。自元子誕育，於今四載，而名表未孚於四方，茂實未昭於朝掖，非所以憲章遠猷，允光禮度者也。太皇太后親發明旨，爲之立名，依德協義，名恂字元道。國祚永隆，儲貳有寄，無窮之兆，於是而始。』乃大赦天下。」當是本書廢太子恂傳原文。此傳自「年四歲」至「於是大赦」，乃北史據此段文字簡括。

〔四〕今日親見吾也　冊府卷一五六作「如每日親見吾也」，通志卷八四下作「如日親見吾也」。

〔五〕職求侍要　通志卷八四下作「職非親要」，疑是。

〔六〕剖判衆務　「剖」，原作「割」，據北史卷一九清河王懌傳、冊府卷二七三改。

〔七〕五利僥終嬰於顯戮　殿本考證云：「載懌表諫，終於此句，文尚未了，定係殘缺。」通志卷八四下此句下有如下文字：「此事可爲至鑒，靈太后深納之。」疑通志因文義未完，以意補，非必原文。「五利僥」，冊府卷二八八作「五利之詐」，又將此句和上句「新垣（加一「之」字）姦不登於明堂」移至表首，行文稍順，當亦以表文不完，意爲改易。又通典卷一六選舉四載孝明帝時清河王懌以官人失序，上表請依太和舊制，精選中正，當是本傳原文。文長不錄。

〔八〕宋維　原作「宗準愛」。按本書卷一六京兆王黎傳附元乂傳：「乂遂令通直郎宋維告司染都尉韓文殊欲謀逆立懌。」卷六〇韓麒麟傳附韓子熙傳，子熙等上書爲元懌辯白稱「宋維反常小子」云云。宋維，附本書卷六三宋弁傳，亦載此事。「宗準」顯爲「宋維」之訛，今據改。「愛」字或是衍文，或「爰」字之訛，今據删。

〔九〕爲之劈面者數百人　「劈面」，殿本考證云：「劈面係劈面之訛。」按北史卷一九清河王懌傳、通志卷八四下作「劈面」。

〔一〇〕闕仍呼阿兒親自循撫　册府卷七一三述元悦事有如下文字：「無故過杖京兆王倫（「愉」字之訛）子寶月，固雖離國，猶上疏諫曰：『伏聞殿下乃以小怒過行威罰，誠嚴訓有餘，而慈惠不足。當今主上幼沖，宰輔用事，履冰踐霜，兢兢業業，猶恐不濟，況肆意非彝，任情行事，欲保全福禄，其可得乎？昔龔遂去國，猶獻直言；韋孟離朝，不忘本國。況臣忝屬朝私，猥充謬舉，伏隸國僚，聞道有歲，敢不盡言。』悦覽之，大怒。」御覽卷四五四引後魏書亦有此段文字，個别字有異。按本書卷七二陽尼傳附陽固傳云固先曾爲京兆王悦郎中令，「及汝南王悦爲太尉，選舉多非其人，又輕肆撾撻，固以前爲元卿，雖離國，猶上疏切諫。事在悦傳」。此段文字必本自此傳，疑即此處闕文，「仍呼阿兒親自循撫」所説即是寶月。

〔一一〕闕悦爲大剉碓置於州門　此句上御覽卷四九二引後魏書有「孝昌中除司州牧」七字，疑即所闕。通志卷八四下此句上有「遷太保出爲徐州刺史」九字，錢大昕考異卷三八云：「此悦都督徐州時事，其上又有脱文。」所據即通志。按本書卷九肅宗紀正光四年十二月：「以太尉、汝南王悦爲太保、徐州刺史。」通志當是據紀補，然正光在孝昌前，則悦先爲徐州刺史，後任司州牧，所補不確。

〔三〕王僧辯　疑當作「王辯」。參見本書卷一〇校記〔一〇〕。

〔三〕卒　此傳後半不本北史，但書「卒」，似善終，删削失當。按北史卷一九汝南王悦傳記悦爲孝武帝所害，本書卷一一出帝紀太昌元年十二月亦明記悦被殺。

魏書卷二十三

列傳第十一

衞操　莫含　劉庫仁

衞操，字德元，代人也。少通俠，有才略。晉征北將軍衞瓘以操爲牙門將，數使於國，頗自結附。始祖崩後，與從子雄及其宗室鄉親姬澹等十數人，同來歸國，説桓穆二帝招納晉人，於是晉人附者稍衆。桓帝嘉之，以爲輔相，任以國事。及劉淵、石勒之亂，勸桓帝匡助晉氏。東瀛公司馬騰聞而善之，表加將號。稍遷至右將軍，封定襄侯。

桓帝崩後，操立碑於大邗城南，以頌功德，云魏「軒轅之苗裔」。言：「桓穆二帝「馳名域外，九譯宗焉。治國御衆，威禁大行。聲著華裔，齊光純靈。智深謀遠，窮幽極明。治則清斷，沉浮得情。仁如春陽，威若秋零。彊不淩弱，隱恤孤煢。道教仁行，化而不刑。

國無姦盜，路有頌聲。自西訖東，變化無形。威武所向，下無交兵。南壹王室，北服丁零。招諭六狄，咸來歸誠。超前絕後，致此有成。奉承晉皇，扞禦邊疆。王室多難，天網弛綱。豪心遠濟，靡離其殃。歲翦逆命，姦盜豺狼。永安元年，歲次甲子。姦黨猶逆，東西狼跱。敢逼天王，兵甲屢起。怙衆肆暴，虐用將士。鄴洛遘隙，棄親求疏。乃招異類〔一〕，屠各匈奴。劉淵姦賊，結黨同呼。敢擊并土，殺害無辜。殘破狼籍，城邑丘墟。交刃千里，長虵塞塗。晉道應天，言展良謨。使持節、平北將軍、并州刺史、護匈奴中郎將、東瀛公司馬騰，才神絕世，規略超遠。時逢多難，懼損皇祀。欲引兵駕，玁狁孔熾。造設權策，濟難奇思。欲招外救，朝臣莫應。高筭獨斷，決謀盟意。爰命外國，引軍內備。簡賢選士，命茲良使。遣參軍壺倫、牙門中行嘉、義陽亭侯衞謨、協義亭侯衞鞬等，馳奉檄書，至晉陽城。」

又稱：「桓穆二帝，心在宸極。輔相二衞，對揚毗翼。操展文謀，雄奮武烈。承命會議，謟論奮發。昔桓文匡佐，功著周室。顯名載籍，列賞備物。大衆迴動，熙同靈集。興軍百萬，期不經日。兄弟齊契，決勝廟筭。鼓譟南征，平夷險難。」

又云：「二帝到鎮，言若合符。引接款密，信義不渝。會盟汾東，銘篆丹書。永世奉承，慎終如初。契誓命將，精鋭先驅。南救涅縣，東解壽陽。窘迫之邑，幽而復光。太原、西河、樂平、上黨，遽遭寇暴，白骨交橫。羯賊肆虐，六郡凋傷。羣惡相應，圖及華堂。旌旗輕指，羯黨破喪。遣騎十萬，前臨淇漳。鄴遂振潰，凶逆奔亡。軍據州南，曜鋒太行。翼衞内外，鎮靜四方。志在竭力，奉戴天王。忠恕用暉，外動亦攘〔二〕。於是曜武，振旅而旋。長路匪夷，出入經年。毫毛不犯，百姓稱傳。周覽載籍，自古及今。未聞外域，奔救内患。棄家憂國，以危易安。惟公遠略，臨難能權。應天順人，恩德素宣。和戎靜朔，危邦復存。」

又云：非桓天挺，「忠孝自然。孰能超常，不爲異端。回動大衆，感公之言。功濟方州，勳烈光延。升平之日，納貢充蕃。憑瞻鑾蓋，步趾三川。有德無禄，大命不延。年三十有九，以永興二年六月二十四日，寢疾薨殂。背棄華殿，雲中名都。國失惠主，哀感欷歔。悲痛煩冤，載號載呼。舉國崩絶，攀援靡訴。遠近齊軌，奔赴梓廬。人百其身，盈塞門塗。高山其頽，茂林凋枯。仰訴造化，痛延悲夫。」

又云：桓帝「忠於晉室，駿奔長衢。隆冬凄凄，四出行誅。蒙犯霜雪，疹入脉膚。用致薨殞，不永桑榆。以死勤事，經勳同模。垂名金石，載美晉書。平北哀悼，祭以豐厨。考行論勳，謚曰義烈。功施於人，祀典所説。」

又云：桓帝經濟，「存亡繼絶。荒服是賴，祚存不輟。金鉦簫鼓，軺蓋殊制。反及二代，莫與同列。并域嘉歎，北國感榮。各竭其心，思揚休名。刊石紀功，圖像存形。靡輟享祀，饗以犧牲。永垂于後，没有餘靈。長存不朽，延於億齡。」

其頌又稱：桓帝「金堅玉剛。應期順會，王有北方。行能濟國，武平四荒。無思不服，區域大康。世路紛糾，運遭播揚。羯胡因釁，敢害并土。哀痛下民，死亡失所。率衆百萬，平夷險阻。存亡繼絶，一州蒙祜。功烈桓桓，龍文虎武。朱邑小善，遺愛桐鄉。勳攘大患，六郡無。闕悉之來，由功而存。刊石勒銘，垂示後昆。」時晉光熙元年秋也。

皇興初，雍州別駕雁門段榮於大邗掘得此碑，文雖非麗，事宜載焉，故録於傳。

桓穆二帝並禮重操。穆帝三年卒。始操所與宗室鄉親入國者：衛懃，安樂亭侯；衛崇、衛清，並都亭侯；衛泥、段繁〔三〕，並信義將軍、都亭侯；王發，建武將軍、都亭侯；范班，折衝將軍、廣武亭侯；賈慶，建武將軍、上洛亭侯；賈循，都亭侯；李壹，關中侯；郭乳，關内侯。皆爲桓帝所表授也。六脩之難，存者多隨劉琨任子遵南奔。衛雄、姬澹、莫含等名，皆見碑。

雄字世遠，澹字世雅，並勇健多計畫，晉世州從事。既與衛操俱入國，桓帝壯其膂力，並以爲將，常隨征伐，大著威名。桓帝之赴難也，表晉列其勳效，皆拜將軍。雄連有戰功，稍遷至左將軍、雲中侯。澹亦以勇績著名，桓帝末，至信義將軍、樓煩侯。穆帝初，並見委任。衛操卒後，俱爲左右輔相。

六脩之逆，國内大亂，新舊猜嫌，迭相誅戮。雄、澹並爲羣情所附，謀欲南歸，言於衆曰：「聞諸舊人忌新人悍戰，欲盡殺之，吾等不早爲計，恐無種矣。」晉人及烏丸驚懼，皆曰：「死生隨二將軍。」於是雄、澹與劉琨任子遵率烏丸、晉人數萬衆而叛。琨聞之大悦，率數百騎馳如平城撫納之。會石勒攻琨樂平，太守韓據請救於琨。琨以得雄、澹之衆，欲因其鋭，以滅石勒。雄、澹諫曰：「亂民飢疲，未可便用，宜休息觀釁而動。」琨不從，使雄、澹率衆討勒，琨屯廣牧爲之聲援。勒率輕騎與雄、澹戰，澹大敗，率騎千餘，奔于代郡。勒遣孔萇追滅之。

莫含，雁門繁畤人也。家世貨殖，貲累巨萬。劉琨爲并州，辟含從事。含居近塞下，常往來國中。穆帝愛其才器，善待之。及爲代王，備置官屬，求含於琨。琨遣入國，含心不願。琨諭之曰：「當今胡寇滔天，泯滅諸夏，百姓流離，死亡塗地，主上幽執，沉溺醜虜。唯此一州，介在羣胡之間，以吾薄德，能自存立者，賴代王之力。是以傾身竭寶，長子遠質，覬滅殘賊，報雪大恥。卿爲忠節，亦是奮義之時，何得苟惜共事之小誠，以忘出身之大益。入爲代王腹心，非但吾願，亦一州所賴。」含乃入代，參國官。後琨徙五縣之民於陘南，含家獨留。含甚爲穆帝所重，常參軍國大謀。卒於左將軍、關中侯。其故宅在桑乾川南，世稱莫含壁，或音訛，謂之莫回城云。

子顯，知名於時。昭成世，爲左常侍。

顯子題，亦有策謀。太祖使題與將軍王建等三軍，討慕容寶廣寧太守劉亢泥，斬之。徙亢泥部落于平城。寶上谷太守驎，捐郡逃走，太祖追討，題爲大將，別出東道。以功賜爵東宛侯。及還京師，常與李栗侍宴。栗坐不敬獲罪，題亦被黜爲濟陽太守。後太祖欲廣宮室，規度平城四方數十里，將模鄴、洛、長安之制，運材數百萬根。以題機巧，徵令監之。召入，與論興造之宜。題久侍頗怠，賜死。

題弟雲，好學善射。太祖時，常典選曹，轉給事中。以功賜爵安德侯。遷執金吾，常參軍國謀議。世祖之剋赫連昌，詔雲與常山王素留鎮統萬。進爵安定公，加平西將軍，後遷鎮西大將軍。時初并河西，人心未一，雲撫慰新舊，皆得其所。神䴥中卒，謚曰敬公。

劉庫仁，本字没根，劉虎之宗也，一名洛垂。少豪爽，有智略。母平文皇帝之女。昭成皇帝復以宗女妻之，爲南部大人。

建國三十九年，昭成暴崩，太祖未立，苻堅以庫仁爲陵江將軍、關內侯，令與衞辰分國部衆而統之。自河以西屬衞辰，自河以東屬庫仁。於是獻明皇后攜太祖及衞秦二王自賀蘭部來居焉。庫仁盡忠奉事，不以興廢易節，撫納離散，恩信甚彰。

苻堅進庫仁廣武將軍，給幢麾鼓蓋，儀比諸侯。處衞辰在庫仁之下。衞辰怒，殺堅五原太守而叛，攻庫仁西部。庫仁又伐衞辰破之，追至陰山西北千餘里，獲其妻子，盡收其衆。庫仁西征庫狄部，大獲畜產，徙其部落，置之桑乾川。苻堅賜庫仁妻公孫氏，厚其資送。庫仁又詣堅，加庫仁振威將軍。

後慕容垂圍苻丕于鄴，又遣將平規攻堅幽州刺史王永于薊，庫仁自以受堅爵命，遣妻兄公孫希率騎三千，助永擊規，大破之，阬規降卒五千餘人。乘勝長驅，進據唐城，與垂子麟相持。庫仁聞希破規，復將大舉以救丕。發雁門、上谷、代郡兵，次於繁畤。先是，慕容文等當徙長安，遁依庫仁部，常思東歸，其計無由。至是役也，知人不樂，文等乃夜率三郡人，攻庫仁。庫仁匿於馬廐，文執殺之。乘其駿馬，奔慕容垂。公孫希聞亂，自唐城走於丁零。

庫仁弟眷，繼攝國事。白部大人絜佛叛〔四〕，眷力不能討。乃引苻堅并州刺史張蚝擊佛，破之。眷又破賀蘭部于善無，又擊蠕蠕別帥肺渥于意親山〔五〕，破之，獲牛羊數十萬頭。眷第二子羅辰，性機警，有智謀，謂眷曰：「比來行兵，所向無敵，心腹之疾，願早圖之。」眷曰：「誰也？」曰：「從兄顯，忍人也，爲亂非旦則夕耳。」眷不以爲意。其後，徙牧于牛川，庫仁子顯果殺眷而代立。羅辰奔太祖，事在外戚傳。

顯，本名醜伐，既殺眷代立，又欲謀逆，語在太祖紀。太祖即位，顯自善無南走馬邑。族人奴真領部來附〔六〕。奴真兄犍，先居賀蘭部。至是，奴真請召犍而讓部焉。太祖義而許之。犍既領部，自以久託賀訥，德之，乃使弟去斤遺之金馬。訥弟染干因謂之曰：「我待汝兄弟厚，汝今領部，宜來從我。」去斤請之奴真。奴真曰：「父爲國家附臣，世効忠貞。我志全名節，是故推讓。今汝等無狀，乃欲叛主懷貳。」於是殺犍及去斤。染干聞其殺兄，率騎討之，奴真懼，徙部來奔太祖。太祖自迎之，遣使責止染干。奴真感恩，請奉妹充後宮，太祖納之。

後太祖討顯于馬邑，追至彌澤，大破之。衛辰與慕容垂通好，送馬三千疋於垂，垂遣慕容良迎之。顯擊敗良軍，掠馬而去。垂怒，遣子麟、兄子楷討之，顯奔馬邑西山。麟輕騎追之，遂奔慕容永於長子。部衆悉降於麟，麟徙之中山。顯弟亢埿，事在皇后傳。

史臣曰：始祖及桓、穆之世也，王迹初基，風德未展。操、含託身馳驟之秋，自立功名之地〔七〕，可謂志識之士矣。劉庫仁兄弟，忠以爲心，盛衰不二，純節所存，其意蓋遠，而並貽非命，惜乎！

校勘記

〔一〕乃招異類　「異」，原作「暴」，據三朝本、南監本、殿本、北史卷二〇衛操傳、通志卷一四六改。

〔二〕外動亦攘　「動」，北史卷二〇衛操傳作「勳」，疑是。按「外動亦攘」，意爲對外有攘患之功，碑末有「動攘大患」句也是此義。

〔三〕衛泥　三朝本、北監本作「衛沈」，殿本作「衛沉」，通志卷一四六作「衛玧」。

〔四〕白部大人絜佛叛　「白部」，原作「曰部」，據册府卷三五一改。按本書卷一序紀力微之三十九年：「夏四月，祭天，諸部君長悉來助祭，唯白部大人觀望不至。」又猗盧之三年稱「白部大人叛入西河」。

〔五〕意親山　本書卷二太祖紀登國五年四月、卷一〇三高車傳作「意辛山」。

〔六〕族人奴真領部來附　田餘慶拓跋史探劉奴真與劉羅辰一節考訂云：此下一段文字述奴真

事，竄亂於上「顯自善無南走馬邑」與下「後太祖討顯于馬邑」之間。此奴真即上文「眷第二子羅辰」，亦即本書卷八三上外戚傳上之劉羅辰。奴真、羅辰，同名異譯。

〔七〕自立功名之地　「名」字原闕，據北史卷二〇傳論補。殿本考證云：「『功』字下北史有『名』字，應以彼爲是。」按「功名之地」與上「馳驟之秋」對文。

魏書卷二十四

列傳第十二

燕鳳　許謙　張衮　崔玄伯　鄧淵

燕鳳，字子章，代人也。好學，博綜經史，明習陰陽讖緯。昭成素聞其名，使人以禮迎致之。鳳不應聘。乃命諸軍圍代城，謂城人曰：「燕鳳不來，吾將屠汝。」代人懼，送鳳。昭成與語，大悦，待以賓禮。後拜代王左長史，參決國事。又以經授獻明帝。

苻堅遣使牛恬朝貢，令鳳報之。堅問鳳：「代王何如人？」鳳對曰：「寬和仁愛，經略高遠，一時之雄主，常有并吞天下之志。」堅曰：「卿輩北人，無剛甲利器〔一〕，敵弱則進，彊即退走，安能并兼？」鳳曰：「北人壯悍，上馬持三仗，驅馳若飛。主上雄儁，率服北土，控弦百萬，號令若一。軍無輜重樵爨之苦，輕行速捷，因敵取資。此南方所以疲弊，而北方之所常勝也。」堅曰：「彼國人馬，實爲多少？」鳳曰：「控弦之士數十萬，馬百萬疋。」堅曰：「卿言人衆可爾，説馬太多，是虚辭耳。」鳳曰：「雲中川自東山至西河二百里，北山至南山百有餘里，每歲孟秋，馬常大集，略爲滿川。以此推之，使人之言，猶當未盡。」鳳還，堅厚加贈遺。

及昭成崩，太祖將遷長安。鳳以太祖幼弱，固請於苻堅曰：「代主初崩，臣子亡叛，遺孫沖幼，莫相輔立。其別部大人劉庫仁勇而有智，鐵弗衞辰狡猾多變，皆不可獨任。宜分諸部爲二，令此兩人統之。兩人素有深讎，其勢莫敢先發。此禦邊之良策。待其孫長，乃存而立之，是陛下施大惠於亡國也。」堅從之。鳳尋東還。

太祖即位，歷吏部郎、給事黄門侍郎、行臺尚書，甚見禮重。太宗世，與崔玄伯、封懿、梁越等入講經傳，出議朝政。世祖初，以舊勳賜爵平舒侯，加鎮遠將軍。神䴥元年卒。

子才，襲。散騎常侍、平遠將軍。卒。

子元孫，襲。官至博陵太守。卒。子世宗，襲。

許謙，字元遜，代人也。少有文才，善天文圖讖之學。建國時，將家歸附，昭成嘉之，擢爲代王郎中令，兼掌文記。與燕鳳俱授獻明帝經。從征衞辰，以功賜僮隸三十户。昭成崩後，謙徙長安。苻堅從弟行唐公洛鎮和龍，請謙之鎮。未幾，以繼母老辭還。

登國初，遂歸太祖。太祖悦，以爲右司馬，與張衮等參贊初基。慕容寶來寇也，太祖使謙告難於姚興。興遣將楊佛嵩率衆來援，而佛嵩稽緩。太祖命謙爲書以遺佛嵩曰：「夫杖順以翦逆〔二〕，乘義而攻昧，未有非其運而顯功，無其時而著業。慕容無道，侵我疆埸，師老兵疲，天亡期至，是以遣使命軍，必望克赴。將軍據方邵之任，總熊虎之師，事與機會，今其時也。因此而舉，役不再駕，千載之勳，一朝可立。然後高會雲中，進師三魏，舉觴稱壽，不亦綽乎。」佛嵩乃倍道兼行。太祖大悦，賜謙爵關内侯。重遣謙與佛嵩盟曰：「昔殷湯有鳴條之誓，周武有河陽之盟，所以藉神靈，昭忠信。夫親仁善隣，古之令軌，歃血割牲，以敦永穆。今既盟之後，言歸其好，分災恤患，休戚是同。有違此盟，神祇斯殛。」寶敗，佛嵩乃還。

明年，慕容垂復來寇。太祖謂謙曰：「今事急矣，非卿豈能復致姚師，卿其行也。」謙未發而垂退，乃止。及聞垂死，謙上書勸進。太祖善之。

并州平，以謙爲陽曲護軍，賜爵平舒侯、安遠將軍。皇始元年卒官，時年六十三。贈平東將軍、左光禄大夫、幽州刺史、高陽公，謚曰文。

子洛陽，襲。從征慕容寶，爲冠軍司馬。後爲祁令。太宗追録謙功，以洛陽爲雁門太守。洛陽家田三生嘉禾，皆異壟合穎，世祖善之。進爵北地公，加鎮南將軍。出爲明壘鎮將，居八年，卒。謚曰恭。

子寄生，襲爵，降爲侯。皇興元年卒。

洛陽弟安國，中山太守。

安國弟安都，廣寧、滄水二郡太守。加揚威將軍。賜爵東光子。天安初卒。贈平遠將軍、冀州刺史、東光侯，謚曰烈。

子白虎，襲爵。爲侍御中散。後以罪免官，奪爵。

張衮，字洪龍，上谷沮陽人也。祖翼，遼東太守。父卓，昌黎太守。衮初爲郡五官掾，純厚篤實，好學，有文才。太祖爲代王，選爲左長史。

從太祖征蠕蠕。蠕蠕遁走，追之五六百里。諸部帥因衮言於太祖曰：「今賊遠糧盡，不宜深入，請速還軍。」太祖令衮問諸部帥，若殺副馬，足三日食否。皆言足也。太祖乃倍道追之，及於廣漠赤地南床山下，大破之。既而太祖問衮：「卿曹外人知我前問三日糧意乎？」對曰：「皆莫知也。」太祖曰：「此易知耳。蠕蠕奔走數日，畜産之餘，至水必留〔三〕。計其道程，三日足及。輕騎卒至，出其不意，彼必驚散，其勢然矣。」衮以太祖言出告部帥，咸曰：「聖策長遠，非愚近所及也。」

衮常參大謀，決策幃幄，太祖器之，禮遇優厚。衮每告人曰：「昔樂毅杖策於燕昭，公達委身於魏武〔四〕，蓋命世難可期，千載不易遇。主上天姿傑邁，逸志淩霄，必能囊括六合，混一四海。夫遭風雲之會，不建騰躍之功者，非人豪也。」遂策名委質，竭誠伏事。

時劉顯地廣兵彊，跨有朔裔，會其兄弟乖離，共相疑阻。衮言於太祖曰：「顯志大意高，希冀非望，乃有參天貳地，籠罩宇宙之規。吴不并越，將爲後患。今因其内釁，宜速乘之。若輕師獨進，或恐越逸。可遣使告慕容垂，共相聲援，東西俱舉，勢必擒之。然後總括英雄，撫懷遐邇，此千載一時，不可失也。」太祖從之，遂破走顯。又從破賀訥，遂命羣官登勿居山，遊宴終日。從官及諸部大人請聚石爲峰，以記功德，命衮爲文。

慕容寶之來寇也，衮言於太祖曰：「寶乘滑臺之功，因長子之捷，傾資竭力，難與爭鋒。愚以爲宜羸師卷甲，以侈其心。」太祖從之，果破之參合。

皇始初，遷給事黄門侍郎。太祖南伐，師次中山。衮言於太祖曰：「寶憑三世之資，城池之固，雖皇威震赫，勢必擒殄，然窮兵極武，非王者所宜。昔酈生一説，田横委質；魯連飛書，聊將授首。臣誠德非古人，略無奇策，仰憑靈威，庶必有感。」太祖從之。衮遺寶書，喻以成敗。寶見書大懼，遂奔和龍。既剋中山，聽入八議，拜衮奮武將軍、幽州刺史，賜爵臨渭侯。衮清儉寡欲，勸課農桑，百姓安之。

天興初，徵還京師。後與崔逞答司馬德宗將郗恢書失旨，黜衮爲尚書令史。衮遇創業之始，以有才謨見任，率心奉上，不顧嫌疑。太祖曾問南州人於衮。衮與盧溥州里，數談薦之。又衮未嘗與崔逞相見，聞風稱美。及中山平，盧溥聚黨爲逆，崔逞答書不允，並乖本言，故忿之。

衮年過七十，闔門守静，手執經書，刊定乖失，愛好人物，善誘無倦，士類以此高之。永興二年疾篤，上疏曰：「臣既庸人，志無殊操，值太祖誕膺期運，天地始開，參戎氛霧之初，馳驅革命之會，託翼鄧林，寄鱗溟海，遂荷恩寵，榮兼出内。陛下龍飛九五，仍參顧問，曾無微誠，塵山露海。今舊疾彌留，氣力虚頓，天罰有罪，將填溝壑。然犬馬戀主，敢不盡言。方今中夏雖平，九域未一，西有不賓之羌，南有逆命之虜，岷蜀殊風，遼海異教。雖天挺明聖，撥亂乘時，而因幾撫會，寔須經略。介焉易失，功在人謀。伏願恢崇叡道，克廣德心，使揖讓與干戈並陳，文德與武功俱運，則太平之化，康哉之美，復隆於今，不獨前世。昔子囊將終，寄言城郢；荀偃辭唅，遺恨在齊。臣雖闇劣，敢忘前志，魂而有靈，結草泉壤。」後數日卒，年七十二。後世祖追録舊勳，遣大鴻臚即墓策贈太保，謚曰文康公。

子温，外都大官、廣寧太守。卒。

子貳興，昌黎太守。

温弟楷，州主簿。

子誕，有學尚，性尤雅直。初與高允同時被徵，後除中書侍郎、通直散騎常侍、建威將軍。賜爵容城子。

袞次子度，少有志尚，襲爵臨渭侯。上谷太守，入爲武昌王師。加散騎常侍，除使持節，都督幽州廣陽、安樂二郡諸軍事，平東將軍，崎城鎮都大將，又轉和龍鎮都大將，所在著稱。還朝爲中都大官。卒，贈征東大將軍、冀州刺史，謚康侯。

子陵，襲爵。後爲赤城典作都將。卒。

子狀，襲。爲中散。卒。

子法，襲。太和中，例降爲伯。世宗時，除懷荒鎮金城戍將。

陵弟延，散騎常侍、左將軍、庫部尚書。賜爵永寧侯。

延弟白澤〔五〕，年十一，遭母憂，居喪以孝聞。世祖聞而嘉之。長而好學博通，敏於當世。高宗初，除中散，遷殿中曹給事中，甚見寵任，參預機密。

後蠕蠕犯塞，顯祖引見羣臣議之。尚書僕射元目辰進曰：「若車駕親行，恐京師危懼，不如持重，固守自安。虜懸軍深入，糧無繼運，以臣量之，自退不久，遣將追擊，破之必矣。」白澤曰：「陛下欽明則天，比蹤前聖，而蠢爾荒愚，輕犯王略。寇乃顛沛於遠圖，我將宴安於近毒，仰惟神略，則不然矣。今若鑾輿親動，賊必望麾崩散，寧容抑挫神兵〔六〕，坐而縱敵。萬乘之尊，嬰城自守，進失可乘之機，退非無前之義，惟陛下留神。」顯祖從之，遂大破虜衆。

白澤本字鍾葵，顯祖賜名白澤，納其女爲嬪。出行雍州刺史，清心少欲，吏民安之。

顯祖詔諸監臨之官，所監治受羊一口、酒一斛者，罪至大辟，與者以從坐論。糾告得尚書已下罪狀者，各隨所糾官輕重而授之。白澤上表諫曰：「伏見詔書，禁尚書以下，受禮者刑身，糾之者代職。伏惟三載考績，黜陟幽明，斯乃不易之令軌，百王之通式。今之都曹，古之公卿也，皆翊扶萬幾，讚徽百揆，風化藉此而平，治道由茲而穆。且周之下士，尚有代耕，況皇朝貴仕，而服勤無報，豈所謂祖襲堯舜，憲章文武者乎？羊酒之罰，若行不已，臣恐姦人闚望，忠臣懈節。而欲使事靜民安，治清務簡，至於委任責成，下民難辯〔七〕。如臣愚量，請依律令舊法，稽同前典，班祿酬廉，首去亂羣，常刑無赦。苟能如此，則升平之軌，朞月可望，刑措之風，三年必致矣。」顯祖納之。

太和初，懷州民伊祁苟初三十餘人謀反，將殺刺史。文明太后欲盡誅一城之民。白澤諫曰：「臣聞上天愛物之生，明王重民之命，故殺一人而取天下，仁者不爲。且周書，父子兄弟，罪不相及。今羣凶肆虐，轘裂誅盡，合城無辜，奈何極辟。不誣十室，而況一州，或有忠焉，或有仁者，若淫刑濫及，殺忠與仁，斯乃西伯所以歎息於九侯，孔子所以回輪於河上。伏惟聖德昭明殷鑒，水鏡前禮，止迅烈之怒，抑雷霆之威，則溥天知幸矣。昔厲防民口，卒滅宗姬；文聽輿頌，終摧彊楚。願不以人廢言，留神省察。」太后從之。轉散騎常侍，遷殿中尚書。

太和五年卒，詔賜帛一千疋、粟三千石，遣侍御史營護喪事，册贈鎮南將軍、相州刺史、廣平公，謚曰簡。

長子倫，字天念。年十餘歲，入侍左右。稍遷護軍長史、員外常侍，轉大司農少卿、燕州大中正。

熙平中，蠕蠕主醜奴遣使來朝，抗敵國之書，不修臣敬。朝議將依漢答匈奴故事，遣使報之。倫表曰：

臣聞古之聖王，疆理物土，辨章要甸，荒遐之俗，政所不及。故禮有壹見之文，書著羈縻之事。太祖以神武之姿，聖明之略，經略帝圖，日有不暇，遂令豎子遊魂一方，亦由中國多虞，急諸華而緩夷狄也。高祖光宅土中，業隆卜世，赫雷霆之威，振熊羆之旅，方役南轅，未遑北伐。昔舊京烽起，虜使在郊，主上按劍，璽書不出。世宗運籌帷幄，開境揚旌，衣裳所及，舟車萬里。于時醜類款關，上亦述尊遺志。今大明臨朝，澤及行葦，國富兵彊，能言率職。何憚而爲之，何求而行此？往日蕭衍通敬求和，以誠肅未純，抑而不許。先帝棄戎於前，陛下交夷於後，無乃上乖高祖之心，下違世宗之意？

且虜雖慕德〔八〕，亦來觀我，懼之以强，儻即歸附，示之以弱，窺覦或起，春秋所謂「以我卜也」。又小人難近，夷狄無親，疎之則怨，狎之則侮，其所由來久矣。是以高祖、世宗知其若此，來既莫逆，去又不追。不一之義，於是乎在。必其委贄玉帛之辰，屈膝蕃方之禮，則可豐其勞賄，籍以珍物。至於王人遠役，銜命虜庭，優以匹敵之尊，加之相望之寵，恐徒生虜慢，無益聖朝。假令選衆而舉，使乎稱職，資酈生之辯，騁終軍之辭，憑軾下齊，長纓繫越。苟異曩時，猶爲不願，而況極之以隆崇，申之以宴好，臣雖下愚，輒敢固執。

若事不獲已，應頒制詔，示其上下之儀，宰臣致書，諷以歸順之道。若聽受忠誨，明我話言，則萬乘之盛不失位於域中，天子之聲必籠罩於無外。脱或未從，焉能損益。徐舞干戚以招之，敷文德而懷遠。如迷心不已，或肆犬羊，則當命辛李之將，勒衞霍之師，蕩定雲沙，埽清逋孽，飲馬瀚海之濱，鏤石燕然之上，開都護，置戊己，斯亦陛下之高功，不世之盛事。如思按甲養民，務農安邊之術，經國之防，豈可以戎夷兼并，而遽虧典制。將取笑於當時，貽醜於來葉。昔文公請隧，襄后有言；荆莊問鼎，王孫是抑。以古方今，竊爲陛下不取。又陛下方欲禮神岷瀆，致禮衡山，登稽嶺，窺蒼梧，而反與夷虜之君，酋渠之長，結昆弟之忻，抗分庭之義，將何以瞰文命之遐景，迹重華之高風者哉？臣以爲報使甚失如彼，不報甚得如此。願留須臾之聽，察愚臣之言。

不從。

出爲後將軍、肆州刺史。還朝，除燕州大中正。孝莊初，遷太常少卿〔九〕，不拜，轉大司農卿。卒官。

倫弟恩，奉朝請，員外郎。

白澤弟庫，瀛州刺史、宜陽侯。

庫長子蘭，累遷龍驤將軍，行光州事。

蘭弟修虎，都牧、駕部二曹給事中，上谷公，司農少卿。奉使柔玄，察民疾苦。遷平北將軍、燕州刺史。

度弟太，平西將軍、荆州刺史、狙陽侯。

太弟那，寧遠將軍、雍城鎮將。

崔玄伯，清河東武城人也，名犯高祖廟諱，魏司空林六世孫也。祖悦，仕石虎，官至司徒左長史、關内侯。父潛，仕慕容暐，爲黄門侍郎，並有才學之稱。玄伯少有儁才，號曰冀州神童。

苻融牧冀州，虚心禮敬，拜陽平公侍郎，領冀州從事，管征東記室。出總庶事，入爲賓友，衆務修理，處斷無滯。苻堅聞而奇之，徵爲太子舍人，辭以母疾不就，左遷著作佐郎。苻丕牧冀州，爲征東功曹。太原郝軒，世名知人，稱玄伯有王佐之才，近代所未有也。堅亡，避難於齊魯之間，爲丁零翟釗及司馬昌明叛將張願所留縶。郝軒歎曰：「斯人而遇斯時，不因扶摇之勢，而與鶡雀飛沉，豈不惜哉！」慕容垂以爲吏部郎、尚書左丞、高陽内史。

所歷著稱，立身雅正，與世不羣，雖在兵亂，猶勵志篤學，不以資産爲意，妻子不免飢寒。

太祖征慕容寶，次於常山，玄伯棄郡，東走海濱。太祖素聞其名，遣騎追求，執送於軍門，引見與語，悅之，以爲黃門侍郎，與張衮對總機要，草創制度。時司馬德宗遣使來朝，太祖將報之，詔有司博議國號。玄伯議曰：「三皇五帝之立號也，或因所生之土，或即封國之名。故虞夏商周始皆諸侯，及聖德既隆，萬國宗戴，稱號隨本，不復更立。唯商人屢徙，改號曰殷，然猶兼行，不廢始基之稱。故詩云『殷商之旅』，又云『天命玄鳥，降而生商，宅殷土茫茫』。此其義也。昔漢高祖以漢王定三秦，滅彊楚，故遂以漢爲號。國家雖統北方廣漠之土，逮于陛下，應運龍飛，雖曰舊邦，受命惟新，是以登國之初，改代曰魏。又慕容永亦奉進魏土。夫『魏』者大名，神州之上國，斯乃革命之徵驗，利見之玄符也。臣愚以爲宜號爲魏。」太祖從之。於是四方賓王之貢，咸稱大魏矣。

太祖幸鄴，歷問故事於玄伯，應對若流，太祖善之。及車駕還京師，次於恒嶺。太祖親登山頂，撫慰新民，適遇玄伯扶老母登嶺，太祖嘉之，賜以牛米。因詔諸徙人不能自進者，給以車牛。遷吏部尚書。命有司制官爵，撰朝儀，協音樂，定律令，申科禁，玄伯總而裁之，以爲永式。及置八部大夫以擬八坐，玄伯通署三十六曹，如令僕統事，深爲太祖所任。勢傾朝廷。而儉約自居，不營産業，家徒四壁；出無車乘，朝晡步上；母年七十，供養無重膳。太祖嘗使人密察，聞而益重之，厚加饋賜。時人亦或譏其過約，而玄伯爲之踰甚。

太祖常引問古今舊事，王者制度，治世之則。玄伯陳古人制作之體，及明君賢臣，往代廢興之由，甚合上意。未嘗謇諤忤旨，亦不諂諛苟容。及太祖季年，大臣多犯威怒，玄伯獨無譴者，由於此也。太祖曾引玄伯講漢書，至婁敬說漢祖欲以魯元公主妻匈奴，善之，嗟歎者良久。是以諸公主皆釐降于賓附之國，朝臣子弟，雖名族美彥，不得尚焉。尚書職罷，賜玄伯爵白馬侯，加周兵將軍，與舊功臣庾岳、奚斤等同班，而信寵過之。

太祖崩，太宗未即位，清河王紹聞人心不安，大出財帛班賜朝士。玄伯獨不受。太宗即位，命玄伯居門下，虛己訪問，以不受紹財帛，特賜帛二百匹。長孫嵩已下咸愧焉。詔遣使者巡行郡國，糾察守宰不如法者，令玄伯與宜都公穆觀等按之，太宗稱其平當。又詔玄伯與長孫嵩等坐朝堂，決刑獄。

太宗以郡國豪右，大爲民蠹，乃優詔徵之，民多戀本，而長吏逼遣。於是輕薄少年，因相扇動，所在聚結。西河、建興盜賊並起，守宰討之不能禁。太宗乃引玄伯及北新侯安同、壽光侯叔孫建、元城侯元屈等問曰：「前以兇俠亂民，故徵之京師，而守宰失於綏撫，令有逃竄。今犯者已多，不可悉誅，朕欲大赦以紓之，卿等以爲何如？」屈對曰：「民逃不罪而反赦之，似若有求於下，不如先誅首惡，赦其黨類。」玄伯曰：「王者治天下，以安民爲本，何能顧小曲直也。譬琴瑟不調，必改而更張；法度不平，亦須蕩而更制。夫赦雖非正道，而可以權行，自秦漢以來，莫不相踵。屈言先誅後赦，會於不能兩去，孰與一行便定。若其赦而不改者，誅之不晚。」太宗從之。

神瑞初，詔玄伯與南平公嵩等坐止車門右，聽理萬機事。并州胡數萬家南掠河內，遣將軍公孫表等率師討之，敗績。太宗問羣臣曰：「胡寇縱暴，人衆不少，表等已不能制。若不早誅，則良民大受其禍。今既盛秋，不可爲此小盜，而復興衆以廢民業。將若之何？」玄伯對曰：「表等諸軍，不爲不足，但失於處分，故使小盜假息耳。胡衆雖盛，而無猛健主將，所謂千奴共一膽也。宜得大將軍爲胡所服信者，將數百騎，就攝表軍以討之，賊聞之，必望風震怖。壽光侯建，前在并州，號爲威猛，胡醜畏服，諸將莫及。」太宗從之，遂平胡寇。尋拜天部大人，進爵爲公。

泰常三年夏，玄伯病篤，太宗遣侍中宜都公穆觀就受遺言，更遣侍臣問疾，一夜數返。及卒，下詔痛惜，贈司空，謚文貞公。喪禮一依安城王叔孫俊故事。詔羣臣及附國渠帥皆會葬，自親王以外，盡令拜送。太和中，高祖追録先朝功臣，以玄伯配饗廟庭。

玄伯自非朝廷文誥，四方書檄，初不染翰，故世無遺文。尤善草隸行押之書，爲世摹楷。玄伯祖悦與范陽盧諶，並以博藝著名。諶法鍾繇，悦法衞瓘，而俱習索靖之草，皆盡其妙。諶傳子偃，偃傳子邈；悦傳子潛，潛傳玄伯。世不替業。故魏初重崔盧之書。又玄伯之行押，特盡精巧，而不見遺迹。子浩，襲爵，別有傳。

次子簡，字沖亮〔一〇〕，一名覽。好學，少以善書知名。太祖初〔一一〕，歷位中書侍郎、征虜將軍，爵五等侯，參著作事。卒。

簡弟恬，字叔玄，小名白。歷給事中，賜爵繹幕子。出爲上黨太守、平南將軍、豫州刺史。進爵陽武侯。坐浩伏誅。

始玄伯因苻堅亂，欲避地江南，於泰山爲張願所獲，本圖不遂，乃作詩以自傷，而不行於時，蓋懼罪也。及浩誅，中書侍郎高允受敕收浩家，始見此詩。允知其意，允孫綽録於允集。始玄伯父潛爲兄渾誄手筆草本〔一二〕，延昌初，著作佐郎王遵業買書於市而遇得之。計誄至今，將二百載，寶其書迹，深藏祕之。武定中，遵業子松年以遺黄門郎崔季舒，人多摹搨之。左光禄大夫姚元標以工書知名於時，見潛書，謂爲過於己也。

玄伯弟徽，字玄猷。少有文才，與渤海高演俱知名。初徽相州別駕、中書侍郎，稍遷祕書監，賜爵貝丘侯，加龍驤將軍。樂安王範鎮長安，世祖以範年少，而三秦民夷，恃險多變，乃選忠清舊德之士，與範俱鎮。以徽爲散騎常侍、督雍涇梁秦四州諸軍事、平西將軍、副將，行樂安王傅，進爵濟南公。徽爲政務存大體，不親小事。性好人倫。引接賓客，或談及平生，或講論道義，誨誘後進，終日不止。以疾徵還京師。真君四年卒，謚曰元公。士類無不歎惜。

時清河崔寬，字景仁。祖彤，隨晉南陽王保避地隴右，遂仕於沮渠、李暠。父剖，字伯宗，每慷慨有懷東土，常歎曰：「風雨如晦，鷄鳴不已，吾所庶幾。」及世祖西巡，剖乃總率同義，使寬送款。世祖嘉之，拜寬威遠將軍、岐陽令，賜爵沂水男。遣使與寬俱西，撫慰初附。徵剖詣京師，未至，病卒。高宗以剖誠著先朝，贈散騎常侍、鎮西將軍、涼州刺史、武陵公，謚曰元。

寬還京，拜散騎侍郎、寧朔將軍、安國子。未幾，出爲弘農太守。初，寬之通款也，見司徒浩。浩與相齒次，厚存撫之。及浩誅，以遠來疎族，獨得不坐。遂家于武城，居司空林舊墟，以一子繼浩弟覽妻封氏〔一三〕，相奉如親。寬後襲爵武陵公、鎮西將軍，拜陝城鎮將。二崤地嶮〔一四〕，民多寇劫。寬性滑稽，誘接豪右、宿盜魁帥，與相交結，傾衿待遇，不逆微細。是以能得民庶忻心，莫不感其意氣。時官無禄力，唯取給於民。寬善撫納，招致禮遺，大有受取，而與之者無恨。又弘農出漆蠟竹木之饒，路與南通，販貿來往。家産豐富，而百姓樂之。諸鎮之中，號爲能政。及解鎮還京，民多追戀，詣闕上章者三百餘人。書奏，高祖嘉之。延興二年卒，年六十三，遺命薄葬，斂以時服。

長子衡，字伯玉，少以孝行著稱。學崔浩書，頗亦類焉。天安元年，擢爲内祕書中散，班下詔命及御所覽書，多其迹也。衡舉李沖、李元愷、程駿等，終爲名器，世以是稱之。承明元年，遷内都坐令，善折獄，高祖嘉之。太和二年，襲爵武陵公，鎮西將軍。遷給事中。車駕巡狩，以衡爲大都督長史。衡涉獵書史，陳備禦之方〔一五〕，便國利民之策，凡五十餘條。以本將軍除秦州刺史〔一六〕，徙爵齊郡公。先是，河東年饑，刼盜大起，衡至，修龔遂之法，勸課農桑，周年之間，寇盜止息。十二年卒，年五十四。贈散騎常侍、左光禄大夫、本將軍、冀州刺史，帛一千匹、穀一千斛，謚曰惠公。衡有五子。

長子敞，字公世，襲爵，例降爲侯。自謁者僕射出爲平原相。敞性狷急，與刺史楊椿迭相表列，敞坐免官。世宗初，爲鉅鹿太守。弟朏之逆，敞爲黄木軍主韓文殊所藏。其家悉見籍没，唯敞妻李氏，以公主之甥，自隨奴婢田宅二百餘口得免。正光中，普釋禁錮，敞復爵齊郡侯，拜龍驤將軍、中散大夫。孝昌中，趙郡太守。卒。

敞弟鍾，字公禄，奉朝請。弟朏之逆，以出後被原。歷尚書郎、國子博士、司徒右長史、征北將軍、金紫光禄大夫、冀州大中正。敞亡後，鍾貪其財物，誣敞息子積等三人非兄之胤，辭訴累歲，人士嫉之。尒朱世隆爲尚書令，奏除其官，終身不齒。

朏好學，有文才。歷治書侍御史、京兆王愉録事參軍。與愉同逆，伏法。

衡弟恕，尚書郎。

又有崔模，字思範，魏中尉崔琰兄霸後也。父遵，慕容垂少府卿。叔父整，廣川太守。模，慕容熙末南渡河外，爲劉裕滎陽太守，戍虎牢。神䴥中，平滑臺，模歸降。後賜爵武城男〔一七〕，加寧遠將軍。

始模在南妻張氏，有二子，仲智、季柔〔一八〕。模至京師，賜妻金氏，生子幼度。仲智等以父隔遠，乃聚貨物，間託關境，規贖模歸。其母張氏每謂之曰：「汝父性懷，本自無決，必不能來也。」行人遂以財賄至都，當竊模還。模果顧念幼度等，指幼度謂行人曰：「吾何忍捨此輩，令坐致刑辱，當爲爾取一人，使名位不減於我。」乃授以申謨。謨，劉義隆東郡太守，與朱脩之守滑臺，神䴥中，被執入國，俱得賜妻，生子靈度。申謨聞此，乃棄妻子，走還江外。靈度刑爲閹人。

模長者篤厚，不營榮利，頗爲崔浩輕侮，而守志確然，不爲浩屈。與崔賾相親〔一九〕，往來如家。和平中卒。

皇興初，幼度隨慕容白曜爲將。時季柔爲崔道固長史，帶濟南太守。城將降，先馳馬赴白曜軍，幼度亦豫令左右覘迎之，而差互不相值，爲亂兵所害。

初，真君末，車駕南克鄒山，模兄協子邪利爲劉義隆魯郡太守，以郡降，賜爵臨淄子，拜廣寧太守，卒於郡。邪利二子。懷順以父入國，故不出仕。及國家克青州，懷順迎邪利喪，還葬青州。次恩，累政州主簿，至刺史陸龍成時謀叛，聚城北高柳村，將攻州城，龍成討斬之。懷順與仲智子徽伯等俱奔江外。

始邪利與二女俱入國，一女爲張氏婦，一女爲劉休賓妻，生子文華〔二〇〕。邪利後生庶子法始。邪利亡後，二女侮法始庶孽，常欲令文華襲外祖爵臨淄子。法始恨忿，無所不爲。後懷順歸化迎喪，始與法始相見。未幾，法始得襲爵，傳至孫延族，正光中，爲冠軍將軍、中散大夫。

季柔孫睦，正光三年，自郁州歸降。

模孫景茂，冀州別駕、青州長史、隨郡太守、武城男。

景茂子彥遠，襲。武定中，北徐州司馬。

始睦來降也〔二一〕，與高陵、張炅、郭緼俱至。陵，蕭寶夤西討開府西閤祭酒，寶夤反，陵其黄門侍郎。關中平，還洛，歷尚書郎、定州別駕。齊文襄王作相，以陵頗有文學，引參賓客。終於征南將軍、司空長史。贈驃騎大將軍、大司農卿。

顯祖時，有崔道固，字季堅，琰八世孫也。祖瓌，慕容垂車騎屬。父輯，南徙青州，爲泰山太守。道固賤出，嫡母兄攸之、目連等輕侮之。輯謂攸之曰：「此兒姿識如此，或能興人門户，汝等何以輕之？」攸之等遇之彌薄，略無兄弟之禮。

時劉義隆子駿爲徐兗二州刺史，得辟他州民爲從事。輯乃資給道固，令其南仕。既至彭城，駿以爲從事。道固美形容，善舉止，便弓馬，好武事，駿稍嘉之。會青州刺史新除，過彭城，駿謂之曰：「崔道固人身如此，豈可爲寒士至老乎？而世人以其偏庶，便相陵侮，可爲歎息。」青州刺史至州，辟爲主簿，轉治中。後爲義隆諸子參軍事，被遣向青州募人。長史已下皆詣道固，道固諸兄等逼道固所生母自致酒炙於客前。道固驚起接取，謂客曰：「家無人力，老親自執劬勞。」諸客皆知其兄等所作〔三〕，咸起拜謝其母。母謂道固曰：「我賤，不足以報貴賓，汝宜答拜。」諸客皆歎美道固母子，賤其諸兄。

後爲寧朔將軍、冀州刺史，移鎮歷城。劉彧既殺子業自立，徐州刺史薛安都與道固等舉兵推立子業弟子勛。子勛敗，乃遣表歸誠，顯祖以爲安南將軍、南冀州刺史、清河公。劉彧遣説道固，以爲前將軍、徐州刺史。復叛受彧命。

皇興初，顯祖詔征南大將軍慕容白曜固築長圍以守之。及白曜攻其城東郭，道固面縛請罪，表曰：「臣資生南境，限隔大化，本朝不以卑末，委授藩任。而劉氏蕭牆内侮，懼貽大戮，前遣崔啓之奉表歸誠，幸蒙陛下過垂矜納，并賜爵寵，慶佩罔極，應奔闕庭。但劉彧尋續遣使，恕臣百死。愚以世奉劉氏，深愆蒙宥，若猶違背，則是不忠於本朝，而欲求忠於大魏。雖曰希生，懼大魏之所不許。是用迷回，孤負天日，冒萬死之艱，固執拒守。僕臣白曜〔三〕，振曜威靈，漸經二載，大將臨城，以今月十四日，臣東郭失守，於臣款彧之誠，庶可以彰於大魏矣。臣勢窮力屈，以十七日面縛請罪，白曜奉宣皇恩，恕臣生命。斯實陛下起臣死尸，肉臣朽骨，天地造物所不能行，而陛下育之。雖虞舜之貸有苗，姬文之宥崇壘，方之聖澤，未足以喻。既未奉朝旨，無由親馳道路，謹遣大息景徽，束骸歸闕，伏聽刑斧。」

既而白曜送道固赴都，有司案劾，奏聞，詔恕其死。乃徙青齊士望共道固守城者數百家於桑乾，立平齊郡於平城西北北新城。以道固爲太守，賜爵臨淄子，加寧朔將軍。尋徙治京城西南二百餘里舊陰館之西。是時，頻歲不登，郡内飢弊，道固雖在任積年，撫慰未能周盡，是以多有怨叛。延興中卒，年五十。

初，道固之在客邸，與薛安都、畢衆敬隣館，時以朝集相見，本既同由武達，頗結寮舊。

時安都志已衰朽，於道固情乃疎略，而衆敬每盡殷勤。道固謂劉休賓、房法壽曰：「古人云『非我族類，其心必異』，信不虛也。安都視人殊自蕭索，畢捺固依依也。」

子景徽，字文叡，襲父爵臨淄子，加寧朔將軍。出爲青州廣陵王羽征東府司馬，大鴻臚少卿。出除龍驤將軍、平州刺史。卒，贈本將軍、南青州刺史，謚曰定。子休纂襲爵。景徽弟景業，字文季。別有功，太和中，賜爵昌國子，加建威將軍。卒。子休緒襲爵，員外郎。

景業弟景淵，亦有別功，賜爵武城男。鷹揚將軍、平齊太守。卒於郡。

道固兄目連子僧祐。白曜之圍歷城也，僧祐母明氏、弟僧淵並在城内。劉彧授僧祐輔國將軍，領衆數千，與青齊人家口在歷城、梁鄒者明同慶、明菩薩等爲將佐，從淮海揚聲救援。將至不其，聞道固已敗，母弟入國，徘徊不進。白曜圍東陽時，表請景徽往喻僧祐，乃歸降。白曜送之，在客數載，賜爵層城侯。與房法壽、畢薩諸人皆不穆〔一四〕。法壽等訟其歸國無誠，拘之歲餘，因赦乃釋。後坐與沙門法秀謀反，伏法。

子道寧，給事中。

僧淵入國，坐兄弟徙於薄骨律鎮，太和初得還。高祖聞其有文學，又問佛經，善談論〔二五〕，敕以白衣賜褠幘，入聽于永樂經武殿。後以僧淵爲尚書儀曹郎。遷洛之後，爲青州中正。尋出爲征東大將軍、廣陵王羽諮議參軍，加顯武將軍，討海賊於黄郭〔二六〕，大破之。蕭鸞乃遣其族兄惠景遺僧淵書，説以入國之屈，規令改圖。僧淵復書曰：

主上之爲人也，無幽不照，無細不存，仁則無遠不及，博則無典不究，殫三墳之微，盡九丘之極。至於文章錯綜〔二七〕，焕然蔚炳，猶夫子之牆矣。遂乃開獨悟之明，尋先王之迹，安遷靈荒，兆變帝基，惟新中壤，宅臨伊域。三光起重輝之照，庶物蒙再化之始。分氏定族，料甲乙之科；班官命爵，清九流之貫。禮俗之叙，粲然復興，河洛之間，重隆周道。巷歌邑頌，朝熙門穆，濟濟之盛，非可備陳矣。加以累葉重光，地兼四岳，士馬彊富，人神欣仰，道德仁義，民不能名。且大人出，本無所在，況從上聖至天子天孫者乎〔二八〕。聖上諸弟，風度相類，咸陽王已下，莫不英越，枝葉扶踈，遍在天下，所稱稍竭〔二九〕，殊爲未然。文士競謀於廟堂，武夫效勇於疆埸〔三〇〕，若論事勢，此爲實矣。

計彼主篡殺之迹，人鬼同知，疑親猜貴，早暴遐邇。兄投心逆節，千載何名！物患無施，器非時用，生不振世，没無令聲，先師以爲鄙，君子以爲恥。此則事困伎殫，自勉無益，故其宜矣。以兄之才，夙超鄉土，如弟之徒，誰不瞻仰，每尋昔念，未敢忘懷。雖復途遥二千，心想若對，敬遵軌範，以資一生。今名可揚矣而不能顯親，事可變矣而不能離辱，故世之所未解也。且君子在家也不過孝於其親，入朝也不過忠於其君。主上之於兄，恩則不可酬，義則不可背。身可殺也，故非其酬；功不逮也，故非其報。今可以效矣而又弗爲，非孝也。即實而言，兄之不變，得爲忠乎？至於講武爭彊，不敵者久矣；論安與危，不同者驗矣；羣情背去，獨留者謬矣〔三一〕。願深察之。王晏道絶外交，器非雄朗，專華保望，便就屠割。方之於兄，其全百倍。且淮蕃海捍，本出北豪，壽春之任，兄何由免？以是而言，猜嫌已決。又宗門未幾，南北莫寄，先構之重，非兄何託，受社之榮，鄙心之相望矣。今執志不寤，忠孝兩忘，王晏之辜，安能自保，見機而作，其在茲乎。

國家西至長安，東盡即墨，營造器甲，必盡堅精，晝夜不息者，於茲數載。今秋中月，雲羅必舉，賈不及時，雖貴不用，若不早圖，況枉連城矣〔三二〕。枚乘有言，欲出不出，間不容髮，精哉斯談。弟中於北京，身罹事譴，大造之及，有獲爲幸。比蒙清舉，超進非一〔三三〕，犬馬之心，誠有在矣。雖復彼此爲異，猶昔情不移也，況於今日哉。如兄之誨，如弟之規，改張易調，易於反掌，萬一乖情，此將運也。

出除龍驤將軍、南青州刺史。久之，坐擅出師無據，檢覈幽禁，後乃獲免。

僧淵元妻房氏，生二子，伯驎、伯驥。後薄房氏，更納平原杜氏。僧淵之徙也，與杜俱去，生四子，伯鳳、祖龍、祖螭、祖虯。得還之後，棄絶房氏，遂與杜氏及四子家于青州。伯驥與母房氏居于冀州，雖往來父間，而心存母氏，孝慈之道，頓阻一門。僧淵卒，年七十餘。伯驎雖往奔赴，不敢入家，哭沙門寺。

伯驎，自奉朝請，稍遷步兵校尉、樂陵太守，加中堅將軍。後兼冀州長史。大乘賊起，伯驎率州軍討之於煮棗城，爲賊所殺，贈龍驤將軍、洛州刺史。

伯驥，爲京兆王愉法曹參軍。愉反，伯驥不從，見害，詔贈東海太守。

伯鳳，少便弓馬，壯勇有膂力。自奉朝請、員外郎，稍遷鎮遠將軍、前將軍，數爲將帥。永安末，與都督源子恭守丹谷，戰歿[三四]。

祖龍，司空行參軍。性剛躁，父亡後，與兄伯驎訟競嫡庶，並以刀劍自衛，若怨讎焉。

祖螭，小字社客，麤武有氣力。刺史元羅板爲兼統軍，率衆討海賊。普泰初，與張僧皓俱反，圍青州。尒朱仲遠遣將討平之，傳首京師。

祖虯，少而好學，下帷誦書，不驅競當世。舉秀才，不就。

僧淵從弟和，平昌太守。家巨富，而性吝嗇，埋錢數百斛。其母李春思堇，惜錢不買。

子軌，字啓則，盜錢百萬，背和亡走。後爲儀同開府鎧曹參軍，坐貪汙，死於晉陽。

玄伯同郡董謐。謐父京，與同郡崔康時、廣陽霍原等，俱以碩學播名遼海。謐好學，傳父業。中山平，入朝，拜儀曹郎，撰朝覲饗宴郊廟社稷之儀。

鄧淵，字彦海，安定人也。祖羌，苻堅車騎將軍。父翼，河間相。慕容垂之圍鄴，以翼爲後將軍、冀州刺史、真定侯。翼泣對使者曰：「先君忠于秦室，翼豈可先叛乎！忠臣不事二主，自古通義，未敢聞命。」垂遣使喻之曰：「吾與車騎結異姓兄弟，卿亦猶吾之子弟，安得辭乎？」翼曰：「冀州宜任親賢，翼請他役效命。」垂乃用爲建武將軍、河間太守、尚書左丞，皆有聲稱。卒於趙郡内史。

淵性貞素，言行可復，博覽經書，長於易筮。太祖定中原，擢爲著作郎。出爲蒲丘令，誅剪姦猾，盜賊肅清。入爲尚書吏部郎。淵明解制度，多識舊事，與尚書崔玄伯參定朝儀、律令、音樂，及軍國文記詔策，多淵所爲。從征平陽，以功賜爵漢昌子，改下博子，加中壘將軍。太祖詔淵撰國記，淵造十餘卷，惟次年月起居行事而已，未有體例。淵謹於朝事，未嘗忤旨。

其從父弟暉爲尚書郎，兇俠好奇，與定陵侯和跋厚善。跋有罪誅，其子弟奔長安，或告暉將送出之。由是太祖疑淵知情，遂賜淵死，既而恨之。時人咸愍惜焉。

子穎，襲爵〔三五〕。爲太學生，稍遷中書侍郎。世祖詔太常崔浩集諸文學，撰述國書，穎與浩弟覽等俱參著作事。駕幸漠南，高車莫弗庫若干率騎數萬餘，驅鹿百餘萬〔三六〕，詣行在所。詔穎爲文，銘于漠南，以紀功德。兼散騎常侍，使於劉義隆。進爵爲侯，加龍驤將軍。延和三年，從征胡賊白龍。還，卒於路。謚曰文恭。

子怡，襲爵〔三七〕。官至荆州刺史、假寧南將軍。賜爵南陽公。和平中卒。

長子良奴，襲爵。良奴弟侍，高祖賜名述。歷吏職，以貞謹見稱。遷中大夫，守廷尉少卿。出爲建忠將軍、齊州刺史。初改置百官，始重公府元佐。時太傅元丕出爲并州刺史，以述爲太傅長史，帶太原太守。尋徵爲司空長史，卒官。詔賜錢十萬、布五十匹，謚曰貞。

長子纂，奉朝請，累遷中散大夫。

纂弟獻，奉朝請、司空西閤祭酒、員外常侍、河陰令。尋遷鎮遠將軍、諫議大夫。肅宗末，除冠軍將軍、潁州刺史。建義初，聞尒朱榮入洛，朝士見害，遂奔蕭衍。

怡弟宗慶，以中書學生，入爲中散。稍遷尚書，加散騎常侍，賜爵定安侯。轉典南部。宗慶在南部積年，多所敷奏，州鎮憚之，號爲稱職。進爵南陽公，除安南將軍、涇州刺史，徙趙郡公。宗慶在州，爲民所訟，雖訊鞫獲情，上下大不相得。轉徐州刺史，仍本將軍。未幾，坐妻韓巫蠱，伏誅。

宗慶子伯忻，與父俱死。

伯忻子儼，逃越得免。後歷尚書郎，除常山太守，轉安南將軍、光禄大夫、持節、兼尚書左丞、郢州行臺，又加撫軍將軍。卒，贈鎮南將軍、荆州刺史。

穎弟權，從世祖征伐，官至龍驤將軍、豫州刺史，賜爵新野侯。從征蠕蠕，坐法死。

弟顥，卒於中書侍郎。

顥長子靈珍，中書學生〔三八〕、祕書中散。卒，贈員外散騎常侍。

子羡，歷中書學生、侍御史，以明謹見知。出爲齊州武昌王征虜長史。後李元護之爲齊州，仍爲長史，帶東魏郡太守。在治十年，經三刺史，以清勤著稱。齊人懷其恩德，號曰良二千石。及代還，大受民故送遺，頗以此爲損。中山王英攻義陽，羡爲軍司。罷，除諫議大夫，兼給事黄門侍郎，副侍中游肇爲畿内大使。後行貨於録尚書、北海王詳，轉大司農少卿。出行荆州事，轉征虜將軍、郢州刺史，鎮義陽。在州鋭於聚斂。又納賄於于忠，徵爲給事黄門侍郎。尋加後將軍、河南尹，黄門如故。未拜，而靈太后臨朝，以元昭爲河南尹，羨仍黄門，加平南將軍。羨以義陽軍司之勳，封安陽縣開國子，邑三百户。羨曲附左右，故獲封焉。時幽、瀛、滄、冀大水，頻經寇難，民飢。詔羨兼尚書、假散騎常侍，持節詣州，隨方賑恤，多有所濟。神龜初，發疽卒，年五十四。詔賻帛三百匹、朝服一襲，贈鎮東將軍、青州刺史，謚曰恭。

長子躋，字伯昇，頗有意尚。祕書郎。朝議以羨本不合山河之賞，故不許躋襲。躋訴訟久之，始聽紹封。稍遷前將軍、太中大夫、梁州開府長史。與刺史元羅同陷蕭衍，卒於江南。

子孝緒，元象中，以躋柩還國。興和中，襲爵。齊受禪，例降。

靈珍弟靈奇，立忠將軍、齊州刺史。進號冠軍將軍，賜爵昌國侯。爲政清簡，有威惠。

子恭伯，右光禄大夫。

史臣曰：爲國馭民，莫不文武兼運。燕鳳以博識多聞，昭成致禮，和隣存國，賢之效歟。許謙才術俱美，馳騁艱難之日，觀幾獨勸，事契冥符。張衮以才策見知，早蒙恩遇，時無寬政，斯言貽咎。玄伯世家儁偉，仍屬權輿，總機任重，守正成務，禮從清廟，不亦宜乎。

寬模俱能見幾而動，道固窮而委質。鄧淵貞白幹事，才業秉筆，禍非其罪，悲哉！

校勘記

〔一〕剛甲利器 「剛」，原作「鋼」，據三朝本、北監本、殿本、北史卷二一燕鳳傳改。

〔二〕杖順以翦逆 「逆」，原作「遺」，據三朝本、北監本、殿本、册府卷四一四改。

〔三〕畜産之餘至水必留 「之餘」，北史卷二一張衮傳作「失飲」，語義較明白。

〔四〕公達委身於魏武 「公達」，原作「公遠」，據册府卷七六五改。按曹操輔佐中荀攸字公達，不聞有「公遠」其人。

〔五〕延弟白澤 原作「延弟孫白澤」。按北史卷二一張衮傳、通志卷一四六並作「度子白澤」，則是延弟。「孫」字衍，今據删。

〔六〕寧容抑挫神兵 「抑」，原作「仰」，據册府卷四七七改。

〔七〕下民難辯 按此句與上文不貫。册府卷五四一作「不亦難辨」，疑是。

〔八〕且虜雖慕德 「虜」，原作「魯」，據三朝本、南監本、殿本、北史卷二一張衮傳附張倫傳、册府卷九九〇改。

〔九〕孝莊初遷太常少卿 「遷」，南監本作「進」，三朝本、北監本、殿本作「退」，疑作「退」是。據本書卷一一三官氏志所載太和後官品令，考張倫任職經歷，其以正四品上階之大司農少卿，出爲後將軍、肆州刺史。肆州刺史或是從三品之中州刺史，然所帶後將軍之軍號已是正三品。此復授正四品上階之太常少卿，自不得稱爲「遷」或「進」。疑此處原本按例作「退爲」，脱去「爲」字，後人不解，臆改「退」作「遷」「進」。

〔一〇〕次子簡字沖亮　「沖亮」，北史卷二一崔宏傳作「仲亮」。按簡兄浩字伯淵，見本書卷三五本傳，弟恬字叔玄，簡是次子，疑作「仲亮」是。

〔一一〕太祖　張森楷云：「玄伯以太祖中年歸魏，簡安得於太祖初入官，疑爲『太宗』或『世祖』之誤。」

〔一二〕爲兄渾誄手筆草本　「誄」，原作「誅」，據北史卷二一崔宏傳、御覽卷七四七引後魏書、册府卷八六一改。

〔一三〕以一子繼浩弟覽妻封氏　「浩」下北史卷二一崔宏傳附崔寬傳有「與浩」二字，「以一子繼浩」爲句，疑是。

〔一四〕拜陝城鎮將二崤地嶮　原作「拜陝城西鎮將崤地嶮」，讀不可通，據册府卷四一二、北史卷二一崔宏傳附崔寬傳改。又「二崤」，北史作「三崤」。

〔一五〕衡涉獵書史陳備禦之方　「史」下册府卷四七七有「頗爲文筆蠕蠕時犯邊塞衡上書」十三字，北史卷二一崔宏傳附崔衡傳略同册府，惟「塞」上無「邊」字。按無此十三字，上下句不接，且不明崔衡上書「陳備禦」爲何敵。疑爲此處脱文。

〔一六〕以本將軍除秦州刺史　「秦州」，疑爲「泰州」之訛。按下云「河東年饑」，則即本書卷一〇六下地形志下治蒲坂之泰州。參見本書卷一〇六下校記〔五二〕。

〔一七〕模歸降後賜爵武城男　「武城男」，原作「武陵男」，據北史卷二四崔逞傳附崔模傳改。按通鑑卷一二一宋紀三元嘉七年十月「崔模降魏」，考異曰：「宋書（卷九五索虜傳）云：『模抗節不降，投塹死。』按後魏書，模仕魏爲武城男。宋書誤也。」是司馬光所見魏書即作「武城男」。

〔一八〕有二子仲智季柔　「仲智」，原作「沖智」，據北史卷二四崔逞傳附崔模傳、册府卷九三一及卷九四三改。下「仲智」兩見，同改。

〔一九〕與崔賾相親　「崔賾」，原作「崔頤」，據正光三年盧令媛墓誌改。參見本書卷三二校記〔一五〕。

〔二〇〕生子文華　「文華」，本書卷四三劉休賓傳有附傳，作「文曄」。

〔二一〕始睦來降也　「睦」，原作「陸」，據北監本、殿本改。按上云：「季柔孫睦，正光三年，自郁州歸降。」

〔二二〕諸客皆知其兄等所作　「等」，原作「弟」，據册府卷九四三、御覽卷四〇五引後魏書改。按上下均言「諸兄」，並不及其弟。

〔二三〕僕臣白曜　「僕」下疑脱「射」字。按崔道固豈得稱白曜爲「僕臣」。據本書卷五〇慕容白曜傳，白曜攻青齊時，官尚書右僕射。

〔二四〕與房法壽畢薩諸人皆不穆　「薩」，疑爲「薛」字之形訛。按青齊降魏諸將無「畢薩」其人，

「畢」指畢衆敬，「薛」指薛安都。

〔五〕又問佛經善談論　「問」，册府卷五九九作「閑」，於文義爲洽，疑是。

〔六〕討海賊於黃郭　「賊」，原作「戒」，據册府卷三七二改。

〔七〕至於文章錯綜　「文章」上原衍「小」字，據他本及册府卷三七二删。

〔八〕且大人出本無所在況從上聖至天子天孫者乎　册府卷三七二作「且大人之出本無所在況從聖繼聖至夫子孫者乎」，義較明白，此傳疑有訛脱。

〔九〕所稱稍竭　「竭」，原作「蝎」，據册府卷三七二改。

〔一〇〕武夫效勇於疆場　「勇」，原作「通」，據局本、册府卷三七二改。

〔一一〕羣情背去獨留者謬矣　「背去」，册府卷三七二作「皆去」，與下「獨留」對文，疑是。

〔一二〕況枉連城矣　「況」，册府卷三七二作「沉」，疑是。

〔一三〕超進非一　「超進」，原作「起崖」，下注「疑」字。今據册府卷三七二改，並删所注「疑」字。

〔一四〕與都督源子恭守丹谷戰殁　「丹谷」，原作「單父」，據册府卷四二五改。按源子恭守丹谷，見本書卷一〇孝莊紀永安三年十月及卷四一源賀傳附源子恭傳。孝莊紀永安三年十二月壬寅更明言：「尒朱兆寇丹谷，都督崔伯鳳戰死。」

〔一五〕子穎襲爵　「穎」，原作「潁」，據北史卷二一鄧彦海傳附鄧穎傳改。按下「穎弟權」，底本作「潁」，與北史同，他本亦並作「潁」。本書卷四上世祖紀上延和元年六月辛卯「兼散騎常侍鄧穎使於劉義隆」，卷三五崔浩傳記神䴥二年「撰録國書」諸人中有「鄧穎」，事與此傳合，此二處他本亦都作「穎」，知此處「潁」爲「穎」之訛。

〔三六〕高車莫弗庫若干率騎數萬餘驅鹿百餘萬　「庫若干」，本書卷四上世祖紀上神䴥四年十一月作「庫若于」。「百餘萬」，本書卷四上世祖紀上作「數百萬」。

〔三七〕子怡襲爵　「怡」，原作「貽」，據他本改。按下文「怡弟宗慶」，同他本並作「怡」，知此處「貽」字訛。

〔三八〕中書學生　「書」字原闕。按「中書學生」屢見，不得省作「中學生」，下子羨即云「歷中書學生」。今據補。

魏書卷二十五〔一〕

列傳第十三

長孫嵩　長孫道生

長孫嵩，代人也，太祖賜名焉。父仁，昭成時爲南部大人。嵩寬雅有器度，年十四，代父統軍。昭成末年，諸部乖亂，苻堅使劉庫仁攝國事，嵩與元他等率部衆歸之。劉顯之謀難也，嵩率舊人及鄉邑七百餘家叛顯走〔二〕，將至五原。時寔君之子，亦聚衆自立，嵩欲歸之。見于烏渥，稱逆父之子，勸嵩歸太祖。嵩未決，烏渥回其牛首，嵩僶俛從之。見太祖于三漢亭〔三〕。太祖承大統，復以爲南部大人。累著軍功。後從征中山，除冀州刺史，賜爵鉅鹿公。歷侍中、司徒、相州刺史，封南平公，所在著稱。太宗即位，與山陽侯奚斤、北新侯安同、白馬侯崔宏等八人，坐止車門右，聽理萬幾，故世號八公。

晉將劉裕之伐姚泓，太宗假嵩節，督山東諸軍事，傳詣平原，緣河北岸，列軍次於畔城。軍頗失利。詔假裕道，裕於舟中望嵩麾蓋，遺以酃酒及江南食物，嵩皆送京師。詔嵩厚答之。又敕簡精兵爲戰備，若裕西過者，便率精鋭南出彭沛，如不時過，但引軍隨之。彼至崤陝間，必與姚泓相持，一死一傷，衆力疲弊。比及秋月，徐乃乘之，則裕首可不戰而懸。於是叔孫建等尋河趣洛。遂入關〔四〕。嵩與建等自成皋南濟，晉諸屯戍皆望塵奔潰。裕剋長安，嵩乃班師。

太宗寢疾，問後事於嵩，嵩曰：「立長則順，以德則人服。今長皇子賢而世嫡，天所命也，請立。」乃定策禁中。於是詔世祖臨朝監國，嵩爲左輔。世祖即位，進爵北平王，司州中正。詔問公卿，赫連、蠕蠕征討何先。嵩與平陽王長孫翰、司空奚斤等曰：「赫連居土，未能爲患，蠕蠕世爲邊害，宜先討大檀。及則收其畜產，足以富國；不及則校獵陰山，多殺禽獸，皮肉筋角，以充軍實，亦愈於破一小國。」太常崔浩曰：「大檀遷徙鳥逝，疾追則不足經久，大衆則不能及之。赫連屈丐，土宇不過千里，其刑政殘虐，人神所棄，宜先討之。」尚書劉潔、武京侯安原請先平馮跋〔五〕。帝默然，遂西巡狩。後聞屈丐死，關中大亂，議欲征之。嵩等曰：「彼若城守，以逸代勞，大檀聞之，乘虛而寇，危道也。」帝乃問幽微於天師寇謙之〔六〕，謙之勸行。杜超之贊成之〔七〕，崔浩又言西伐利。嵩等固諫不可。帝大怒，責嵩在官貪汚，使武士頓辱。尋遷太尉。久之，加柱國大將軍。

自是，輿駕征伐，嵩以元老多留鎮京師，坐朝堂，平斷刑獄。薨，年八十。謚曰宣王。後高祖追録先朝功臣，以嵩配饗廟庭。

子頹，善騎射，彎弓三百斤。襲爵，加侍中、征南大將軍。有罪，黜爲戍兵，後復爵。薨，謚曰安王。

子敦，字孝友，位北鎮都將。坐黷貨，降爲公。高宗時，自頌先世勳重，復其王爵〔八〕。薨，謚簡王。

子道，字念僧，襲爵。久之，隨例降爲公，位右衞將軍。卒，謚慎。

子悦，襲爵。建義初，復本王爵，尋降爲公。位光禄少卿。卒，贈司空。

長孫道生，嵩從子也。忠厚廉謹，太祖愛其慎重，使掌幾密，與賀毗等四人内侍左右，出入詔命。太宗即位，除南統將軍、冀州刺史。後取人美女以獻，太宗切責之，以舊臣不加罪黜。

世祖即位，進爵汝陰公〔九〕，遷廷尉卿。從征蠕蠕，與尉眷等率衆出白黑兩漠間，大捷而還。世祖征赫連昌，道生與司徒長孫翰、宗正娥青爲前驅，遂平其國。昌弟定走保平涼，劉義隆遣將到彥之、王仲德寇河南以救定。詔道生與丹陽王太之屯河上以禦之〔一〇〕。遂誘義隆將檀道濟，邀其前後，追至歷城而還。除司空，加侍中，進封上黨王。薨，年八十二。贈太尉，謚曰靖。

道生廉約，身爲三司，而衣不華飾，食不兼味。一熊皮鄣泥，數十年不易，時人比之晏嬰。第宅卑陋，出鎮後，其子弟頗更修繕，起堂廡。道生還，歎曰：「昔霍去病以匈奴未滅，無用家爲，今彊寇尚遊魂漠北，吾豈可安坐華美也！」乃切責子弟，令毀宅。其恭慎如此。世祖世，所在著績，每建大議，多合時機。爲將有權略，善待士衆。帝命歌工歷頌羣臣，曰：「智如崔浩，廉如道生。」及年老，頗惑其妻孟氏，以此見譏。與從父嵩俱爲三公，當世以爲榮。

子抗〔一一〕，位少卿，早卒。

抗子觀，少以壯勇知名，後襲祖爵上黨王。時異姓諸王襲爵，多降爲公，帝以其祖道生佐命先朝，故特不降。以征西大將軍、假司空督河西七鎮諸軍討吐谷渾。部帥拾寅遁藏，焚其所居城邑而還。高祖初，拜殿中尚書、侍中。吐谷渾又侵逼，復假觀司空討降之。後爲征南大將軍。薨，謚曰定。葬禮依其祖靖王故事，陪葬雲中金陵。

子冀歸，六歲襲爵，降爲公。高祖以其幼承家業，賜名稚，字承業。稚聰敏有才藝，虚心愛士。爲前將軍，從高祖南討，授七兵尚書、太常卿、右將軍。

世宗時，侯剛子淵，稚之女壻。剛爲元叉所厚，故稚驟得轉進。出爲撫軍大將軍，領揚州刺史，假鎮南大將軍，都督淮南諸軍事。蕭衍將裴邃、虞鴻襲據壽春，稚諸子驍果，邃頗難之，號曰「鐵小兒」。詔河間王琛總衆援之。琛欲決戰，稚以雨久，更須持重。琛弗從，遂戰，爲賊所乘，稚後殿。初，稚既總彊兵，久不決戰，議者疑有異圖。朝廷重遣河間王琛及臨淮王彧、尚書李憲等三都督，外聲助稚，内實防之。

會鮮于脩禮反於中山，以稚爲大都督北討。尋以本使達鄴城。詔稚解行臺，罷大使，遣河間王琛爲大都督，酈道元爲行臺。稚遣子子裕奉表，稱與琛同在淮南，俱當國難，琛敗臣全，遂生私隙。且臨機奪帥，非筭所長。書奏，不納。琛與稚前到呼沱，稚未欲戰，而琛不從。行達五鹿，爲脩禮邀擊，琛不赴之。賊總至，遂大敗，稚與琛並除名。

尋而正平郡蜀反，復假稚鎮西將軍、討蜀都督。頻戰有功，除平東將軍，復本爵。後除尚書右僕射。未幾，雍州刺史蕭寶夤據州反，復以稚爲行臺討之。稚時背疽未愈，靈太后勞之曰：「卿疹源如此，朕欲相停，更無可寄如何？」稚答曰：「死而後已，敢不自力。」

時子彥亦患脚痺，扶杖入辭。尚書僕射元順顧相謂曰：「吾等備位大臣，各居寵位，危難之日，病者先行，無乃不可乎？」莫有對者。時薛鳳賢反於正平，薛脩義屯聚河東，分據鹽池，攻圍蒲坂，東西連結，以應寶夤。稚乃據河東。

時有詔廢鹽池稅，稚上表曰：「鹽池天資賄貨，密邇京畿，唯須寶而護之，均贍以理。今四境多虞，府藏罄竭。然冀定二州且亡且亂，常調之絹，不復可收。仰惟府庫，有出無入，必須經綸，出入相補。略論鹽稅，一年之中，準絹而言，猶不應減三十萬匹也，便是移冀定二州置於畿甸。今若廢之，事同再失。臣前仰違嚴旨，不先討關賊而解河東者，非是閑長安而急蒲坂。蒲坂一陷，没失鹽池，三軍口命，濟贍理絶。天助大魏，兹計不爽。昔高祖昇平之年，無所乏少，猶創置鹽官而加典護，非爲物而競利，恐由利而亂俗也。況今王公素餐，百官尸禄，租徵六年之粟，調折來歲之資，此皆出人私財，奪人膂力。豈是願言，事不獲已。臣輒符司監將尉還率所部，依常收税，更聽後敕。」

稚克寶夤將侯終德，寶夤出走，雍州平。除雍州刺史。

莊帝初，封上黨王，尋改馮翊王，後降爲郡公。遷司徒公，加侍中，兼尚書令、大行臺，仍鎮長安。前廢帝立，遷太尉公，録尚書事。及韓陵之敗，斛斯椿先據河橋，謀誅尒朱。使稚入洛，啓帝誅世隆兄弟之意。出帝初，轉太傅，録尚書事。以定策功，更封開國子。

稚表請回授其姨兄廷尉卿元洪超次子惲。初，稚生而母亡，爲洪超母所撫養，是以求讓，許之。出帝入關，稚時鎮虎牢，亦隨赴長安。

稚妻張氏，生二子，子彦、子裕。後與羅氏私通，遂殺其夫，棄張納羅。羅年大稚十餘歲，妒忌防限。稚雅相愛敬，旁無姻妾〔二〕，僮侍之中，嫌疑致死者，乃有數四。羅生三子，紹遠、士亮、季亮，兄弟皆廉武。稚少輕俠，鬭鷄走馬，力爭殺人，因亡抵龍門將陳興德家，會赦乃免。因以後妻羅前夫女呂氏，妻興德兄興恩以報之。

子彦，本名儁，有膂力。以累從父征討功，封槐里縣子。出帝與齊獻武王構隙，加子彦中軍大都督、行臺僕射，鎮弘農，以爲心膂。後從帝入關。子彦少嘗墜馬折臂，肘上骨起寸餘，乃命開肉鋸骨，流血數升，言戲自若。時以爲踰於關羽。

子裕，位衛尉少卿。

校勘記

〔一〕魏書卷二十五　目録此卷原注「闕」。卷末殘存宋人校語：「魏收書列傳第十三。」局本下補「亡」字。殿本考證云：「魏收書闕，後人所補。」按此卷以北史卷二二長孫嵩傳、長孫道生傳補，附長孫稚傳有溢出語。

〔二〕舊人及鄉邑　「鄉邑」，北史卷二二長孫嵩傳、通志卷一四六作「庶師」。

〔三〕三漢亭　北史卷二二長孫嵩傳作「二漢亭」。

〔四〕於是叔孫建等尋河趣洛遂入關　「等」下疑有脱文。按據本書卷二九叔孫建傳，尋河趣洛而入關者乃劉裕軍。

〔五〕武京侯安原　「武京侯」，本書卷三〇安同傳附安原傳作「武原侯」，疑是。按不聞有「武京」縣。晉書卷一五地理志下徐州彭城國有武原縣。雖其時地不屬魏，但魏前期虚封，邑名不限於境内。

〔六〕帝乃問幽微於天師寇謙之　「幽微」，北史卷二二長孫嵩傳作「幽徵」，疑是。按本書卷一一四釋老志：「世祖將討赫連昌，太尉長孫嵩難之，世祖乃問幽徵於謙之。」

〔七〕杜超之　按杜超，本書卷八三外戚傳上有傳。疑此處衍「之」字，或是雙名「超之」，單稱作「超」。

〔八〕高宗時自頌先世勳重復其王爵　「高宗」，原作「高祖」。按事見本書卷五高宗紀興安二年末，今據改。「自頌」，北史卷二二長孫嵩傳、通志卷一四六作「自訟」。

〔九〕進爵汝陰公　張森楷云：「以前初無封爵之文，而云『進爵』，疑誤。」按此傳以北史卷二二長孫道生傳補，疑爲李延壽删節失當。類似之失，下文尚有。如「帝以其祖道生佐命先朝」，不知爲何帝；「以本使達鄴城」，不詳爲何使。今不悉出校記。

〔一〇〕丹陽王太之　「太之」，疑當作「太毗」。按本書卷四上世祖紀上神䴥三年六月「詔平南大將軍、假丹陽王太毗屯于河上」，八月戊寅「詔征西大將軍長孫道生屯于河上」，事與此同。同紀始光四年四月丁未發兵攻赫連昌，亦見「將軍元太毗」。此「太之」當即紀之「太毗」，通鑑卷一二一宋紀三元嘉七年六月亦作「大毗」。雖其時北族人名音譯無定字，然「之」「毗」音形俱遠。

〔一一〕子抗　「抗」，北史卷二二長孫道生傳作「瓶」。

〔一二〕旁無姻妾　「姻妾」，北史卷二二長孫道生傳附長孫承業傳作「姬妾」。

魏書卷二十六

列傳第十四

長孫肥 尉古真

長孫肥，代人也。昭成時，年十三，以選内侍。少有雅度，果毅少言。太祖之在獨孤及賀蘭部，肥常侍從，禦侮左右，太祖深信仗之。

登國初，與莫題等俱爲大將，從征劉顯，自濡源擊庫莫奚，討賀蘭部，並有戰功。太祖征蠕蠕，大破之，肥降其主匹候跋，事具蠕蠕傳。又從征衞辰及薛干部，破滅之。蠕蠕别主縕紇提子曷多汗等率部落棄父西走，肥以輕騎追至上郡，斬之。

後從征中山，拜中領軍將軍。車駕次晉陽，慕容寶并州刺史、遼西王農棄城宵遁，肥追之至蒲泉，獲其妻子。太祖將圍中山，慕容寶棄城奔和龍。肥與左將軍李栗三千騎追之，至范陽，不及而還。遂破其研城戍，俘千餘人。中山城内人立慕容普隣爲主，太祖圍之。普隣乃出步卒千餘人，欲伺間犯圍〔一〕。太祖命肥挑戰，僞退，普隣衆追肥，太祖截其後，盡擒斬之。時以士馬少糧，遂罷中山之圍，就穀河間。慕容賀隣殺普隣而自立。車駕次魯口，遣肥帥七千騎襲中山〔二〕，入其郛而還。賀隣以步騎四千追肥至泒水〔三〕，肥自魏昌擊之，獲鎧騎二百。肥中流矢，瘡重，乃還。中山平，以功賜爵琅邪公。遷衞尉卿，改爵盧鄉。

時中山太守仇儒不樂内徙，亡匿趙郡，推羣盜趙准爲主。妄造妖言云：「燕東傾，趙當續，欲知其名，淮水不足。」准喜而從之，自號使持節、征西大將軍、青冀二州牧、鉅鹿公，儒爲長史，聚黨二千餘人，據關城，連引丁零，殺害長吏，扇動常山、鉅鹿、廣平諸郡。遣肥率三千騎討之，破准於九門，斬仇儒，生擒准。詔以儒肉食，准傳送京師，轘之於市，夷其族。

除肥鎮遠將軍、兗州刺史，給步騎二萬，南徇許昌，略地至彭城。司馬德宗將劉該遣使詣肥請降，貢其方物。姚平之寇平陽，太祖將討之，選諸將無加肥者，乃徵還京師，遣肥與毗陵王順等六萬騎爲前鋒。車駕次永安，平募遣勇將，率精騎二百闚軍，肥逆擊擒之，匹馬不返。平退保柴壁，太祖進攻屠之。遣肥還鎮兗州。

肥撫慰河南，得吏民心，威信著於淮泗。善策謀，勇冠諸將，每戰常爲士卒先，前後征討，未嘗失敗，故每有大難，令肥當之。南平中原，西摧羌寇，肥功居多，賞賜奴婢數百口，畜物以千計。後降爵爲藍田侯。天賜五年卒，謚曰武，陪葬金陵。子翰襲爵。

翰，少有父風。太祖時，以善騎射，爲獵郎。太宗之在外，翰與元磨渾等潛謀奉迎。太宗即位，遷散騎常侍，與磨渾等拾遺左右。以功遷平南將軍。率衆鎮北境，威名甚著，蠕蠕憚之。後爲都督北部諸軍事、平北將軍、真定侯，給殿中細拾隊，加旌旗鼓吹。蠕蠕每犯塞，翰拒擊有功，進爵爲公。世祖即位，徵還京師，進封平陽王，加安集將軍。

蠕蠕大檀之入寇雲中，世祖親征之，遣翰率北部諸將尉眷，自參合以北，擊大檀别帥阿伏干於柞山，斬首數千級，獲馬萬餘匹。又與東平公娥青出長川以討大檀。大檀衆北遁，追擊，克獲而還。尋遷司徒。襲赫連昌，破之。世祖復征昌，翰與廷尉道生、宗正娥清率騎三萬爲前驅。昌戰敗，奔上邽，翰以八千騎追之，至高平，不及而還。從襲蠕蠕，車駕度漠，大檀奔走。其弟匹黎率衆赴之，遇翰交戰，匹黎衆潰走，斬其渠帥數百人。

翰清正嚴明，善撫將士，太祖甚重之〔四〕。神䴥三年薨，深見悼惜，爲之流涕，親臨其喪，禮依安城王叔孫俊故事，賻賜有加。謚曰威，陪葬金陵。

子平成，襲爵，降爲公。平成，少以父任爲中散，累遷南部尚書。卒，陪葬金陵。

子渾，襲爵。渾，初爲中散，久之爲彭城鎮將。太和中卒。子盛襲爵。

翰弟受興。世祖時，從征平涼，以功賜爵長進子，除河間太守。卒。

子安都，襲爵。顯祖時，爲典馬令。

受興弟陳，世祖時爲羽林郎。征和龍，賊自西門出，將犯外圍，陳擊退之，追斬至長城下〔五〕。以功賜爵五等男。又從征涼州，爲都將，領入官〔六〕，遷殿中給事中，進爵爲子，遷駕部尚書。復出爲北鎮都將。陳性寬厚，好學愛士，所歷輒爲人追思之。高宗即位，進爵吳郡公，加安東將軍。興光二年卒。贈散騎常侍、吳郡王，謚曰恭，陪葬金陵。

子頭，襲爵。高宗時，爲中散，遷內行長，典龍牧曹。天安初卒。子拔襲爵。

陳弟蘭。世祖初，爲中散。常從征伐，典御兵器，賞賜甚厚。後以破平涼功，賜爵睢陽子，加奮武將軍。遷散騎常侍、北部尚書。後除豫州刺史。卒。

子烏孤，襲爵。高祖初，出爲武都鎮將，入爲散令。

子樂，孝靜時，金紫光禄大夫。

肥弟亦干，太祖初，爲羽林郎。從平中原，除廣平太守。卒。

子石洛，世祖初，爲羽林郎，稍遷散騎常侍。從征赫連昌，爲都將，以功拜樂部尚書，賜爵臨淮公，加寧西將軍。神䴥中卒，謚曰簡。

子真，少以父任爲中散。從征平涼，以功賜爵臨城子，拜員外散騎侍郎、廣武將軍。襲父爵，降爲建義將軍、臨淮侯。遷司衞監。征蓋吴。遷殿中尚書，加散騎常侍。從駕征劉義隆，至江。進爵南康公，加冠軍將軍，卒於軍。

子吴兒，襲爵。高祖初，爲中散、武川鎮將。太和初，卒，贈恒州刺史。

子長樂，襲。坐事爵除。後歷陵江將軍、羽林監。

子榮族，武定中，征西將軍、繁昌男。

吴兒弟突，朔州長史。

子元慶，平州倉曹參軍。

尉古真，代人也。太祖之在賀蘭部，賀染干遣侯引乙突等詣行宮，將肆逆。古真知之，密以馳告，侯引等不敢發。染干疑古真泄其謀，乃執栲之，以兩車軸押其頭，傷一目，不伏，乃免之。登國初，從征庫莫奚及叱突隣，並有功。又從救賀蘭，破衞辰子直力鞮，復擊慕容寶於參合陂。又從平中原，以功賜爵束州侯，加建節將軍。太宗初，爲鴻飛將軍，率衆五千，鎮大洛城。太宗西巡，古真與奚斤等率前軍討越勒部〔七〕，大破之，獲馬五萬疋，牛羊二十萬頭，掠二萬餘家西還。泰常三年，除定州刺史。卒，子億萬襲。卒，子盛襲。

古真弟太真，太宗初，爲平南將軍、相州刺史。

太真弟諸，少侍太祖，以忠謹著稱。從圍中山，諸先登，傷一目。太祖歎曰：「諸兄弟並毁其目，以建功效，誠可嘉也。」寵待遂隆。除平東將軍，賜爵安樂子。從討姚平，還，拜國部大人。太宗初，爲幽州刺史，加東統將軍，進爵爲侯。長孫道生之討馮跋也，諸與驍騎將軍延普率師次遼西。轉寧東將軍，進爵武陵公。諸之在州，有惠政，民吏追思之。世祖時，薊人張廣達等二百餘人詣闕請之，復除安東將軍、幽州刺史，改邑遼西公。兄弟並爲方伯，當世榮之。燕土亂久，民户凋散，諸在州前後十數年，還業者萬餘家。延和中卒。

第八子觀〔八〕，襲爵。卒，子崘襲。

諸長子眷，忠謹有父風。太宗時，執事左右，爲太官令。時侍臣受斤亡入蠕蠕，詔眷追之，遂至虜庭。大檀問其故，眷曰：「受斤負罪天子，逃刑在此，不時執送，是以來取。」

眷遂擒受斤於大檀前。左右救之，乃免。由是，以驍烈聞。遷司衞監。太宗幸幽州，詔眷輔世祖居守。後征河南，督高車騎，臨陣衝突，所向無前，賊憚之。世祖即位，命眷與散騎常侍劉庫仁等八人分典四部，綰奏機要。賜爵山桑侯，加陳兵將軍。

又爲安北將軍，出鎮北境。與平陽王長孫翰擊蠕蠕別帥阿伏干於祚山，率師至歌删山，擊蠕蠕別帥便度弟庫仁直，引師而北。蠕蠕部帥莫孤率高車騎五千乘來逆〔九〕，眷擊破之，斬首千餘級。又從征蠕蠕。眷出白、黑兩漠之間，擊其東部，大獲而還。又從征赫連昌〔一〇〕，眷出南道，擊昌於上邽。士衆乏糧，臨淮公丘堆等督租於郡縣，爲昌所敗。昌乘勝抄掠，諸將患之。眷與侍御史安頡陰謀設伏，邀擊擒昌。以功拜寧北將軍，加散騎常侍，進爵漁陽公〔一一〕。後從征和龍，眷督萬騎前驅，慰喻降二千餘户。尋爲假節、加侍中、都督豫洛二州及河内諸軍事、安南將軍、開府，鎮虎牢。張掖王禿髮保周之反也，徵眷與永昌王健等率師討之，破保周於番禾。保周遁走，眷率騎追之，保周窮迫自殺。詔眷留鎮涼州，加都督涼沙河三州諸軍事、安西將軍，領護羌戎校尉。轉敦煌鎮將。又擊破吐谷渾，俘三千餘口。眷歷鎮四蕃，威名並著。

高宗時，率師北擊伊吾，剋其城，大獲而還。尋拜侍中、太尉，進爵爲王。與太宰常英等評尚書事。高宗北巡狩，以寒雪方降，議還。眷諫曰：「今動大衆，以威北敵，去都不遠，而便旋駕，虜必疑我有内難。雖方寒雪，兵人勞苦，以經略大體，宜便前進。」高宗從之，遂渡漠而還。以眷元老，賜杖履上殿。和平四年薨。高宗悼惜之，贈大將軍，謚曰莊。

子多侯，襲爵。多侯少有武幹，顯祖時，爲假節、征西將軍、領護羌戎校尉、敦煌鎮將。至鎮，上表求率輕騎五千，西入于闐，兼平諸國，因敵取資，平定爲效。弗許。高祖初，蠕蠕部帥无盧真率三萬騎入塞圍鎮，多侯擊之走，以功進號征西大將軍。後多侯獵于南山，蠕蠕遣部帥度拔入圍敦煌，斷其還路。多侯且前且戰，遂衝圍而入。率衆出戰，大破之，追北數十里，斬首千餘級。因上疏求北取伊吾，斷蠕蠕通西域之路。高祖善其計，以東作方興，難之。太和元年，爲妻元氏所害。

子建，襲爵。歷位給事中。卒，無子。

建弟那，襲爵。卒。

子範，襲。

範弟顯業，散騎常侍。與太原公主姦通，生子彥。武定中，衞將軍、南營州刺史。

多侯弟子慶賓，善騎射，有將略。高祖時，釋褐員外散騎侍郎，稍遷左將軍、太中大夫。肅宗時，議欲送蠕蠕主阿那瓌還國，慶賓上表固爭，不從。後蠕蠕遂執行臺元孚，大掠北境。詔尚書令李崇討之，慶賓別將隸崇，出塞而返。元法僧之外叛，蕭衍遣其豫章王蕭綜鎮徐州，又詔慶賓爲別將隸安豐王延明討之。尋除後將軍、肆州刺史。時尒朱榮兵威漸盛，曾經肆州，慶賓畏惡之，據城不出。榮恨慶賓，舉兵襲之。慶賓別駕姚和內應，榮遂害慶賓僚屬，拘慶賓還秀容，呼爲假父。後以母憂還都，尋起爲平東將軍、光禄大夫、都督，鎮汝陰。還朝，永安二年卒。贈車騎將軍、雍州刺史，又追加侍中、司空公。

慶賓子豹，起家員外郎。肅宗時，行潁州事，與蕭衍將裴之禮戰歿。

豹弟瑾，武定中，東平太守。

眷弟地干，機悟有才藝，馳馬立射五的，時人莫能及。太宗時，爲左機令。世祖少而善之，即位，擢爲庫部尚書，加散騎常侍、左光禄大夫，領侍輦郎。地干奉上忠謹，尤善嘲笑。世祖見其效人舉措，忻悅不能自勝。甚見親愛，參軍國大謀。世祖將征平涼，試衝車以攻冢，地干爲索所罥，折脅而卒。世祖親往臨撫，哭之甚慟。贈中領軍將軍、燕郡公，謚曰惠，贈賜豐厚。

子長壽，幼拜散騎常侍，遷殿中右曹尚書，仍加散騎常侍。從征劉義隆，至江。賜爵會稽公，加冠軍將軍。高宗時，除涇州刺史。和平五年卒。

子彌真，襲爵。彌真卒，無子。弟狀德，襲爵。

地干弟俟頭，襲地干職，爲庫部尚書。

俟頭弟力斤，亦以忠謹聞。歷位御史中尉、并州刺史，有政績。加冠軍將軍，賜爵晉陽侯。卒，贈平南將軍。

力斤弟焉陳，尚書、安樂侯。

古真族玄孫聿，字成興，性耿介。肅宗時，爲武衞將軍。是時，領軍元叉秉權，百寮莫不致敬，而聿獨長揖不拜。尋出爲平西將軍、涼州刺史〔二〕。涼州緋色，天下之最，叉送白綾二千疋，令聿染，拒而不許。叉諷御史劾之，驛徵至京。覆驗無狀，還復任。尋卒於州，時年五十。贈安北將軍、朔州刺史。

子儉。武定中，開府祭酒。

史臣曰：長孫肥結髮内侍，雄烈知名，軍鋒所指，罔不奔散，關張萬人之敵，未足多也。翰有父風，不隕先構，臨喪加禮，抑有由哉！尉真兄弟，忠勇奮發，義以忘生。眷威略著時，增隆家業，青紫麾旄，亦其宜矣！

校勘記

〔一〕普隣乃出步卒千餘人欲伺間犯圍　「千餘人」，本書卷二太祖紀皇始二年四月作「六千餘人」。按紀且云「斬首五千，生虜七百人」。疑此處「千」上脫「六」字。

〔二〕遣肥帥七千騎襲中山　「七千騎」，本書卷二太祖紀皇始二年七月作「一千騎」。按下稱「賀隣以步騎四千追肥」，肥實敗退，當因兵力懸殊。疑此處「七」爲「一」字之訛。

〔三〕泒水　原作「派水」，據南監本、北監本、殿本及本書卷二太祖紀皇始二年十月改。按三國志卷一魏書武帝紀稱曹操擬征烏丸，鑿渠「自呼沲入泒水」；晉書卷一一〇慕容儁載記稱慕容恪攻冉閔，「閔懼，奔於常山，恪追及於泒水」。可證。

〔四〕太祖甚重之　「太祖」，疑爲「世祖」之訛。按此前後述世祖拓跋燾時事，忽稱「太祖」，下接「神䴥三年薨，深見悼惜，爲之流涕」，亦似爲「太祖」之事，殊謬。且翰當太祖拓跋珪時，不過一獵郎，談何「甚重之」。

〔五〕追斬至長城下　「長城」，册府卷三八一作「其城」。按和龍距古長城甚遠，疑「長」乃「其」字之訛。

〔六〕領入官　册府卷三八一作「領大官」。

〔七〕越勒部　疑爲「越勤部」之訛，參見本書卷一一三校記〔五七〕。

〔八〕第八子觀　「觀」，北史卷二〇尉古真傳作「歡」，疑是。按本書避高歡諱，例改「歡」作「忻」，如改「歡樂」作「忻樂」、「歡娛」作「忻娛」。於人名「歡」字，亦見改偏旁之例，如卷七五尒朱彥伯傳見「張勸」，其人北史卷六齊本紀上、卷四九斛斯椿傳俱作「張歡」。疑此處「觀」亦是避諱改偏旁。

〔九〕高車騎五千乘來逆　「乘」，册府卷三五三無。按騎不以「乘」計，且前已稱「騎五千」，疑後人誤將「高車」之「車」與「騎」連讀，妄補「乘」字。

〔一〇〕又從征赫連昌　「征」字原闕，據北監本、汲本、殿本、局本、册府卷三五三補。

〔一一〕漁陽公　原作「源陽公」。按北史卷二〇尉古真傳附尉眷傳作「漁陽王」，節去由公進王事。本書卷五高宗紀太安三年正月見「漁陽公尉眷」，和平四年五月稱「漁陽王尉眷薨」。「源陽」無此郡名，今據改。

〔一二〕涼州刺史　「涼州」上原衍「東」字，據北史卷二〇尉古真傳附尉眷傳、御覽卷四二八引後魏書、册府卷六二七删。按「東涼州」無考，且下直云「涼州」，知「東」字衍。

魏書卷二十七

列傳第十五

穆崇

穆崇，代人也。其先世效節於神元、桓、穆之時。崇機捷便辟，少以盜竊爲事。太祖之居獨孤部，崇常往來奉給，時人無及者。後劉顯之謀逆也，平文皇帝外孫梁眷知之，密遣崇告太祖。眷謂崇曰：「顯若知之問汝者，丈夫當死節，雖刀劍別割〔一〕，勿泄也。」因以寵妻及所乘良馬付崇曰：「事覺，吾當以此自明。」崇來告難，太祖馳如賀蘭部。顯果疑眷泄其謀，將囚之。崇乃唱言曰：「梁眷不顧恩義，奬顯爲逆，今我掠得其妻、馬，足以雪忿。」顯聞而信之。窟咄之難，崇外甥于桓等謀執太祖以應之〔二〕，告崇曰：「今窟咄已立，衆咸歸附，富貴不可失，願舅圖之。」崇乃夜告太祖，太祖誅桓等，北踰陰山，復幸賀蘭部。

崇甚見寵待。

太祖爲魏王，拜崇征虜將軍。從平中原，賜爵歷陽公，散騎常侍。後遷太尉，加侍中，徙爲安邑公。又從征高車，大勝而還。姚興圍洛陽，司馬德宗將辛恭靖請救，太祖遣崇六千騎赴之。未至，恭靖敗，詔崇即鎮野王，除豫州刺史，仍本將軍。徵爲太尉，又徙宜都公。天賜三年薨。先是，衞王儀謀逆，崇豫焉，太祖惜其功而祕之。及有司奏謚，太祖親覽謚法，至「述義不克曰『丁』」。太祖曰：「此當矣。」乃謚曰丁公。

初，太祖避窟咄之難，遣崇還察人心。崇夜至民中，留馬與從者，乃微服入其營。會有火光，爲春妾所識，賊皆驚起。崇求從者不得，因匿於坑中，徐乃竊馬奔走。宿於大澤，有白狼向崇而號，崇乃覺悟，馳馬隨狼而走。適去，賊黨追者已至，遂得免難。太祖異之，命崇立祀，子孫世奉焉。太和中，追録功臣，以崇配饗。

崇長子遂留，歷顯官。討蠕蠕有功，賜爵零陵侯。後以罪廢。

子乙九，內行長者。以功賜爵富城公，加建忠將軍，遷散騎常侍、內乘黃令、侍中。卒，謚曰靜。

子真，起家中散，轉侍東宮，尚長城公主，拜駙馬都尉。後敕離婚，納文明太后姊。尋除南部尚書、侍中。卒，謚曰宣。高祖追思崇勳，令著作郎韓顯宗與真撰定碑文，建於白登山。

真子泰，本名石洛，高祖賜名焉。以功臣子孫，尚章武長公主，拜駙馬都尉，典羽獵四曹事，賜爵馮翊侯。遷殿中尚書，加散騎常侍、安西將軍。進爵爲公。出爲鎮南將軍、洛州刺史。例降爲侯。尋徵爲右光禄大夫、尚書右僕射。又出爲使持節、鎮北將軍、定州刺史。改封馮翊縣開國侯，食邑五百户。進征北將軍。

初，文明太后幽高祖於别室，將謀黜廢，泰切諫乃止。高祖德之，錫以山河，寵待隆至。泰自陳病久，乞爲恒州，遂轉陸叡爲定州，以泰代焉。泰不願遷都，叡未及發而泰已至，遂潛相扇誘，圖爲叛。乃與叡及安樂侯元隆，撫冥鎮將、魯郡侯元業，驍騎將軍元超，陽平侯賀頭，射聲校尉元樂平，前彭城鎮將元拔，代郡太守元珍，鎮北將軍、樂陵王思譽等謀推朔州刺史陽平王頤爲主。頤不從，僞許以安之，密表其事。高祖乃遣任城王澄率并肆兵以討之。澄先遣治書侍御史李焕單車入代，出其不意，泰等驚駭，計無所出。焕曉諭逆徒，示以禍福，於是凶黨離心，莫爲之用。泰自度必敗，乃率麾下數百人攻焕郭門，冀以一捷。不克，單馬走出城西，爲人擒送。澄亦尋到，窮治黨與。高祖幸代，親見罪人，問其反狀，泰等伏誅。

子伯智，八歲侍學東宫，十歲拜太子洗馬、散騎侍郎。尚饒陽公主，拜駙馬都尉。早卒。子嗜。

伯智弟士儒，字叔賢。徙涼州，後乃得還。爲太尉參軍事。

子容〔三〕，武定中，汲郡太守。

乙九弟忸頭，侍中、北部尚書。卒，贈司空公，謚曰敬。

子蒲坂，虞曹尚書、征虜將軍、涇州刺史。贈征西將軍、雍州刺史，謚曰昭。

子韶，字伏興，員外散騎侍郎、代郡太守、征東將軍、金紫光禄大夫。卒，贈使持節、都督冀相殷三州諸軍事、驃騎大將軍、冀州刺史，謚曰文。

子遵伯，幽州司馬。

遂留弟觀，字闥拔，襲崇爵。少以文藝知名，選充内侍，太祖器之。太宗即位，爲左衞將軍，綰門下、中書，出納詔命。及訪舊事，未嘗有所遺漏，太宗奇之。尚宜陽公主，拜駙馬都尉，稍遷太尉。世祖之監國，觀爲右弼，出則統攝朝政，入則應對左右，事無巨細，皆關決焉。終日怡怡，無愠喜之色。劵謙善誘，不以富貴驕人。泰常八年，暴疾薨於苑内，時年三十五。太宗親臨其喪，悲慟左右。賜以通身隱起金飾棺，喪禮一依安城王叔孫俊故事。贈宜都王，謚曰文成。世祖即位，每與羣臣談宴，未嘗不歎惜慇懃，以爲自泰常以來，佐命勳臣文武兼濟無及之者，見稱如此。

子壽，襲爵，少以父任選侍東宫。尚樂陵公主，拜駙馬都尉。明敏有父風，世祖愛重之，擢爲下大夫。敷奏機辯，有聲内外。遷侍中、中書監，領南部尚書，進爵宜都王，加征東大將軍。壽辭曰：「臣祖崇，先皇之世，屬值艱危，幸天贊梁眷，誠心密告，故得效功前朝，流福於後。昔陳平受賞，歸功無知，今眷元勳未録，而臣獨奕世受榮，豈惟仰愧古賢，抑亦有虧國典。」世祖嘉之。乃求眷後，得其孫，賜爵郡公。

輿駕征涼州，命壽輔恭宗，總録要機，内外聽焉。行次雲中，將濟河，宴諸將於宫。世祖别御静室，召壽及司徒崔浩、尚書李順，世祖謂壽曰：「蠕蠕吴提與牧犍連和，今聞朕征涼州，必來犯塞，若伏兵漠南，殄之爲易。朕故留壯兵肥馬，使卿輔佐太子。收田既訖，便可分伏要害，以待虜至，引使深入，然後擊之，擒之必矣。涼州路遠，朕不得救。卿若違朕指授，爲虜侵害，朕還斬卿。崔浩、李順爲證，非虚言也。」壽頓首受詔。壽信卜筮之言，謂賊不來，竟不設備。而吴提果至，侵及善無，京師大駭。壽不知所爲，欲築西郭門，請恭宗避保南山。惠太后不聽，乃止。遣司空長孫道生等擊走之。世祖還，以無大損傷，故不追咎。

恭宗監國，壽與崔浩等輔政，人皆敬浩，壽獨凌之。又自恃位任，以爲人莫己及。謂其子師曰：「但令吾兒及我，亦足勝人，不須苦教之。」遇諸父兄弟有如僕隸，夫妻並坐共食，而令諸父餕餘。其自矜無禮如此，爲時人所鄙笑。真君八年薨。贈太尉，謚曰文宣。子平國，襲爵。尚城陽長公主，拜駙馬都尉、侍中、中書監，爲太子四輔。正平元年卒。

子伏干〔四〕，襲爵。尚濟北公主，拜駙馬都尉。和平二年卒，謚曰康。無子。

伏干弟羆，襲爵。尚新平長公主，拜駙馬都尉。又除虎牢鎮將，頻以不法致罪。高祖以其勳德之胄，讓而赦之。

轉征東將軍、吐京鎮將。羆賞善罰惡，深自克勵。時西河胡叛，羆欲討之，而離石都將郭洛頭拒違不從。羆遂上表自劾，以威不攝下，請就刑戮。高祖乃免洛頭官。山胡劉什婆寇掠郡縣，羆討滅之。自是部內肅然，莫不敬憚。後改吐京鎮爲汾州，仍以羆爲刺史。前吐京太守劉升，在郡甚有威惠，限滿還都，胡民八百餘人詣羆請之。前定陽令吴平仁亦有恩信，户增數倍。羆以吏民懷之，並爲表請。高祖皆從焉。羆既頻薦升等，所部守令，咸自砥礪，威化大行，百姓安之。州民李軌、郭及祖等七百餘人，詣闕頌羆恩德。高祖以羆政和民悦，增秩延限。

後徵爲光禄勳。隨例降王爲魏郡開國公，邑五百户。又除鎮北將軍、燕州刺史，鎮廣寧。尋遷都督夏州、高平鎮諸軍事，本將軍，夏州刺史，鎮統萬。又除侍中、中書監。穆泰之反，羆與潛通，赦後事發，削封爲民。卒于家。世宗時，追贈鎮北將軍、恒州刺史。

子建，字晚興，性通率，頗好文史。起家祕書郎，稍遷直閣將軍，兼武衞。建妻，尒朱榮之妹，建常依附榮。榮入洛之後，除鎮東將軍、金紫光禄大夫、征北將軍，封濟北郡開國公。後遷散騎常侍、車騎大將軍、左光禄大夫、兼尚書、北道行臺、并州事。元曄之立，建兼尚書右僕射，俄轉侍中、驃騎大將軍。出帝末，本將軍、儀同三司、洛州刺史。天平中，坐事自殺於五原城北。

子千牙，武定中，開府祭酒。

建弟衍，字進興。解褐員外郎，封新興縣開國子，稍遷通直常侍，行雲州事。

羆弟亮，字幼輔，初字老生，早有風度。顯祖時，起家爲侍御中散。尚中山長公主，拜駙馬都尉，封趙郡王，加侍中、征南大將軍。徙封長樂王。高祖初，除使持節、秦州刺史。在州未朞，大著聲稱。徵爲殿中尚書。又遷使持節、征西大將軍、西戎校尉、敦煌鎮都大將。政尚寬簡，賑恤窮乏。被徵還朝，百姓追思之。

除都督秦梁益三州諸軍事、征南大將軍、領護西戎校尉、仇池鎮將。時宕昌王梁彌機死，子彌博立，爲吐谷渾所逼，來奔仇池。亮以彌機蕃款素著〔五〕，矜其亡滅；彌博凶悖，氐羌所棄；彌機兄子彌承，戎民歸樂，表請納之。高祖從焉。於是率騎三萬，次于龍鵠，擊走吐谷渾，立彌承而還。是時，階陵比谷羌董耕奴、斯卑等率衆數千人，寇仇池，屯于陽遐嶺，亮副將楊靈珍率騎擊走之。氐豪楊卜，自延興以來，從軍征伐，二十一戰，前來鎮將，抑而不聞。亮表卜爲廣業太守，豪右咸悦，境内大安。

徵爲侍中、尚書右僕射〔六〕。于時，復置司州。高祖曰：「司州始立，未有寮吏，須立中正，以定選舉。然中正之任，必須德望兼資者。世祖時，崔浩爲冀州中正，長孫嵩爲司州中正，可謂得人。公卿等宜自相推舉，必令稱允。」尚書陸叡舉亮爲司州大中正。

時蕭賾遣將陳顯達攻陷醴陽，加亮使持節、征南大將軍，都督懷洛南北豫徐兗六州諸軍事以討之。顯達遁走，乃還。尋遷司空，參議律令。例降爵爲公。

時文明太后崩，已過朞月，高祖毁瘠猶甚。亮表曰：「王者居極，至尊至重，父天母地，懷柔百靈。是以古先喆王，制禮成務。施政立治，必順天而後動；宣憲垂範，必依典而後行。用能四時不忒，陰陽和暢。若有過舉，咎徵必集。故大舜至慕，事在納麓之前；

孔子至聖，喪無過瘠之紀。堯書稽古之美，不録在服之痛；禮備諸侯之喪，而無天子之式。雖有上達之言，未見居喪之典。然則位重者爲世以屈己，居聖者達命以忘情。伏惟陛下至德參二儀，惠澤覃河海，宣禮明刑，動遵古式。以至孝之痛，服朞年之喪，練事既闋，號慕如始。統皇極之尊〔七〕，同衆庶之制，廢越紼之大敬，闕宗祀之舊軌。誠由文明太皇太后聖略超古，惠訓深至，欲報之德，昊天罔極，比之前代，慼爲過甚。豈所謂順帝之則，約躬隨衆者也。陛下既爲天地所子，又爲萬民父母。子過哀，父則爲之慘悴；父過慼，子則爲之憂傷。近蒙接見，咫尺旒冕，聖容哀毀，駭慼無止，況神祇至靈，而不久虧和氣，徵致風旱者哉？書稱『一人有慶，兆民賴之』，今一人過哀，黎元焉繫？羣官所以顛殞震懼，率土所以危惶悚慄，百姓何仰而不憂，嘉禾何由而播殖。願陛下上承金册遺訓，下稱億兆之心，時襲輕服，數御常膳，脩崇郊祠，垂惠咸秩，輿駕時動，以釋憂煩，博採廣諮，以導性氣，息無益之戀，行利見之德，則休徵可致，嘉應必臻，禮教並宣，孝慈兼備，普天蒙賴，含生幸甚。」詔曰：「苟孝悌之至，無所不通。今飄風亢旱，時雨不降，寔由誠慕未濃，幽顯無感也。所言過哀之咎，諒爲未衷，省啓以增悲愧。」

尋領太子太傅。時將建太極殿，引見羣臣於太華殿，高祖曰：「朕仰遵先意，將營殿宇，役夫既至，興功有日。今欲徙居永樂，以避囂埃。土木雖復無心，毀之能不悽愴。今故臨對卿等，與之取別。此殿乃高宗所制，爰歷顯祖，逮朕沖年，受位於此。但事來奪情，將有改制，仰惟疇昔，惟深悲感。」亮稽首對曰：「臣聞稽之卜筮，載自典經，占以決疑，古今攸尚。興建之功，事在不易，願陛下訊之蓍龜，以定可否。又去歲役作，爲功甚多，太廟明堂，一年便就。若仍歲頻興，恐民力凋弊。且材幹新伐，爲功不固，願得逾年，小康百姓。」高祖曰：「若終不爲，可如卿言。後必爲之，逾年何益？朕遠覽前王，無不興造。故有周創業，經建靈臺；洪漢受終，未央是作。草創之初，猶尚若此，況朕承累聖之運，屬太平之基。且今八表清晏，年穀又登，爰及此時，以就大功。人生定分，脩短命也，蓍蔡雖智，其如之何。當委之大分，豈假卜筮。」遂移御永樂宫。

後高祖臨朝堂，謂亮曰：「三代之禮，日出視朝，自漢魏已降，禮儀漸殺。晉令有朔望集公卿於朝堂而論政事，亦無天子親臨之文。今因卿等日中之集，中前則卿等自論政事，中後與卿等共議可否。」遂命讀奏案，高祖親自決之。又謂亮曰：「徐州表給歸化人稟。王者民之父母，誠宜許之。但今荆揚不賓，書軌未一，方欲親御六師，問罪江介。計萬戶投化，歲食百萬，若聽其給也，則蓄儲虛竭。雖得户千萬，猶未成一同。且欲隨貧賑恤，卿意何如？」亮對曰：「所存遠大，實如聖旨。」及車駕南遷，遷武衛大將軍，以本官董攝中軍事。

高祖南伐，以亮録尚書事，留鎮洛陽。後高祖將自小平汎舟幸石濟〔八〕，亮諫曰：「臣聞垂堂之誨，振古成規，於安思危，著於周易。是以憑險弗防，没而不弔。匹夫之賤，猶不自輕，況萬乘之尊，含生所仰，而可忽乎！是故處則深宫廣廈，行則萬騎千乘。昔漢帝欲乘舟渡渭，廣德將以首血汙車輪，帝乃感而就橋。夫一渡小水，猶尚若斯，況洪河浩汗，有不測之慮。且車乘由人，猶有奔逸致敗之害，況水之緩急，非人所制，脱難出慮表，其如宗廟何！」高祖曰：「司空言是也。」

及亮兄羆預穆泰反事，亮以府事付司馬慕容契，上表自劾。高祖優詔不許，還令攝事。亮頻煩固請，久乃許之。尋除使持節、征北大將軍、開府儀同三司、冀州刺史。徙封頓丘郡開國公，食邑五百户，以紹崇爵。

世宗即位，遷定州刺史，尋除驃騎大將軍、尚書令，俄轉司空公。景明三年薨，時年五十二。給東園温明祕器、朝服一具、衣一襲，錢四十萬、布七百匹、蠟二百斤。世宗親臨小斂。贈太尉公，領司州牧，謚曰匡。

子紹，字永業。高祖以其貴臣世胄，顧念之。九歲除員外郎，侍學東宫，轉太子舍人。十一尚琅邪長公主，拜駙馬都尉、散騎侍郎，領京兆王愉文學。世宗初，通直散騎常侍、高陽王雍友。遭父憂，詔起襲爵，散騎常侍，領主衣都統。遷祕書監、侍中、金紫光祿大夫、光祿卿，又遷衞將軍、太常卿。尋除使持節、都督冀瀛二州諸軍事、本將軍、冀州刺史，以母老固辭，忤旨免官。除中書令，轉七兵尚書，徙殿中尚書。遭所生憂免，居喪以孝聞。又除衞大將軍、左光祿大夫、中書監，復爲侍中，領本邑中正。

紹無他才能，而資性方重，罕接賓客，希造人門。領軍元叉當權熏灼，曾往候紹，紹迎送下階而已，時人歎尚之。及靈太后欲黜叉，猶豫未決，紹贊成之。以功加特進，又拜其次子巖爲給事中。尋加儀同三司，領左右。時侍中元順與紹同直，順嘗因醉入其寢所。紹擁被而起，正色讓順曰：「老身二十年侍中〔九〕，與卿先君亟連職事，縱卿後進，何宜相排突也！」遂謝事還家。詔喻久乃起。除車騎大將軍、開府、定州刺史，固辭不拜。又除侍中，託疾未起。河陰之役，故得免害。

莊帝立，尒朱榮遣人徵之。紹以爲必死，哭辭家廟。及往見榮於邙山，捧手不拜。榮亦矯意禮之，顧謂人曰：「穆紹不虛大家兒。」車駕入宮，尋授尚書令、司空公，進爵爲王，給班劍四十人，仍加侍中。時河南尹李奬往詣紹。奬以紹郡民，謂必加敬，紹又恃封邑，是奬國主，待之不爲動膝。奬憚其位望，致拜而還。議者兩譏焉。

尒朱榮之討葛榮也，詔上黨王天穆爲前鋒，次於懷縣；司徒公楊椿爲右軍，紹爲後繼。未發，會擒葛榮乃止。未幾，降王復本爵。元顥入洛，以紹爲兗州刺史。行達東郡，顥敗而反。

普泰元年，除都督青齊兗光四州諸軍事、驃騎大將軍、開府、青州刺史。未行，其年九月薨，時年五十二〔一〇〕。贈侍中、都督冀相殷三州諸軍事、大將軍、尚書令、太保、冀州刺史，謚曰文獻。

子長嵩，字子岳。起家通直郎，再遷散騎常侍。襲爵，轉鎮東將軍、光禄少卿。興和中卒，贈都督冀滄二州諸軍事、征東將軍、冀州刺史。

子巖，武定中，司徒諮議參軍。

平國弟相國，官至安東將軍、濟州刺史、上洛公。

相國弟正國，尚長樂公主，拜駙馬都尉。

子平城，早卒。高祖時，始平公主薨於宫，追贈平城駙馬都尉，與公主合葬。

平城弟長城，司徒左長史。

子世恭，武定中，朱衣直閣。

長城弟彧，符璽郎中。卒。

子永延，尚書騎兵郎、青州征東司馬。

正國弟應國，征西將軍、張掖公。

子度孤，襲爵。平南將軍、梁城鎮將。

子清休，頗有將略。司農少卿、武衛將軍、左光祿大夫。出爲驃騎大將軍、夏州刺史。

子鐵槌，祕書郎。

應國弟安國，歷金部長、殿中尚書，加右衛將軍，賜爵新平子。爲乙渾所殺，追贈征虜將軍。

子吐萬，襲爵。襄城鎮將。

子金寶，祕書郎。

壽弟伏真，高宗世，稍遷尚書，賜爵任城侯。出爲兗州刺史、假寧東將軍、濮陽公。

子常貴，南陽太守。

伏真弟多侯，歷位殿中給事、左將軍，賜爵長寧子。遷司衛監。高宗崩，乙渾專權。時司徒陸麗在代郡温湯療病，渾忌之，遣多侯追麗。多侯謂麗曰：「渾有無君之心，大王衆所望也，去必危，宜徐歸而圖之。」麗不從，遂爲渾所害，多侯亦見殺。謚曰烈。子胡兒襲爵。

觀弟翰，平原鎮將、西海王。薨。

子龍仁，襲爵，降爲公。卒。

子豐國，襲爵。

豐國弟子弼，有風格，善自位置。涉獵經史，與長孫稚、陸希道等齊名於世，矜己陵物，頗以損焉。高祖初定氏族〔一〕，欲以弼爲國子助教。弼辭曰：「先臣以來，蒙恩累世，比校徒流，實用慚屈。」高祖曰：「朕欲敦厲冑子，故屈卿光之〔二〕。白玉投泥，豈能相汚？」弼曰：「既遇明時，恥沉泥滓。」會司州牧、咸陽王禧入，高祖謂禧曰：「朕與卿作州都，舉一主簿。」即命弼謁之。因爲高祖所知。輿駕南征，特敕隨從。世宗初，除尚書郎，以選爲廣平王懷國郎中令〔三〕。數有匡諫之益。世宗善之。除中書舍人，轉司州治中、別駕，歷任有稱。肅宗時，河州羌却鐵忽反〔四〕，敕兼黄門，慰喻忽。以功加前將軍，賜以錢帛。尋以本將軍行揚州事，追拜平西將軍、華州刺史。卒於州，時年五十一。贈使持節、征北將軍、定州刺史，謚曰懿。

子季齊，釋褐司徒參軍事、開府騎兵參軍。

翰弟顗，忠謹有材力。太宗時爲中散，轉侍御郎。從世祖征赫連昌，勇冠一時，世祖嘉之。遷侍輦郎、殿中將軍，賜爵泥陽子。從征和龍，功超諸將，拜司衞監，加龍驤將軍，進爵長樂侯。

曾從世祖田於崞山，有虎突出，顗搏而獲之。世祖歎曰：「詩所謂『有力如虎』，顗乃過之。」後從駕西征白龍，北討蠕蠕，以功加散騎常侍、鎮北將軍，進爵建安公。出爲北鎮都將，徵拜殿中尚書。出鎮涼州，所在著稱。還加散騎常侍，領太倉尚書。

高宗時，爲征西大將軍、督諸軍事，西征吐谷渾，出南道。坐擊賊不進，免官爵徙邊。高宗又以顗著勳前朝〔五〕，徵爲内都大官。天安元年卒。贈征西大將軍、建安王，謚曰康。

子寄生，襲。

寄生弟栗，涼州鎮將、安南公。

子祁，字願德。通直常侍、上谷河内二郡太守、司州治中、太子右衞率。卒，贈齊州刺史。

子景相，字霸都。中書舍人、上黨太守。

栗弟泥乾，爲羽林中郎，賜爵臨安男。後稍歷顯職，除冀州刺史，假安南將軍、鉅鹿公。卒。

子渾，襲爵。祕書中散。

子令宣，通直常侍。

崇宗人醜善，太祖初，率部歸附，與崇同心勠力，禦侮左右。從征窟咄、劉顯，破平之。又從擊賀蘭部，平庫莫奚。拜天部大人，居於東蕃。卒。

子莫提，從平中原，爲中山太守。除寧南將軍、相州刺史，假陽陵侯〔一六〕。卒。

子吐，太宗世，散騎常侍。卒於侍中、鎮東將軍。

子敦，輔國將軍、西部都將。賜爵富平子。卒。

子純，襲爵。歷散騎常侍、光禄勳。高祖時，右衞將軍，尋除右將軍、河州刺史。卒，贈鎮北將軍、并州刺史。

子盛，襲爵。直閤將軍。

盛弟裕，輔國將軍、中散大夫。

裕子禮，東牟太守。

禮弟略，武定末，魏尹丞。

純弟钀，歷東宫庶子、汲郡太守。世宗時，爲懷朔鎮將，東、北中郎將，豳、幽、涼三州刺史。肅宗世，除平北將軍、并州刺史、金紫光禄大夫。在公以威猛見稱。卒時年七十四，贈散騎常侍、征東將軍、相州刺史，謚曰安。

子顯壽，長水校尉。

顯壽弟顯業，卒於散騎侍郎。

子子琳，舉秀才，爲安戎令，頗有吏幹。隨長孫稚征蜀有功，除尚書屯田郎中。出帝即位，以攝儀曹事，封高唐縣開國男，邑二百户。孝靜初，鎮東將軍、司州别駕。以占奪民田，免官爵。久之，阿至羅國主副羅越居爲蠕蠕所破〔一七〕，其子去賓來奔。齊獻武王奏去賓爲安北將軍、肆州刺史，封高車王，招慰夷虜；表子琳爲去賓長史，復其前封。尋還儀同開府長史、齊獻武王丞相司馬。卒時年五十三，贈驃騎大將軍、都官尚書、瀛州刺史。

子伯昱。弟朏，武定中，開府中兵參軍。

子琳弟良，字先德。司空行參軍、將作丞、司徒祭酒、安東將軍、南鉅鹿太守。頗有民譽。入爲司徒司馬、大將軍從事中郎、中書舍人。武定六年卒。贈征東將軍、徐州刺史。

史臣曰：穆崇夙奉龍顔，早著誠節，遂膺寵眷，位極台鼎；至乃身豫逆謀，卒蒙全護，明主之於勞臣，不亦厚矣！從享廟庭，抑亦尚功之義。觀少當公輔之任，業器其優乎？

顗壯烈顯達，亮寬厚致位，紹立虛簡之操，弼有風格之名，世載不隕，青紫兼列，盛矣。至於壽以貴終，羆止削廢，人之無禮，爲幸蓋多。醜之子孫，不乏名位，亦有人哉！

校勘記

〔一〕雖刀劍別割　「別割」，他本並作「刳割」，汲本「刳」下旁注：「宋本作『別』。」按北史卷二〇穆崇傳亦作「刳割」。

〔二〕崇外甥于桓等謀執太祖以應之　「于桓」，原作「于植」，據册府卷一三四改。按本書卷二太祖紀記此事，底本、南監本作「于桓」，他本也作「于植」。北史卷一魏本紀一、本書卷一五窟咄傳及北史卷一五窟咄傳並作「于桓」。册府此條採自此傳，却也作「桓」，知「植」字訛。下「太祖誅桓等」同改。

〔三〕子容　北史卷二〇穆崇傳附穆泰傳作「子子容」。按北史述「子容」事詳於此書，當別有所本，疑是。

〔四〕伏干　原作「伏于」，據三朝本、南監本、殿本北史卷二〇穆崇傳改。下「伏干弟羆」同改。

〔五〕蕃欵素著　「欵」，原作「教」，據册府卷三五三改。按「欵」爲「欵服」「誠欵」之義，「教」字訛。

〔六〕徵爲侍中尚書右僕射　「右僕射」，北史卷二〇穆崇傳附穆亮傳作「左僕射」，疑是。按本書卷七下高祖紀下太和十二年四月、十二月並見「左僕射穆亮」。

〔七〕統皇極之尊　「皇」，原作「重」，據册府卷二七改。按「重極」不辭。

〔八〕後高祖將自小平汎舟幸石濟　「小平」，北史卷二〇穆崇傳附穆亮傳作「小平津」。

〔九〕老身二十年侍中　「老」字原闕，據三朝本、南監本、殿本、北史卷二〇穆崇傳附穆紹傳補。按下稱「與卿先君」云云，有「老」字是。

〔一〇〕時年五十二　「五十二」，普泰元年穆紹墓誌作「五十一」。

〔一一〕高祖初定氏族　「氏族」，御覽卷八〇四引後魏書作「代族」，疑是。按本書卷一一三官氏志載太和十九年詔：「代人諸胄，先無姓族……且宜甄擢，隨時漸銓。」卷三一于栗磾傳附于忠傳記忠等奉詔「推定代方姓族」。

〔一二〕故屈卿光之　「光」，三朝本、南監本、北監本、殿本、局本、北史卷二〇穆崇傳附穆弼傳、御覽卷八〇四引後魏書並作「先」。

〔一三〕以選爲廣平王懷國郎中令　「廣平王」，原作「高平王」。按廣平王懷，本書卷二二、北史卷一九有傳，「高」字訛，今據改。

〔一四〕河州羌却鐵忽反　「却鐵忽」，原作「却鐵怱」。按本書卷九肅宗紀神龜元年、卷一〇五之四天象志四記此事並作「却鐵忽」，卷四一源賀傳附源子恭傳見「却鐵忽」，北史卷二八源賀傳附源子恭傳也作「却鐵忽」。周書三朝本屢見「羌酋傍乞鐵怱」，殿本也常訛「忽」作「怱」。今據改。

〔一五〕高宗又以顯著勳前朝　「高宗」，原作「高祖」，北史卷二〇穆崇傳附穆顗傳作「文成」。按下明云「天安元年卒」，天安爲高宗文成帝年號，今據改。

〔一六〕陽陵侯　北史卷二〇穆崇傳附穆醜善傳作「陵陽侯」。

〔一七〕阿至羅國主副羅越居爲蠕蠕所破　「阿至羅」，原作「河至羅」，他本並作「何至羅」，據册府卷七二八改。按本書卷一一孝靜紀興和三年四月，「阿至羅國主副伏羅越居子去賓來降，封爲高車王」，「副伏羅越居」，此作「副羅越居」，當因譯語之異。本書卷一一出帝紀太昌二年三月、卷一〇三蠕蠕傳並見「阿至羅」。

魏書卷二十八

列傳第十六

和跋　奚牧　莫題　庾業延　賀狄干　李栗　劉潔　古弼　張黎

和跋，代人也，世領部落，爲國附臣。跋以才辯知名，太祖擢爲外朝大人，參軍國大謀，雅有智筭。頻使稱旨，拜龍驤將軍。未幾，賜爵日南公。從平中原，以功進爲尚書，鎮鄴。

慕容德使兄子和守滑臺，和長史李辨殺和，求援於跋。跋率輕騎赴之。既至，辨悔，閉門拒守。跋使尚書郎鄧暉說之，辨乃開門。跋入，收其府藏。德聞之，遣將率三千騎，擊跋。跋逆擊，大破之，擒其將士千餘人而還。於是陳潁之民，多來向化。改封定陵公。

與常山王遵率衆五萬，討賀蘭部別帥木易干，破之。出爲平原太守。

太祖寵遇跋，冠於諸將。時羣臣皆敦尚恭儉，而跋好脩虛譽，眩曜於時，性尤奢淫，太祖戒之，弗革。後車駕北狩豺山，收跋，刑之路側。妻劉氏自殺以從。初，將刑跋，太祖命其諸弟毗等視訣，跋謂毗曰：「灅北地瘠，可居水南，就耕良田，廣爲產業，各相勉勵，務自纂修。」令之背己曰：「汝曹何忍視吾之死也！」毗等解其微意，詐稱使者，亡奔長安，追之不及。太祖怒，遂誅其家。後世祖西巡五原，回幸豺山校獵，忽遇暴風，雲霧四塞。世祖怪而問之，羣下僉言跋世居此土，祠冢猶存，其或者能致斯變。帝遣建興公古弼祭以三牲，霧即除散。後世祖蒐狩之日，每先祭之。

少子歸，從征赫連昌有功，拜統萬將軍，賜爵成皋男。與西平公安頡攻虎牢，拔之。進爵高陽侯。後以罪徙配涼州爲民。蓋吳作亂於關中，復拜歸龍驤將軍往討之。還，拜使持節、冠軍將軍、雍城鎮都大將、高陽侯。卒。

子度，襲爵。尚書都官郎、昌平太守。卒。

度子延穆，司州部郡從事，早卒。

子安，武定末，給事黃門侍郎。

奚牧，代人也，重厚有智謀。太祖寵遇之，稱之曰仲兄。初，劉顯謀害太祖，梁眷知其謀，潛使牧與穆崇至七介山以告，語在崇傳。太祖録先帝舊臣，又以牧告顯之功，拜爲治民長，敷奏政事，參與計謀。

太祖征慕容寶，加輔國將軍，略地晉川，獲寶丹陽王買得及離石護軍高秀和於平陶。以軍功拜并州刺史，賜爵任城公。州與姚興接界，興頗寇邊，牧乃與興書，稱頓首，鈞禮抗之，責興侵邊不直之意。興以與國通和，恨之。有言於太祖，太祖戮之。

莫題，代人也，多智有才用。初爲幢將，領禁兵。太祖之征慕容寶也，寶夜來犯營，軍人驚駭。遂有亡還京師者，言官軍敗於栢肆，京師不安。南安公元順因之欲攝國事。題謂順曰：「此大事，不可輕爾，宜審待後要，不然禍將及矣。」順乃止。以功拜平遠將軍，賜爵扶柳公，進號左將軍，改爲高邑公。出除中山太守，督司州之山東七郡事。

車駕征姚興，次於晉陽，而上黨羣盜秦頗、丁零翟都等聚衆於壺關，詔題帥衆三千以討之。上黨太守捕頗，斬之。都走林慮。詔題搜山窮討，盡平之。

初，昭成末，太祖季父窟咄徙于長安。苻堅敗，從慕容永東遷。及永自立，以窟咄爲新興太守。登國初，劉顯遣弟亢埿等迎窟咄，寇南鄙。題時貳於太祖，遺箭於窟咄，謂之曰「三歲犢豈勝重載」，言窟咄長而太祖少也。太祖既銜之。天賜五年，有告題居處倨傲，擬則人主。太祖乃使人示之箭，告之曰：「三歲犢，能勝重載不？」題奉詔，父子對泣，詰朝乃刑之。

庾業延，代人也，後賜名岳。其父及兄和辰，世典畜牧。稍轉中部大人。昭成崩，氐寇內侮。事難之間，收斂畜產，富擬國君。劉顯謀逆，太祖外幸，和辰奉獻明太后歸太祖，又得其資用。以和辰爲內侍長。和辰分別公私舊畜，頗不會旨，太祖由是恨之。岳獨恭慎脩謹，善處危難之間，太祖喜之。與王建等俱爲外朝大人，參預軍國。

太祖既絶慕容垂，以岳爲大人，使詣慕容永。永服其辭義。垂圍永於長子，永告急求援，岳與陳留王虔以五萬騎東渡河救之，次於秀容，破山胡部高車門等，徙其部落。會永滅，乃班師。從平中原，拜安遠將軍。

官軍之驚於栢肆也，賀蘭部帥附力眷、紇突隣部帥匿物尼、紇奚部帥叱奴根等聞之，聚黨反於陰館。南安公元順討之，不克，死者數千人。太祖聞之，詔岳率萬騎，還討叱奴根等，殄之，百姓乃安。離石胡帥呼延鐵、西河胡帥張崇等不樂内徙，聚黨反叛。岳率騎三千，討破之，斬鐵擒崇，搜山窮討，散其餘黨。以功賜爵西昌公，進號征虜將軍。又討反人張超、清河太守傅世，並破平。以岳爲鄴行臺。

岳爲將有謀略，治軍清整，常以少擊多，士衆服其智勇，名冠諸將。及罷鄴行臺，以所統六郡置相州，即拜岳爲刺史。公廉平當，百姓稱之。舊有園池，時果初熟，丞吏送之，岳不受，曰：「果未進御，吾何得先食？」其謹如此。後遷司空。岳兄子路有罪，諸父兄弟悉誅，特赦岳父子。

天賜四年，詔賜岳舍地於南宮，岳將家僮治之。候官告岳衣服鮮麗，行止風采，擬儀人君。太祖時既不豫，多所猜惡，遂誅之。時人咸冤惜焉。岳葬在代西善無之界。後世祖討赫連氏，經其墓宅，愴然動容，遂下詔爲立廟，令一州之民，四時致祭[一]。求其子孫任爲將帥者，得其子陵。從征有功，聽襲爵。

路，皇始初，從征慕容寶，爲城門校尉。遷司隸校尉。爵高平公而誅。

賀狄干，代人也。家本小族，世忠厚，爲將以平當稱。稍遷北部大人。登國初，與長孫嵩爲對，明於聽察，爲人愛敬。

太祖遣狄干致馬千匹，結婚於姚萇。會萇死興立，因止狄干而絶婚。興弟平率衆寇平陽，太祖討平之，擒其將狄伯支、唐小方等三十餘人〔二〕。天賜中，詔北新侯安同送唐小方於長安。後蠕蠕社崘與興和親，送馬八千匹。始濟河，赫連屈孑忿興與國交好，乃叛興，邀留社崘馬。興乃遣使，請以駿馬千匹贖伯支而遣狄干還。太祖意在離間二寇，於是許之。

狄干在長安幽閉，因習讀書史，通論語、尚書諸經，舉止風流，有似儒者。初，太祖普封功臣，狄干雖爲姚興所留，遥賜爵襄武侯，加秦兵將軍。及狄干至，太祖見其言語衣服，有類羌俗，以爲慕而習之，故忿焉，既而殺之。

弟歸，亦剛直方雅。與狄干倶死。

李栗，雁門人也。昭成時，父祖入國。少辯捷，有才能，兼有將略。初隨太祖幸賀蘭部，在元從二十一人中。太祖愛其藝能。時王業草創，爪牙心腹，多任親近，唯栗一介遠寄，兼非戚舊，當世榮之。數有戰功，拜左軍將軍。太祖征慕容寶，栗督五萬騎爲前驅，軍之所至，莫不降下。遷左將軍。慕容寶棄中山東走也，栗以輕騎追之，不及而還。

栗性簡慢，矜寵，不率禮度，每在太祖前舒放倨傲，不自祗肅，咳唾任情。太祖積其宿過，天興三年遂誅之。於是威嚴始厲，制勒羣下盡卑謙之禮，自栗始也。

劉潔，長樂信都人也。祖父生，頗解卜筮。昭成時，慕容氏來獻女，爲公主家臣，仍隨入朝。賜以妻，生子。父提，太祖時，官至樂陵太守，賜爵信都男。卒。

潔性彊力多智，數從征討有功，進爵會稽公。河西胡張外、建興王紹等聚黨爲逆，潔與永安侯魏勤率衆三千人，屯于西河以鎮撫之。又與勤及功勞將軍元屈等擊吐京叛胡。時離石胡出以眷引屈丐騎〔三〕，斷截山嶺邀潔，潔失馬，登山力戰，矢刃俱盡，爲胡所執，送詣屈丐。潔聲氣不撓，呼其字而與之言，神色自若。屈丐壯而釋之。後得還國，典東部事。

太宗寢疾，世祖監國，潔與古弼等選侍東宮，對綜機要，敷奏百揆。世祖即位，以告反者，又獻直言，所在合旨，奇其有柱石之用，委以大任。及議軍國，朝臣咸推其能。於是超遷尚書令，改爲鉅鹿公。

世祖破蠕蠕大檀于雲中，潔言於世祖曰：「大檀恃衆，雖破膽奔北，恐不懼往敗，將復送死。請收田訖，復一大舉，東西並進，爲二道討之。」世祖然其言。後大議征討，潔言宜先平馮跋，世祖不從。敕勒新民以將吏侵奪，咸出怨言，期牛馬飽草，當赴漠北。潔與左僕射安原奏，欲及河冰未解，徙之河西，冰解之後，不得北遁。世祖曰：「不然。此等習俗，放散日久，有似園中之鹿，急則衝突，緩之則定。吾自處之有道，不煩徙也。」潔等固執，乃聽分徙三萬餘落於河西，西至白鹽池。新民驚駭，皆曰「圈我於河西之中，是將殺我也」，欲西走涼州。潔與侍中古弼屯五原河北，左僕射安原屯悅拔城北，備之。既而新民數千騎北走，潔追討之。走者糧絶，相枕而死。

時南州大水，百姓阻飢。潔奏曰：「臣聞天地至公，故萬物咸育；帝王無私，而黎民戴賴。伏惟陛下以神武之姿，紹重光之緒，恢隆大業，育濟羣生。威之所振，無思不服，澤之所洽，無遠不懷，太平之治，於是而在。自頃邊寇内侵，戎車屢駕，天資聖明，所在克殄。方難既平，皆蒙酬錫，勳高者受爵，功卑者獲賞，寵賜優崇，有過古義。而郡國之民，雖不征討，服勤農桑，以供軍國，實經世之大本，府庫之所資。自山以東，偏遇水害，頻年不收，就食他所。臣聞率土之濱，莫非王臣，應加哀矜，以鴻覆育。今南摧彊寇，西敗醜虜，四海晏如，人神協暢，若與兆民共饗其福，則惠感和氣，蒼生悅樂矣。」世祖從之，於是復天下一歲租賦。

潔與樂平王丕督諸軍取上邽。軍至啓陽，百姓爭致牛酒。潔至上邽，諸將咸欲斬其豪帥以示王威，潔不聽。撫慰秦隴，秋豪無犯，人皆安業。世祖將發隴右騎卒東伐高麗。潔進曰：「隴土新民，始染大化，宜賜優復以饒實之。兵馬足食，然後可用。」世祖深納之。車駕西伐，潔爲前鋒。沮渠牧犍弟董來率萬餘人拒戰於城南。潔信卜者之言，日辰不協，擊鼓却陳，故後軍不進，董來得入城。世祖微嫌之。後潔與建寧王崇督諸軍，於三城胡部中簡兵六千，將以戍姑臧。胡不從命，千餘人叛走。潔與崇擊誅之，虜男女數千人。

潔朝夕在樞密，深見委任，性既剛直，恃寵自專。世祖心稍不平。時議伐蠕蠕，潔意不欲，言於世祖曰：「虜非有邑居，遷徙無常，前來出軍，無所擒獲，不如廣農積穀，以待其來。」羣臣皆從其議。世祖決行，乃問於崔浩，浩固言可伐。世祖從浩議。既出，與諸將期會鹿渾谷。而潔恨其計不用，欲沮諸將，乃矯詔更期，故諸將不至。時虜衆大亂，恭宗欲擊之，潔執不可，語在帝紀。停鹿渾谷六日，諸將猶不進〔四〕。賊已遠遁，追至石水，不及而還。師次漠中，糧盡，士卒多死。潔陰使人驚軍，勸世祖棄軍輕還〔五〕，世祖不從。潔以軍行無功，奏歸罪於崔浩。世祖曰：「諸將後期，及賊不擊，罪在諸將，豈在於浩。」浩又言潔矯詔，事遂發。輿駕至五原，收潔幽之。

世祖之征也，潔私謂親人曰：「若軍出無功，車駕不返者〔六〕，吾當立樂平王。」潔又使右丞張嵩求圖讖，問：「劉氏應王，繼國家後，我審有名姓否？」嵩對曰：「有姓而無名。」窮治款引，搜嵩家，果得讖書。潔與南康公狄隣及嵩等，皆夷三族，死者百餘人。潔既居勢要，擅作威福，諸阿附者登進〔七〕，忤恨者黜免，内外憚之，側目而視。拔城破國者，聚斂財貨，與潔分之。籍其家産，財盈巨萬。世祖追忿，言則切齒。

古弼，代人也。少忠謹，好讀書，又善騎射。初爲獵郎，使長安，稱旨，轉門下奏事，以敏正著稱。太宗嘉之，賜名曰筆，取其直而有用，後改名弼，言其輔佐材也。令弼典西部，與劉潔等分綰機要，敷奏百揆。

世祖即位，以功拜立節將軍，賜爵靈壽侯。征并州叛胡。還，進爲侍中、吏部尚書，典南部奏事。與安原降東部高車於巳尼陂。又與劉潔屯五原河北，以備叛民。拜安西將軍，從征赫連定。駕至平涼，次于涇南。遣弼與侍中張黎擊平涼。赫連定自安定率步騎二萬來救，與弼等相遇，弼僞退以誘之。世祖使高車敕勒馳擊定，斬首數千級。弼乘勝取安定。

又與永昌王健等討馮文通。文通嬰城固守，弼芟其禾而還。後又征文通，文通求救於高麗。高麗救至，文通將東奔，民多難之。其大臣古遲，因民心之不欲，遂率衆攻文通，開城門以引官軍。弼疑古遲譎詐，不入城。高麗軍至，文通乃隨之。文通之奔也，令婦人被甲居中，其精卒及高麗陳兵於外。弼部將高苟子率騎衝擊賊軍，弼酒醉，拔刀止之，故文通得東奔。將士皆怨弼不擊。世祖大怒，徵還，黜爲廣夏門卒。

尋復爲侍中，與尚書李順使于涼州。拜安西將軍，賜爵建興公，鎮長安，甚著威名。及議征涼州，弼與順咸言涼州乏水草，不宜行師。世祖不從。既克姑臧，微嫌之，以其有將略，故弗之責也。

劉義隆遣將裴方明等擊南秦王楊難當，難當遣使請救兵。未至，難當奔上邽，方明克仇池，立楊玄庶子保熾。於是假弼節，督隴右諸軍。義隆遣其秦州刺史胡崇之屯仇池，弼與平西將軍元齊邀崇之於濁水，臨陣擒之，其衆走還漢中。弼等從祥郊山南入，與東道將皮豹子等討仇池，遣永安侯賀純攻義隆，塞狹道。守將姜道祖退守狹亭。諸將以山道嶮峻，時又雪深，用馬不便，皆遲留不進。弼獨進軍，使元齊、賀純等擊狹亭，道祖南走，仇池平。未幾，諸氐復推楊文德爲主，圍仇池。弼發上邽、高平、汧城諸軍討之〔八〕，仇池圍解，文德走漢川。時豹子督關中諸軍次於下辨，聞仇池圍解，議欲還軍。弼使謂豹子曰：「比連破賊軍，恐彼君臣未體大分，恥其負敗，或來報復。若其班師，寇衆復至，後舉爲難。不如繕兵練甲，蓄力待之。不出秋冬，南寇必來，以逸待勞，百勝之策。」豹子乃止。世祖聞之，曰：「弼之言，長策也。制南秦，弼謀多矣。」

恭宗總攝萬幾，徵爲東宮四輔，與宜都王穆壽等並參政事。詔以弼保傅東宮，有老成之勤，賜帛千匹、綿千斤。遷尚書令。弼雖事務殷湊，而讀書不輟，端謹慎密，口不言禁中之事，功名等於張黎而廉不及也。

上谷民上書，言苑囿過度，民無田業，乞減太半，以賜貧人。弼覽見之〔九〕，入欲陳奏，遇世祖與給事中劉樹碁，志不聽事。弼侍坐良久，不獲申聞。乃起，於世祖前捽樹頭，掣下床，以手搏其耳，以拳歐其背曰：「朝廷不治，實爾之罪！」世祖失容放碁曰：「不聽奏事，實在朕躬，樹何罪？置之！」弼具狀以聞。世祖奇弼公直，皆可其所奏，以丐百姓。弼曰：「爲臣而逞其志於君前者，非無罪也。」乃詣公車，免冠徒跣，自劾請罪。世祖遣使者召之。及至，世祖曰：「卿其冠履。吾聞築社之役，蹇蹷而築之，端冕而事之，神與之福。然則卿有何罪？自今以後，苟利社稷，益國便民者，雖復顛沛造次，卿則爲之，無所顧也。」

世祖大閱，將校獵於河西。弼留守，詔以肥馬給騎人，弼命給弱者。世祖大怒曰：

「尖頭奴，敢裁量朕也！朕還臺，先斬此奴。」弼頭尖，世祖常名之曰筆頭，是以時人呼爲筆公。弼屬官惶怖懼誅。弼告之曰：「吾以爲事君使畋獵不適盤遊，其罪小也。不備不虞，使戎寇恣逸，其罪大也。今北狄孔熾，南虜未滅，狡焉之志，窺伺邊境，是吾憂也。故選肥馬備軍實，爲不虞之遠慮。苟使國家有利，吾何避死乎！明主可以理干，此自吾罪，非卿等之咎。」世祖聞而歎曰：「有臣如此，國之寶也！」賜衣一襲、馬二匹、鹿十頭。後車駕畋於山北，大獲麋鹿數千頭，詔尚書發車牛五百乘以運之。世祖尋謂從者曰：「筆公必不與我，汝輩不如馬運之速。」遂還。行百餘里而弼表至，曰：「今秋穀懸黄，麻菽布野，猪鹿竊食，鳥雁侵費，風波所耗，朝夕參倍，乞賜矜緩，使得收載。」世祖謂左右曰：「筆公果如朕所卜，可謂社稷之臣。」

初，楊難當之來也，詔弼悉送其子弟於京師。楊玄小子文德，以黄金四十斤賂弼，弼受金，留文德而遇之無禮，文德亡入劉義隆。世祖以其正直有戰功，弗加罪責也。世祖崩，吴王立，以弼爲司徒。高宗即位，與張黎並坐議不合旨，俱免，有怨謗之言。其家人告巫蠱，俱伏法，時人冤之。

張黎，鴈門平原人也〔一〇〕。善書計，太祖知待之。太宗器其忠亮，賜爵廣平公，管綜機要。

世祖以其功舊，任以輔弼，除大司農卿，軍國大議，黎常與焉。加鎮北將軍。以征赫連定功，進號征北大將軍。與樂安王範、濟南公崔徽鎮長安〔一一〕，清約公平，甚著聲稱。代下之日，家無餘財。世祖詔黎領兵一萬二千人，通莎泉道。車駕征涼州，蠕蠕吴提乘虚入寇，黎與司空道生拒擊之。恭宗初總百揆，黎與東郡公崔浩等輔政，忠於奉上，非公事不言。詔曰：「侍中廣平公黎、東郡公浩等，保傅東宫，有老成之勤，朕甚嘉焉。其賜布帛各千匹，以褒舊勳。」恭宗薨於東宫，黎兼太尉，持節奉策謚焉。

吴王余立，以黎爲太尉。後以議不合旨，免。仍與古弼並誅。

史臣曰：和跋、奚牧、莫題、賀狄干、李栗、劉潔等，並有忠勤征伐之効，任遇仍優，俱至誅滅。岳身犯危難之中〔一二〕，受事草創之際，智勇既申，功名尤舉，乃良將之材。弼謀軍輔國，遠略正情，有柱石之量。張黎誠謹兼方，功舊見重。纖介之間，一朝殞覆，宥及十世，乃徒言爾，惜乎！

校勘記

〔一〕令一州之民四時致祭　「州」，三朝本、南監本、北史卷二〇庾業延傳作「川」，疑是。按善無時屬畿内司州之地，司州轄地遼闊，一州四時致祭勢無可能。本書卷三太宗紀永興五年七月，「田於善無川」，是善無亦稱「川」。

〔二〕擒其將狄伯支唐小方等三十餘人　「三十餘人」，北史卷二〇賀狄干傳、通志卷一四六作「四十餘人」，疑是。按本書卷二太祖紀天興五年十月、卷九五羌姚萇傳並作「四十餘人」。

〔三〕離石胡出以眷　「出以眷」，本書卷一四文安公泥傳附元屈傳作「出以兵」。

〔四〕諸將猶不進　「進」，北史卷二五劉潔傳作「集」。按上言「諸將不至」，下言「諸將後期」，疑作「集」是。

〔五〕棄軍輕還　「軍」，三朝本、南監本、北監本、殿本作「車」，疑是。按時太武帝深陷漠北，豈得棄軍而走，「棄車」即棄輜重輿駕，較合情理。

〔六〕車駕不返　「車駕」，原作「軍駕」，據南監本、北監本、殿本改。

〔七〕諸阿附者登進　「登進」，原作「登長」，不可通，據册府卷三三八改。

〔八〕弼發上邽高平汧城諸軍討之　「汧城」，原作「沂城」，册府卷四二八作「峅城」，通鑑卷一二四宋紀六元嘉二十年五月作「岍城」，胡注：「『岍城』，意當作『汧城』。」按秦隴一帶無「沂城」或「峅城」。汧城即漢汧縣故城，在今陝西隴縣，地當隴砥要道。本書卷四下世祖紀下太平真君六年十一月記蓋吳舉事，「殺汧城守將」，知其地有駐軍。北魏末年於汧城置東秦州，見寰宇記卷二九。「汧」是水名，「岍」是山名，皆在其地，故「汧城」亦作「岍城」。今據改。

〔九〕弼覽見之　御覽卷四二八引後魏書作「弼覽而善之」。

〔一〇〕雁門平原人也　「平原」，疑爲「原平」之誤倒。按本書卷一〇六上地形志上肆州雁門郡有「原平」，無「平原」。原平乃漢晉舊縣，歷見地志。

〔一一〕濟南公崔徽鎮長安　「崔徽」，原作「崔徵」，據北史卷二五張黎傳、本書卷二四崔玄伯傳附崔徽傳、册府卷四〇七改。

〔一二〕岳身犯危難之中　「身犯」，原作「見妃」，據三朝本、南監本、殿本改。

魏書卷二十九

列傳第十七

奚斤　叔孫建

奚斤，代人也，世典馬牧。父箄，有寵於昭成皇帝。時國有良馬曰「騧騮」，一夜忽失，求之不得。後知南部大人劉庫仁所盜，養於窟室。箄聞而馳往取馬，庫仁以國甥恃寵，慚而逆擊箄。箄捽其髮落，傷其一乳。及苻堅使庫仁與衞辰分領國部，箄懼，將家竄於民間。庫仁求之急，箄遂西奔衞辰。及太祖滅衞辰，箄晚乃得歸，故名位後於舊臣。

斤機敏，有識度。登國初，與長孫肥等俱統禁兵。後以斤爲侍郎，親近左右。從破慕容寶於參合。皇始初，從征中原，以斤爲征東長史，拜越騎校尉，典宿衞禁旅。車駕還京師，博陵、勃海、章武諸郡，羣盜並起，所在屯聚，拒害長吏。斤與略陽公元遵等率山東諸軍討平之。從征高車諸部，大破之。又破庫狄、宥連部，徙其別部諸落於塞南。又進擊侯莫陳部，俘虜獲雜畜十餘萬，至大峨谷，置戍而還。遷都水使者，出爲晉兵將軍、幽州刺史，賜爵山陽侯。

太宗即位，爲鄭兵將軍，循行州郡，問民疾苦。章武民劉牙聚黨爲亂，斤討平之。詔以斤世忠孝，贈其父箽爲長寧子。太宗幸雲中，斤留守京師。昌黎王慕容伯兒收合輕俠失志之徒李沈等三百餘人謀反，斤聞而召伯兒入天文殿東廡下，窮問款引，悉收其黨誅之。詔與南平公長孫嵩等俱坐朝堂，錄決囚徒。太宗大閱于東郊，治兵講武，以斤行左丞相，大蒐於石會山。車駕西巡，詔斤爲先驅，討越勤部於鹿那山〔一〕，大破之，獲馬五萬匹，牛羊二十萬頭，徙二萬餘家而還。又詔斤與長孫嵩等八人，坐止車門右，聽理萬機。蠕蠕犯塞，令斤等追之。事具蠕蠕傳。拜天部大人，進爵爲公，命斤出入乘軺軒，備威儀導從。世祖之爲皇太子，臨朝聽政，以斤爲左輔。

劉義符立，其大臣不附，國內離阻。乃遣斤收劉裕前侵河南地，假斤節，都督前鋒諸軍事、司空公、晉兵大將軍、行揚州刺史，率吴兵將軍公孫表等南征。用表計攻滑臺，不拔，求濟師。太宗怒其不先略地，切責之。乃親南巡，次中山。義符東郡太守王景度捐城遁走，司馬楚之等並遣使詣斤降。斤自滑臺趣洛陽，義符虎牢守將毛德祖遣其司馬翟廣、將軍姚勇錯、竇霸等率五千人據土樓以拒斤，斤進擊，破之。廣等單馬走免，盡殪其衆。斤長驅至虎牢，軍於汜東。留表守輜重，自率輕兵徇下河南、潁川、陳郡以南〔三〕，百姓無不歸附。義符陳留太守嚴稜以郡降。斤遂平兗豫諸郡，還圍虎牢。德祖拒守不下。及虎牢潰，斤置守宰以撫之。自魏初，大將行師，唯長孫嵩距劉裕，斤征河南，獨給漏刻及十二牙旗。太宗崩，斤乃班師。

世祖即位，進爵宜城王，仍爲司空。世祖征赫連昌，遣斤率義兵將軍封禮等督四萬五千人襲蒲坂。昌守將赫連乙升聞斤將至，遣使告昌。使至統萬，見大軍已圍其城，還告乙升曰：「昌已敗矣。」乙升懼，棄蒲坂西走。斤追敗之，乙升遂奔長安。斤入蒲坂，收其資器，百姓安業。昌弟助興，先守長安，乙升至，復與助興棄長安，西走安定，斤又西據長安。於是秦雍氐羌皆來歸附。與赫連定相持，累戰破定。定聞昌敗，遂走上邽，斤追之，至雍，不及而還。詔斤班師，斤上疏曰：「赫連昌亡保上邽，鳩合餘燼，未有盤據之資。今因其危，滅之爲易。請益鎧馬，平昌而還。」世祖曰：「昌亡國叛夫，擊之勞傷將士，且可息兵，取之不晚。」斤抗表固執，乃許之，給斤萬人，遣將軍劉拔送馬三千匹與斤。斤進討安定，昌退保平涼。斤屯軍安定，以糧竭馬死，遂深壘自固。監軍侍御史安頡擊昌，擒之。語在頡傳。

昌衆復立昌弟定爲主，守平涼。斤自以元帥，而擒昌之功，更不在己，深恥之。乃舍輜重，輕齎三日糧，追定於平涼。娥清欲尋水而往，斤不從，自北道邀其走路。定衆將出，會一小將有罪亡入賊，具告其實。定知斤軍無糧乏水，乃邀斤前後。斤衆大潰，斤及娥清、劉拔爲定所擒，士卒死者六七千人。後世祖克平涼，斤等得歸。免爲宰人，使負酒食從駕還京師以辱之。

尋拜安東將軍，降爵爲公。車駕將討馮文通，詔斤發幽州民及密雲丁零萬餘人，運攻具出南道。太延初，爲衛尉，改爲弘農王〔三〕，加征南大將軍。後爲萬騎大將軍。

世祖大集羣臣於西堂，議伐涼州。斤等三十餘人議曰：「河西王牧犍，西垂下國，雖內不純臣，而外脩職貢，宜加寬宥，恕其微愆。去歲新征，士馬疲弊，未可大舉，宜且羈縻。其地鹵薄，略無水草，大軍既到，不得久停。彼聞軍來，必嬰城固守。攻則難拔，野無所掠，終無克獲。」世祖不從，征之。涼州平，以戰功賜僮隸七十户。以斤元老，賜安車，平決刑獄，諮訪朝政。

斤聰辯彊識，善於談論，遠説先朝故事，雖未皆是，時有所得。聽者歎美之。每議大政，多見從用，朝廷稱焉。真君九年薨，時年八十。世祖親臨哀慟，謚曰昭王。斤有數十婦，子男二十餘人。

長子他觀襲爵。世祖曰：「斤關西之敗，國有常刑。以其佐命先朝，故復其爵秩，將收孟明之效。今斤終其天年，君臣之分全矣。」於是降他觀爵爲公，除廣平太守。後爲都將，征懸瓠，卒於軍。

子延，襲爵。出爲瓦城鎮將〔四〕。卒。

子緒，襲爵。初爲散令，後爲太中大夫，加左將軍。開建五等，封弘農郡開國侯，食邑三百户。後例降爲縣，改封澄城縣開國侯，增邑九百户。卒。

子遵，襲封。卒，贈鎮遠將軍、洛州刺史，謚曰哀侯。無子，國除。太和中，高祖追録先朝功臣，以斤配食廟庭。世宗繼絶世，詔以緒弟子鑒特紹其後，以承封邑。鑒卒於中堅將軍、司徒從事中郎。贈龍驤將軍、肆州刺史。

子紹宗，武定中，開府田曹參軍。

他觀弟和觀，太祖時内侍左右。太宗以其世典戎御，遂拜典御都尉，賜爵廣興子，建威將軍。尋進爲宜陽侯，加龍驤將軍，領牧官中郎將。出爲冀青二州刺史。卒。

子冀州，襲爵。

冀州弟受真，爲中散。高宗即位，拜龍驤將軍，賜爵成都侯。遷給事中，出爲離石鎮將。

和觀弟拔，太宗時内侍左右。世祖即位，稍遷侍中、選部尚書、鎮南將軍，賜爵樂陵公。後以罪徙邊。徵爲散騎常侍。從征蠕蠕，戰没。

子買奴，有寵於顯祖，官至神部長。與安成王萬安國不平〔五〕，安國矯詔殺買奴於苑内。高祖賜安國死，追贈買奴爲并州刺史、新興公。

斤弟普回，陽曲護軍。

普回子烏侯，世祖時拜治書御史，建義將軍，賜爵夷餘侯。從征蠕蠕及赫連昌，以功進爵城陽公，加員外散騎常侍，出爲虎牢鎮將。興光中卒，喪禮依其伯父弘農王故事。陪葬金陵。

烏侯子兆，世祖時親侍左右，隨從征討，常持御劍。後以罪徙龍城。尋徵爲知臣監。出爲薄骨律鎮將，假鎮遠將軍，賜爵富城侯。時高車叛，圍鎮城。兆擊破之，斬首千餘級。延興中卒。

叔孫建，代人也。父骨，爲昭成母王太后所養，與皇子同列。建少以智勇著稱。太祖之幸賀蘭部，建常從左右。登國初，以建爲外朝大人，與安同等十三人迭典庶事，參軍國之謀。隨秦王觚使慕容垂，歷六載乃還。拜後將軍。頃之，爲都水使者，中領軍，賜爵安平公，加龍驤將軍。出爲并州刺史。後以公事免，守鄴城園。

太宗即位，念建前功，乃以建爲正直將軍，相州刺史。飢胡劉虎等聚黨反叛，公孫表等爲虎所敗。太宗假建前號安平公，督表等以討虎，斬首萬餘級。餘衆奔走，投沁而死，水爲不流，虜其衆十萬餘口。

司馬德宗將劉裕伐姚泓，令其部將王仲德爲前鋒，將逼滑臺。兗州刺史尉建率所部棄城濟河，仲德遂入滑臺。乃宣言曰：「晉本意欲以布帛七萬匹假道於魏，不謂魏之守將便爾棄城。」太宗聞之，詔建自河内向枋頭以觀其勢。仲德入滑臺月餘，又詔建渡河曜威，斬尉建，投其屍於河。呼仲德軍人與語，詰其侵境之意。仲德遣司馬竺和之，建命公孫表與言。和之曰：「王征虜爲劉太尉所遣，入河西行，將取洛城，掃山陵之寇，非敢侵犯魏境。太尉自遣使請魏帝，陳將假道。而魏兗州刺史不相體解，望風捐去，因空城而入，非戰攻相逼也。魏晉和好之義不廢於前。」表曰：「尉建失守之罪，自有常刑，將更遣良牧。彼軍宜西，不然，將以小致大，乖和好之體。」和之曰：「王征虜權住於此，以待衆軍之集，比當西過，滑臺還爲魏有，何必建旗鼓以耀威武乎？」仲德卑辭，常自言不敢與大魏抗衡，建不能制之。太宗令建與劉裕相聞，以觀其意。裕答言：「洛是晉之舊京，而羌姚據之。

晉欲脩復山陵之計久矣，而內難屢興，不暇經營。司馬休之、魯宗之父子、司馬國璠兄弟、諸桓宗屬，皆晉之蠹也，而姚氏收集此等，欲以圖晉，是以伐之。道由於魏，軍之初舉，將以重幣假途。會彼邊鎮棄守而去，故晉前軍得以西進，非敢憑陵魏境。」裕以官軍在河南，恐斷其前路，乃命引軍北寇，及班師，乃止。語在帝紀。建與南平公長孫嵩各簡精兵二千，覘劉裕事勢。語在嵩傳。

遷廣阿鎮將，羣盜斂跡，威名甚震。久之，除使持節、都督前鋒諸軍事、楚兵將軍、徐州刺史，率衆自平原濟河，徇下青兗諸郡。建濟河，劉裕兗州刺史徐琰奔彭城，建遂東入青州。司馬受之、秀之先聚黨於濟東，皆率衆降。建入臨淄。劉義符前東牟太守清河張幸先匿孤山〔六〕，聞建至，率二千人迎建於女水，遂圍義符青州刺史竺夔於東陽城。義符遣將檀道濟、王仲德救夔，建不克而還。建以功賜爵壽光侯，加鎮南將軍。

建表曰：「臣前遣沙門僧護詣彭城。僧護還稱，賊發軍向北，前鋒將徐卓之已至彭城，大將軍到彥之軍在泗口，發馬戒嚴，必有舉斧之志。臣聞爲國之道，存不忘亡。宜繕甲兵，增益屯戍，先爲之備，以待其來。若不豫設，卒難擒殄。且吴越之衆，便於舟檝，今至北土，舍其所長。逆順既殊，勞逸不等，平寇定功，在於此日。臣雖衰弊，謀略寡淺，過蒙殊寵，忝荷重任，討除寇暴，臣之志也。是以秣馬枕戈，思效微節。願陛下不以南境爲憂。」世祖優詔答之，賜以衣馬。

建與汝陰公長孫道生濟河而南，彥之、仲德等自清入濟，東走青州。劉義隆兗州刺史竺靈秀棄須昌，南奔湖陸，建追擊，大破之，斬首五千餘級，遂至鄒魯。還屯范城。世祖以建威名南震，爲義隆所憚，除平原鎮大將，封丹陽王，加征南大將軍、都督冀青徐濟四州諸軍事。先是，簡幽州以南戍兵集于河上，一道討洛陽，一道攻滑臺。義隆將檀道濟、王仲德救滑臺，建與汝陰公道生拒擊之。建分軍挾戰，縱輕騎邀其前後，焚燒穀草，以絕其糧道。道濟兵飢，叛者相繼，由是安頡等得拔滑臺。

建沈敏多智，東西征伐，常爲謀主。治軍清整，號令嚴明。又雅尚人倫，禮賢愛士。在平原十餘年，綏懷內外，甚得邊稱，魏初名將尠有及之。南方憚其威略，青兗輒不爲寇。太延三年薨，時年七十三。世祖悼惜之。謚曰襄王，賜葬金陵。

長子俊，字醜歸，少聰敏。年十五，內侍左右。性謹密，初無過行。以便弓馬，轉爲獵郎。太祖崩，清河王紹閉宮門，太宗在外。紹逼俊以爲己援。俊外雖從紹，內實忠款，仍與元磨渾等說紹，得歸太宗。事在磨渾傳。是時太宗左右，唯車路頭、王洛兒等，及得俊等，大悅，以爲爪牙。

太宗即位，命俊與磨渾等拾遺左右。遷衞將軍，賜爵安城公。朱提王悅懷刃入禁中，將爲大逆。俊覺悅舉動有異，便引手掣之，乃於悅懷中得兩刃匕首，遂殺之。太宗以俊前後功重，軍國大計一以委之，羣官上事，先由俊銓校，然後奏聞。

性平正柔和，未嘗有喜怒之色。忠篤愛厚，不諂上抑下。每奉詔宣外，必告示殷勤，受事者皆飽之而退，事密者倍至蒸仍。是以上下嘉歎。泰常元年卒，時年二十八。太宗甚痛悼之，親臨哀慟。朝野無不追惜。贈侍中、司空、安城王，謚孝元。賜溫明祕器，載以輼輬車，衞士導從，陪葬金陵。子蒲，襲爵。後有大功及寵幸貴臣薨，賻送終禮〔七〕，皆依俊故事，無得踰之者。初，俊既卒，太宗命其妻桓氏曰：「夫生既共榮，没宜同穴，能殉葬者可任意。」桓氏乃縊而死，遂合葬焉。

俊既爲安城王，俊弟隣襲父爵，降爲丹陽公。少聰慧知名。稍遷北部尚書，有當官之稱。轉尚書令。出爲涼州鎮大將，加鎮西將軍。隣與鎮副將奚牧，並以貴戚子弟，競貪財貨，專作威福。遂相糾發，坐伏誅。

史臣曰：奚斤世稱忠孝，征伐有克。平涼之役，師殲身虜。雖敗崤之責已赦，封尸之效靡立，而恩禮隆渥，没祀廟庭。叔孫建少展誠勤，終著庸伐。治邊有術，威震夷楚。俊委節太宗，義彰顛沛〔八〕，察朱提之變，有日磾之風。加以柔而有正，見美朝野，可謂世不乏賢矣。

校勘記

〔一〕討越勒部於鹿那山　「越勒部」，册府卷三二三作「越勤部」，疑是。參見本書卷一一三校記〔五七〕。「鹿那山」，北史卷二〇奚斤傳、本書卷三太宗紀永興五年四月、七月並作「跋那山」，跋那山亦見本書卷三〇閭大肥傳、北史卷九八高車傳。

〔二〕徇下河南潁川陳郡以南　「以南」，册府卷三五二作「汝南」，疑是。

〔三〕改爲弘農王　「弘農王」，北史卷二〇奚斤傳作「恒農王」。按魏收例避文成帝拓跋弘諱，原文「弘」應同北史作「恒」，此或是宋人避宋諱回改。「弘農」既是舊名，奚斤封王在太武帝朝，所封本是弘農王，今不再回改。他處作「弘農」者同此。

〔四〕出爲瓦城鎮將　「瓦城」，宋本册府卷一七三作「万城」，册府卷一七三作「萬城」。按「瓦城」「万城」抑或「萬城」不見他處，疑「瓦」「万」俱是「凡」字之訛，「万」又寫作「萬」。參見本書卷四上校記〔七〕。

〔五〕安成王萬安國　「安成王」，本書卷三四萬安國傳及卷七上高祖紀上延興二年三月戊辰、承明元年六月並作「安城王」。

〔六〕劉義符前東牟太守清河張幸先匿孤山　張森楷云：「張彝傳及南燕録並云幸是慕容超東牟太守，不聞仕宋。此『劉義符』三字恐誤。」

〔七〕賻送終禮　北史卷二〇叔孫建傳附叔孫俊傳作「賵賻送終禮」，册府卷一三二作「贈賻送終禮」。疑此處「賻」上脱「贈」或「賵」字。

〔八〕義彰顛沛　「沛」字原闕，據北監本、殿本及北史卷二〇傳論補。

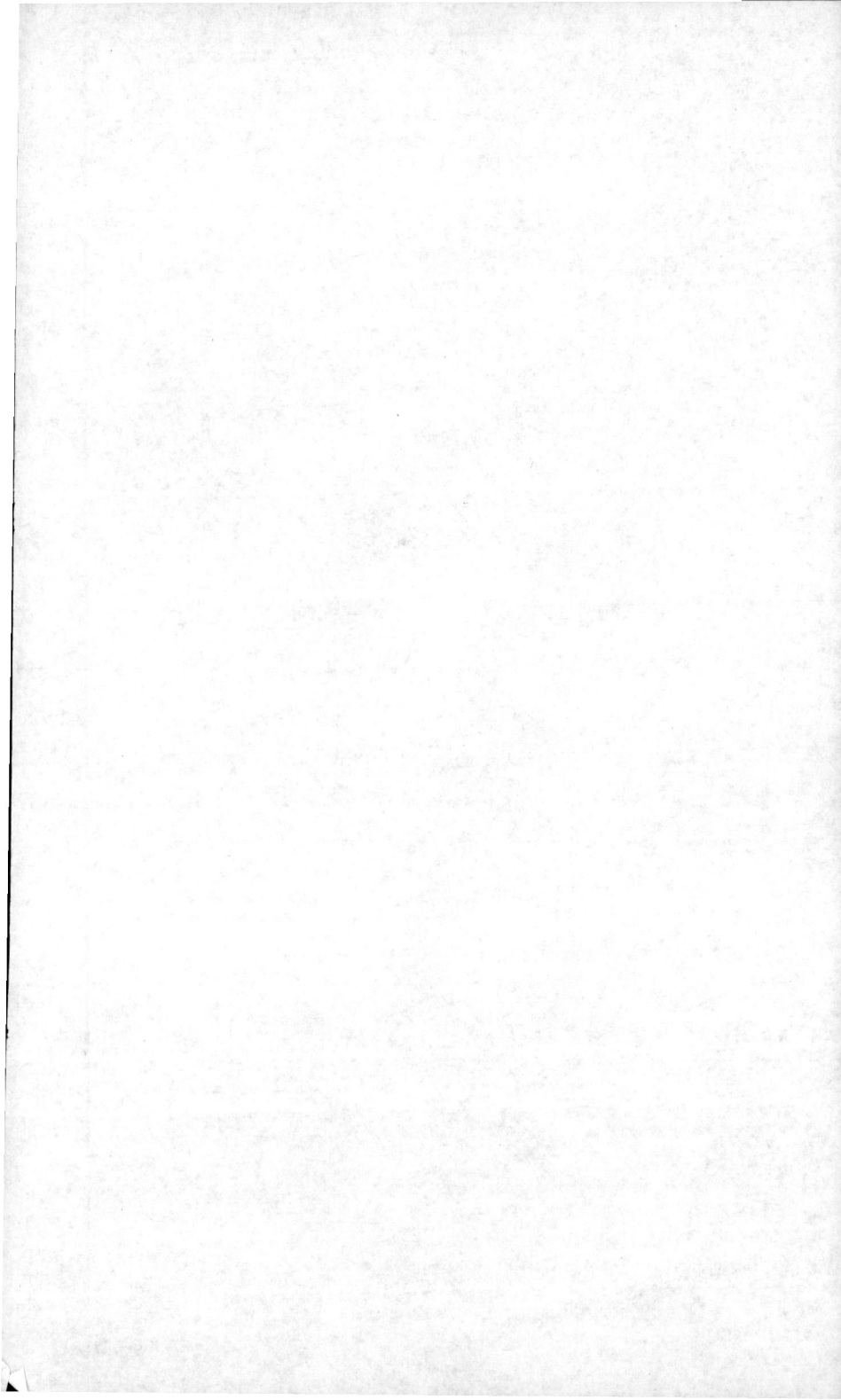